湖北博物馆年鉴

YEARBOOK OF MUSEUMS

2011 HUBEI

湖北省博物馆协会 编

湖北长江出版集团
湖北人民出版社

鄂新登字 01 号
图书在版编目(CIP)数据

湖北博物馆年鉴 2011/湖北省博物馆协会编.
武汉:湖北人民出版社,2012. 11

ISBN 978 - 7 - 216 - 07437 - 7

Ⅰ. 湖…
Ⅱ. 湖…
Ⅲ. 博物馆—湖北省—2011—年鉴
Ⅳ. G269.276.3 - 54

中国版本图书馆 CIP 数据核字(2012)第 257346 号

湖北博物馆年鉴 2011 湖北省博物馆协会 编

出版发行:长江出版传媒 湖北人民出版社
地址:武汉市雄楚大道 268 号
邮编:430070

印刷:武汉中远印务有限公司
经销:湖北省新华书店
开本:787 毫米×1092 毫米 1/16
印张:14.5
字数:398 千字
插页:12
版次:2012 年 11 月第 1 版
印次:2012 年 11 月第 1 次印刷
书号:ISBN 978 - 7 - 216 - 07437 - 7
定价:298.00 元

本社网址:http://www.hbpp.com.cn

2011Yearbook of Hubei Provincial Museums

湖北博物馆年鉴·2011

编辑委员会

湖北博物馆年鉴·2011

2011 Yearbook of Hubei Provincial Museums

编辑部

主　　编	吴宏堂
副 主 编	万全文
撰 稿 人	（以姓氏笔画为序）

丁　伟　方　文　王　亮
王明钦　方　芬　邓　琰
石义花　刘生龙　刘志升
孙建辉　闫　春　吴　越
宋永平　陈　斌　陈小燕
郑爱平　赵　冬　胡　狄
姚　练　徐　敏　袁　磊
聂志林　曹　琴　蒋卫锋

编　　辑	胡　百
年鉴组稿人	王　亮

国家文物局局长单霁翔和湖北省省长王国生为楚故都纪南城国家考古遗址公园揭牌

湖北省博物馆协会2011年年会暨学术研讨会会议现场 ①

湖北省博物馆协会2011年年会·学术研讨会暨武汉博物馆新馆开馆十周年庆典大会代表合影

前排左起依次为：刘庆平　徐世球　沈远跃　万全文　崔　波　包东波　吴宏堂　邓　宏　郑自来　和晓曦　李传德　杜建国　安来顺　沈海宁　胡美洲　邢　光　张正汉　雷　鸣　梁华平　王明钦

湖北省博物馆协会2011年年会暨学术研讨会会议现场 ②

湖北省博物馆协会理事长吴宏堂向我国著名博物馆学专家苏东海先生汇报《湖北博物馆年鉴》编撰工作

中山舰博物馆

辛亥革命博物馆

十五军军史馆

观众排队领票参观辛亥革命武昌起义纪念馆

观众参观随州市博物馆

“重返巴洛克—那不勒斯的黄金时代绘画展”在省博物馆举行开幕式

武汉博物馆举办『衣裘华美——百年海派旗袍的前世今生』展开幕式

省博物馆举办“5·18国际博物馆日探寻历史的记忆——走近编钟”校园主题活动

武汉博物馆庆祝“5·18国际博物馆日”活动

湖北省博物馆志愿者合影

湖北省博物馆志愿者走进高校活动启动仪式

左图：湖北省博物馆志愿者走进儿童福利院　右图：武汉博物馆感恩母亲节活动

湖北省博物馆小小讲解员暑期培训班

省博物馆志愿者讲解员为观众讲解

2011年10月，特殊学校师生参观潜江市博物馆，接受爱国主义教育

十堰市博物馆选拔小小讲解员

武汉博物馆『讲解小明星』选拔大赛

宜昌市博物馆举办『宜昌市庆祝中国共产党建党90周年暨第三届美术书法摄影展』

恩施州博物馆的“流动博物馆”走进乡村小学

序

博物馆作为艺术的殿堂、科学的殿堂、道德的殿堂和收藏传承人类文化遗产的殿堂，既是爱国主义教育的重要阵地，更是传播先进文化、愉悦群众身心的精神家园、对外文化交流的重要窗口。伴随着新中国成长的脚步，湖北博物馆事业从无到有、从小到大，取得了辉煌的成就，数量之多、品类之全、藏品之丰富位居全国前列，博物馆服务社会，服务经济，服务人民群众的作用也得到了充分的发挥。

年鉴，作为传承文明的知识载体，是一部不断地、动态地记史、记事的大书，具有“记载过去，借鉴现在，启迪未来”的镜鉴作用。通过编撰年鉴，读鉴用鉴，可以承上启下，继往开来，服务当代，功在千秋。湖北省博物馆协会继《湖北博物馆年鉴 2010》后又主编了《湖北博物馆年鉴 2011》，她以科学的体例、丰富的内容、简洁的语言、准确的表述，真实记录了 2011 年湖北博物馆行业的大事小情，客观反映了湖北博物馆事业改革发展的历程。作为记录湖北博物馆事业发展的行业“官书”，无论是在提升地方文化内涵，丰富地方文化底蕴，还是在建设文化强省，构建和谐社会，推进文化与经济社会共同繁荣方面都有不可替代的重要意义，其“存史、资政、教化”的作用也将逐步得以显现。

年鉴年年编，质量是关键。年鉴使用价值的大小，也取决于年鉴质量的高低。衷心希望湖北省博物馆协会在年鉴的编撰过程中，一定要本着对历史负责、对社会负责、对人民群众负责的精神，紧紧围绕打造全国博物馆领域年鉴精品的目标，始终坚持质量第一，在框架设计，内容选题，资料搜集，编辑加工，印刷出版等环节中精心谋划，精益求精，突出特色，大胆创新，真正把年鉴编辑成“领导决策的参考书，科研工作者的资料书，能人创业的指导书，百姓办事的工具书”，为促进湖北跨越式发展和推动全省博物馆事业的健康发展做出新的更大的贡献。

苏东海

2012年5月于北京

目　录

特　载

全省博物馆工作概述

省　直

武　汉

黄 石

襄 阳

荆 州

宜 昌

十 堰

孝 感

荆 门

鄂 州

黄 冈

咸宁

随州

恩施

仙桃

天门

潜江

神农架

新增博物馆

大事记

附　录

特　载

社会团体准予成立决定书

鄂民社 [2011]4 号

湖北省博物馆协会筹备组：

你会 2011 年 1 月 1 日向我厅提交的关于成立湖北省博物馆协会申请及有关材料收悉。经审查，符合法律规定的条件。根据国务院《社会团体登记管理条例》第十六条和《中华人民共和国行政许可法》第三十八条的规定，决定同意成立湖北省博物馆协会，准予登记，业务主管单位是湖北省文化厅。湖北省博物馆协会成立后，要认真执行国家有关社会管理的政策法规，充分发挥民间组织应有的“提供服务、反映诉求、规范行为”积极作用，为推动经济和社会发展作出贡献。

湖北省民政厅

二〇一一年一月十三日

抄送：湖北省文化厅、湖北省质量技术监督局

在2011年湖北省博物馆协会年会暨学术研讨会上的致辞

湖北省文化厅厅长　杜建国

2011年12月17日

尊敬的安理事长，各位代表，同志们：

大家上午好！

在这美好的初冬时节，在举国上下深入学习贯彻党的十七届六中全会精神，深化文化体制改革推动社会主义文化大发展大繁荣热潮中，2011年湖北省博物馆协会年会暨学术研讨会在武汉隆重召开了，同时也是武汉博物馆十周年纪念日，在此，我谨代表省文化厅、省文物局，对会议的召开表示热烈祝贺，对武汉博物馆建馆十周年表示热烈祝贺。向中国博物馆协会、省民政厅及有关单位领导对湖北省博物馆协会的支持表示诚挚的谢意！

2010年，在各方大力支持下，湖北省博物馆协会正式成立。一年以来，在理事会的组织领导下，协会紧密团结和联系全省博物馆工作者及广大关心热爱博物馆事业的社会各界人士，充分发挥行业优势，抢抓机遇，锐意进取，埋头苦干，大胆创新，在对外合作交流、组织学术活动、出版学术刊物、搭建博物馆优势互补平台、提供会员服务、加强自身建设等方面，做了大量的、卓有成效的工作，取得了突出的成绩。成功举办了"荆楚英华——全省博物馆馆藏文物精品联展"和"民族魂——国画艺术展"；出版了第一本《湖北博物馆年鉴2010》和《博物馆与城市化——2011年湖北省博物馆协会年会暨学术研讨会论文集》；建立了一套行业自律的规章制度。在实现自身宗旨、履行行业职责和构建社会主义和谐社会的实践中，日益成为推动我省博物馆文化繁荣发展和博物馆学术研究不断深入的一支重要力量。

博物馆是城市历史的记忆，城市文明发展的见证，城市生活的需要，也是城市综合竞争力的体现，更是推动城市化进程，实现城市可持续发展的生力军。人们要了解一座城市，首先就从这个城市的博物馆开始。在当代全球经济化趋势下，我们正处在大规模推进城市化的现代化建设时期，城市博物馆面临着如何保护作为人类共同遗产的文化多样性及生物多样性等急需解决的问题，城市博物馆建设不仅关系到整个城市文化建设和城市综合竞争力的提升，而且关系到具有地域个性、民族特性和中国特色的战略选择。本次年会以"中国城市化进程中的博物馆"为主题，提出了一系列当前国际、国内博物馆界普遍关注的热点问题，从一个侧面揭示了国际博物馆共同发展的趋势。此次年会暨研讨会共收到论文120余篇，各位专家学者对一系列当前国际、国内博物馆界普遍关注的热点问题、对博物馆发展的趋势提出了各自的看法和研究成果，可以说，不论是从规模，还是从立意、选题以及学者阵容上，都称得上是我省博物馆界的一件盛事。相信通过本次年会的举办，将进一步促进我省博物馆界相互学习交流，开阔我省博物馆工作者的视野，提高全省文博工作者的专业素质，并为今后年会的成功举办奠定坚实的工作基础。

省博物馆协会成立才一年多时间，各项工作才刚刚开始，我衷心希望社会各界给予湖北省博物馆协会更多的关注与支持。省文化厅、省文物局也将一如继往，在各方面给予协会更多的关心与必要的帮助。在未来的工作中，希望博物馆协会按照“提升服务，反映诉求，规范行为”的要求，顺应博物馆事业建设发展的新形式，准确把握协会的职能与定位，为政府主管部门当好参谋和助手，为广大会员单位搭建友好平台，开展学术交流，为社会力量参与博物馆事业创造渠道。努力把湖北省博物馆协会建设成一个全省有权威，全国有影响的优秀博物馆行业组织，从而促进全省博物馆事业又好又快发展。我相信，在十七届六中全会精神引领下，在中国博物馆协会的指导下，在协会理事会的带领下，在继承和发扬优良传统的基础上，通过积极扎实的工作，湖北省博物馆协会必将成为推动我省博物馆事业发展进程中的一支重要力量，我省博物馆事业必将迎来更为灿烂的明天！

最后，预祝本次年会取得圆满成功，并向所有与会的领导和嘉宾致以最良好的祝愿和最真诚的祝福！

谢谢大家！

抢抓机遇，乘势而上，深入推进全省中小城市博物馆建设及陈列展览提升工作

省文化厅副厅长、省文物局局长　沈海宁

同志们：

在举国上下深入学习贯彻落实党的十七届六中全会精神、深化文化体制改革推动社会主义文化大发展大繁荣的新形势下，我们在宜城召开全省中小城市博物馆建设暨陈列展览提升工作座谈会，研究部署深入推进全省中小城市博物馆建设工作，提升全省博物馆陈列展览水平，具有十分重要的意义。

博物馆是人类文明记忆、传承、创新的重要载体。博物馆藏品承载着我国各族人民千百年来不竭的奋斗精神和创造智慧，凝聚着中华民族博大的世界观、历史观和独到的美学思想。博物馆既是向全体国民提供高雅公共文化服务，让公众直观认知和感受祖国悠久历史、灿烂文化，共享共同的民族文化记忆的重要手段，也是向世界展示中华文明的博大精深和源远流长，推动中华文化更好地走向世界的重要力量。

新中国成立后特别是改革开放以后，伴随着全国博物馆建设高潮的到来，我省博物馆事业有了长足的发展，步入了历史上最好的发展时期，面临着极好的发展机遇。全省各级博物馆建设都取得了前所未有的进展，特别是中小城市博物馆建设力度进一步加大，不少中小城市兴建了具有浓郁地方特色、反映地方文化的博物馆。武当博物馆、丹江口市博物馆、钟祥市博物馆、宜城博物馆等一批市县博物馆建设顺利推进，并先后完成布展向社会开放。中小城市博物馆建设的持续推进，为凸显博物馆的文化品牌、城市名片的地位和价值，增强博物馆所在城市的影响力、吸引力、凝聚力和竞争力，为博物馆创新展览内容，提升展览水平，丰富展览手段提供了有利条件。反过来说，陈列展览水平的提升，对中小城市博物馆的建设也提出了新的更高的要求。

下面，我就新形势下深入推进中小城市博物馆建设及展览提升工作讲几点意见，供同志们参考。

一、中小城市博物馆建设工作

（一）以科学发展观为指导，提高认识，进一步增强中小城市博物馆建设的责任感、紧迫感

城市是人类文明发展到一定程度出现的产物。人们要了解一座城市，一般从这个城市的博物馆开始。博物馆作为一座城市的灵魂，也是城市综合竞争力的体现，更是推动城市实现可持续发展的力量。国家文物局局长单霁翔在《从功能城市走向文化城市》一文中指出："城市文化是建设和谐

城市的重要基础，是城市竞争力的核心内容，是城市创新发展的强大动力，影响并决定着城市发展的前景和方向。”现代社会也逐渐形成共识，将具有特色鲜明、个性突出、健康高尚、活力创新的城市文化特点的博物馆视为一座美好城市的标志。

近些年来，我省县市级博物馆建设发展态势良好，但是，与湖北丰厚的文化底蕴和文物资源相比，与人民群众日益增长的精神文化需求相比，与全面建设小康社会的要求相比，还存在一定的差距。我省共有县市级博物馆 79 家，但迄今为止，部分县市博物馆功能还不完善，一些博物馆展览面积狭小，博物馆展览面积达到 3000 平方米以上的不多，多数博物馆的展陈面积都在 1000 平方米以下。很多博物馆还存在基础设施差、服务水平偏低等问题，博物馆社会服务功能呈现缺失和弱化。还有一些博物馆馆舍陈旧，常年失修，展厅条件简陋，缺乏基本的办展条件，丰富的馆藏文物都“沉睡”在库房，基本不举办展览，基本不能开展正常的业务活动，成为名副其实的“挂牌博物馆”，严重影响了博物馆在社会公众中的形象。

盛世兴文，藏文于馆。在十七届六中全会吹响文化大发展大繁荣的春天号角之时，在中等城市及文物大县博物馆建设的新一轮热潮到来之时，在全省构建“一带两圈”发展战略，推动“两型社会”建设到来之时，我们应该紧紧抓住此次博物馆事业发展的大好契机，以科学发展观为指导，提高思想认识，进一步增强博物馆建设的紧迫感、责任感，通过几年扎实有效的工作，力争全省中小城市博物馆的状况有一个大的改观，使博物馆的建设与经济社会的发展相协调，以满足人民群众的学习、欣赏、休闲等各方面的需要。

（二）积极工作，争取地方党委政府对博物馆建设的大力支持

近些年来，文化遗产保护事业得到全社会前所未有的关注，国家对文化事业发展的投入大幅度增加，为博物馆建设发展注入了新的活力。国民经济和社会发展第十二个五年规划纲要中提出“要传承创新，推动文化大发展大繁荣，大力发展文化事业，建立健全公共文化服务体系”。博物馆是社会公益文化事业的重要组成部分，是文化基础设施建设的重要方面，是公共文化服务体系建设的重要内容，是保障人民群众基本文化权益的重要阵地，其建设与发展离不开政府的主导与扶持。特别在我国的现行财政管理体制下，国有博物馆的建设资金主要依靠地方财政投入，博物馆事业要获得大的发展，地方党委政府必须要给予博物馆事业高度重视与大力支持。

几十年来，在各级党委政府的重视和文博工作者的积极努力下，全省各级县市大部分建立了博物馆，其中一部分具备了一定的馆舍基础设备设施、展览展示与社会服务、业务人员队伍等条件。特别是近几年，随着我国经济的高速发展和社会的全面进步，各级党委和政府越来越重视文化遗产保护事业，博物馆建设积极性越来越高，“十一五”期间，全省新建县市级博物馆 13 座，总建筑面积超过 4 万平方米。在各级党委政府的支持下，省文物局加强了博物馆事业发展的规划、管理、指导，积极推进博物馆基础设施建设，全省中小城市博物馆建设呈现出逐步加强的发展势头，取得了前所未有的进展。

希望全省中小等城市文博工作者积极努力，按照我国博物馆发展“以政府兴办为主体，以国有博物馆为主导”的总体思路，进一步争取地方党委政府对博物馆建设的大力支持，解决好本地博物馆的建设问题。

（三）以十七届六中全会为契机，抢抓

机遇，掀起中小城市博物馆建设新高潮

10月18日，党的十七届六中全会通过了《中共中央关于深化文化体制改革推动社会主义文化大发展大繁荣若干重大问题的决定》，这次全会是我们党第一次在全会上专门讨论文化改革发展有关问题，第一次以全会决定的方式对文化改革发展做部署，第一次在党的重要会议上提出建设社会主义文化强国的宏伟目标和战略任务。以这次全会的召开为标志，我国的文化改革发展进入了新的历史阶段，建设社会主义文化强国、实现中华文化繁荣兴盛的任务历史性的摆在了全党、全国人民的面前。

城市是一个地区的政治经济文化中心，无论是政治经济影响力，还是文化文物资源，以及观众群的来源与层次，都为博物馆的建设和发展提供了得天独厚的条件。中小城市博物馆文物藏品具有浓厚的地方特色，在一个地区文化中扮演着十分重要的角色，是保护文化遗产、传播地方特色文化的窗口。十七届六中全会提出“要大力发展公益性文化事业，保障人民基本文化权益，加强博物馆等公共文化服务设施建设并完善向社会免费开放服务”。国家文物局“十二五”规划中指出“新建、改扩建一批地市级和文物大县博物馆”，我省文博事业发展“十二五”规划中，明确提出“每个地市级以上中心城市和文化特色突出的文物大县至少拥有1个功能健全的博物馆，少数民族的自治区（县）文化遗产和民族文化能通过博物馆的形式得到全面保护、展示和研究”。2010年7月6日，省发展和改革委员会、省文化厅、省文物局3家单位向国家发展改革委、文化部、国家文物局上报《关于申报“十二五”地市级三馆专项建设项目的请示》（鄂发改社会[2010]706号），在征求全省各地市意见的基础上，按照项目建设的适切性、可操作性和真实性原则，积极向国家争取中央资金支持。“十二五”期间，全省共10家地市级博物馆新建、改扩建项目纳入国家发改委《全国地市级公共文化设施建设项目储备库》，规划建设面积6.8万平方米，中央财政投资规划1.66亿元。可以预见，“十二五”期间，我省博物馆建设将得到进一步发展，博物馆的社会影响力将继续增强。

希望同志们抢抓机遇，乘势而上，积极推进我省中小城市博物馆建设，为实现我省从文化大省向文化强省转变，加快构建促进中部崛起的文化战略支点，推动我省文化大发展大繁荣而努力奋斗。

二、展览提升工作

（一）充分利用馆藏文物和地方文化资源，丰富展陈内容，创新展示方式，提高陈列展览水平

陈列展览是博物馆直接面向社会和公众、展示博物馆水准的重要窗口，是博物馆实现宣传教育职能和展示学术成果的基本途径。提高博物馆陈列展览水平，要充分利用馆藏文物资源和社会资源，要发挥各馆自身优势，突出地方历史文化特色。必须以强化服务功能为原则，大力推进中小城市博物馆展示与服务核心能力的建设，创新内容、创新手段，努力提升陈列展览的文化和科技含量，进一步加强陈列内容设计和展陈手段的研究，一切围绕着服务于观众做好文章。

提高博物馆陈列展示水平，首先要从展览的内容选题和设计入手，“主题是陈列展览的灵魂”，没有好的陈列展览主题，没有对陈列展览内容的深入研究，是不可能办出高水平、有特色的展览的。要增强展陈内容的生动性，通过介绍文物发现、发掘的过程，文物的历史背景，与文物有关的历史人物故

事等多方面的信息，让静止的文物展品生动起来，让高深的专业知识生动化、形象化。要注重展示我国古代的发明创造和工艺成果，让观众在参观过程中增加历史知识，接受历史文化和爱国主义教育，激发民族自豪感和创新意识。

新颖的展示方式，是博物馆增强吸引力的重要方面，对博物馆展览来说越来越重要。要注重创意设计，合理运用声光电等现代科技手段增强陈列展览的表现力，营造身临其境的氛围，增强展览的视觉效果和震撼力，增强展览的生动性、直观性、趣味性、参与性和互动性，使展示方式和服务手段更趋人性化，探索运用电影、电视、幻灯、录音、激光动画、3D影像等声光电辅助设备和新型工艺材料，通过模拟场景、多媒体背景介绍、动手制作等多种方式，让观众在轻松愉悦的氛围中参与其中，感受展览的魅力和趣味，把文物鉴赏提升为文化体验，给观众留下深刻印象。

（二）强化社会服务意识，努力实现博物馆工作“三贴近”

博物馆的陈列展览主要是为广大观众服务的，要达到向观众传播信息的目的，就必须最大限度地与观众的认知结构相吻合。不论陈列内容的学术层次多高，展品的内涵何等精深复杂，其展示内容都应为广大观众所接受，并产生兴趣与共鸣；陈列语言的表达也应该由浅入深、通俗易懂，能够使观众看明白。特别是博物馆免费开放后，对博物馆的陈列展览内容和形式提出了更高的要求，对博物馆的参观环境和相关服务提出了更高的要求。目前，我省博物馆的社会服务意识和能力还有待增强，与时代的要求和人民群众的期盼还有较大的差距，与博物馆建设的先进理念有较大的差距。如果我们办出的展览不能满足社会公众工作、生活、学习的现实需要，不能引起认同和共鸣，人民群众是不会走进博物馆的。

要解决这个问题，就必须强化社会服务意识，不断地对办展思路和陈列模式进行创新和探索。首先要在陈列选题上广泛听取群众意见，拉近与社会生活、群众的心理距离。其次，要在展示手法上下功夫。无论什么性质的博物馆，其陈列展览所承担的任务就是传播、普及该专业领域的知识。社会公众没有必要也不可能对考古、历史和其他自然科学等专业知识进行专门的学习和研究。因此，应在诠释和展示上创新，想方设法让一般观众对陈列展览的内容能够理解，使他们感到参观有味道，有所得。第三，陈列展览要常换常新。从理论上讲，我们制作再精美的展览也不可能永葆活力，所以，博物馆要有不断变化的陈列展览，就是基本陈列也不能十年八年不动，要不断营造阶段性的热点，要有新的亮点吸引观众。我局鼓励支持博物馆对现有陈列展览进行提升，现正在积极研究办法，出台具体方案，每年拿出一部分资金，集中对博物馆展览改造提升给予补助，丰富博物馆展览内容，提升博物馆展示水平。

（三）牢固树立精品意识，打造一批高质量高水平展览

随着人们物质生活水平的不断提高，现代科学技术和传播手段的日新月异，使公众的知识领域和审美情趣日益扩展，精神文化生活方面的要求越来越高，对博物馆的展览水平的要求也越来越高。博物馆要努力适应时代潮流，以更具吸引力和感染力的精神产品奉献大众，努力向社会和公众提供更多更好的精品展览，才能不断强化自己的文化特征，形成自己的文化符号，建立自己的文化品牌，树立自己的文化形象。

博物馆免费开放后，我省年举办的陈列

展览总数超过500个，并且在这些展览中不乏精品，取得了很好的社会反响。在第八届全国博物馆十大陈列展览精品奖评选中，湖北省博物馆《曾侯乙墓》陈列荣获“最佳服务奖”和“最佳新技术、新材料应用奖”，武当博物馆《武当道教文化展》荣获“最佳制作奖”，是唯一获得奖项的县市级博物馆。2009年第四季度，我局开展了武汉城市圈博物馆纪念馆优秀陈列展览展示评选活动，经专家评审，评选出省博物馆《曾侯乙墓》等3个精品奖，武汉市革博《中国共产党反腐倡廉历程展》等7个单项奖和浠水博物馆《浠水革命史陈列》等4个提名奖，加强了城市圈博物馆、纪念馆馆际间交流，提高了博物馆陈列展览质量和宣传教育水平。

为了进一步推动我省博物馆的陈列展览水平提升工作，10月19日，我局下发《关于开展2010—2011年度系列评奖活动的通知》（鄂文物综[2011]211号），对2010年、2011年两年内全省文化文物系统归口管理的博物馆、纪念馆举办的陈列展览进行评选，通过评奖的形式，进一步促进我省博物馆努力提升陈列展览水平，树立博物馆良好形象，扩大博物馆的社会影响力和吸引力。下一步，我局将根据此次评奖情况，计划每2~3年组织一次全省博物馆陈列展览评选，鼓励博物馆积极打造精品展览。

（四）积极开拓思路，加强合作交流，不断引进与推出临时性陈列展览

陈列展览包括基本陈列和临时展览。基本陈列是展示、宣传博物馆的基本形式，而临时展览则是博物馆基本陈列的有效外延。特别是博物馆免费开放后，形式灵活、内容丰富的临时展览成为众多博物馆吸引观众走进博物馆的重要手段和开展社会教育活动的重要依托。全省各级博物馆都在积极开拓思路，不断加强博物馆馆际交流合作，推出或引进了一系列专题性展览，自博物馆免费开放以来，全省各博物馆年举办临时展览超过100个，取得了良好的社会反响，极大的提高了我省博物馆的社会声誉和知名度。

近两三年来，省博物馆陆续引进推出了“意大利乌菲齐博物馆珍藏展”、“圣地西藏——最接近天空的宝藏”、“重返巴洛克——那不勒斯的黄金时代绘画展”等高水平、有影响的展览，均受到了社会的极大关注，好评如潮。其中，“意大利乌菲齐博物馆珍藏展”是自建国以来我省引进的规模最大、规格最高的一次外展，为社会公众提供了一次精神文化大餐和近距离感受西方艺术大师名作的难得机会，引起了最为广泛社会影响，近50万人次观众的踊跃参观，让我们看到文物的无尽魅力和观众对文物展览的强烈需求；2011年7月，为隆重纪念中国共产党建党90周年，省博物馆和武汉、荆州、随州等13家市（州）级博物馆的馆藏文物精品300余件（套），精心筹备了“荆楚英华——全省博物馆馆藏文物精品联展”，展览内容丰富、展品等级较高，是近十年来我省举办的一次重要展览，是我省文博界举办文物联展的一次有益尝试，为今后联展的成功举办奠定了坚实的工作基础；2011年9月，荆门市博物馆和陕西省文物考古研究院联合举办“陶存物像、泥塑春秋——汉唐陶俑展”，这是湖北市县博物馆引进省外文物展良好趋势之端倪；2011年10月，十堰市博物馆引入南京市民俗博物馆“晷运时成——古代钟表展”，共展出古钟表200余件，观众通过这些珍贵的文物了解古代钟表以及古代计时方式，体会到了文物的无穷魅力。

临时展览是博物馆陈列展览的重要组成部分，但因为展期较短，缺乏专项资金等

原因，有时其质量得不到重视，更谈不上高水平的形式设计和包装。但是在观众眼里，并没有固定陈列和临时展览之分，对他们而言，博物馆的每一个展览都代表的博物馆的专业水平，代表了博物馆的形象，占有同等重要的地位。因此，办好临时展览对于树立博物馆良好形象，扩大博物馆的影响力和吸引力，实践文化惠民具有重要的现实意义。博物馆要积极引进推出特色鲜明、内容丰富、形式多样的临时展览，从观众的角度出发，科学选择展览主题，精心设计展览内容，积极扩大展览宣传，以高度的责任感和使命感，做好每一个临时展览，使博物馆成为社会公众常看常新、流连忘返的文化殿堂。

同志们，随着十七届六中全会的胜利召开，我省的博物馆事业正处在历史最好的发展时期。我们相信，通过这次会议的召开，在全省博物馆工作者的共同努力下，在“十二五”期间，我省中小城市博物馆事业一定会有新的发展，博物馆陈列展览工作一定会上一个新的台阶。我们一定要抢抓机遇，开拓创新，继承和发扬楚文化“筚路蓝缕”的进取精神、追新逐奇的创新精神、兼收并蓄的开放精神，以十七届六中全会精神为指导，牢固树立科学发展观，坚持博物馆工作“三贴近”，努力开创我省博物馆事业的新局面。

谢谢大家！

在湖北省博物馆协会2011年年会上的讲话

中国博物馆协会副理事长、秘书长　安来顺

2011年12月17日

尊敬的各位领导、各位嘉宾、同志们：

值此湖北省博物馆协会2011年年会召开之际，我谨代表中国博物馆协会向大会顺利召开表示热烈的祝贺，对湖北省博物馆协会与中国博物馆协会的良好合作表示由衷的敬意。

湖北省的博物馆事业，在省委、省政府的亲切关怀下，在文化厅、文物局的领导下，紧紧抓住发展机遇期，积极发挥区域文化优势，取得了令人瞩目的成就，目前全省博物馆总量快速增长，涵盖了历史、艺术、民族、自然、科技等诸多领域。湖北省博物馆协会更是顺应时代和专业要求于2010年正式成立。虽然成立时间不长，但湖北省博物馆协会在发挥桥梁与纽带作用当好政府主管部门的参谋助手方面，在服务行业发展为文博单位服务方面，在推动学术研究为文博事业科学、健康、可持续发展提供学术支撑等方面发挥了积极作用。

截至到目前，全国已有近20多个省市建立了文博行业组织，其重要功能和作用也日益显现出来。特别值得注意的是，湖北省协会是全国第一个以"协会"而不是"学会"名称注册的省级博物馆行业组织，这为进一步拓展社团的功能，服务于博物馆事业发展提供了更为广阔的空间和可能。

中国博物馆协会与湖北省博物馆协会同属行业性社会组织，我想借此机会就今后行业社团的工作思路谈几点认识，与大家共同讨论。

第一，要更加充分地发挥桥梁与纽带作用，切实发挥作为政府主管部门的参谋与助手的作用。要恪守当好政府主管部门的参谋与助手，主动接受有关部门委托的工作，以自觉适应新形势下做好工作为己任。做到思想上重视、组织上保证、制度上落实、措施上有力。

第二，要积极探索，勇于实践，为文博单位服务。要把千方百计地为文博单位服务、为文博工作者服务作为协会始终坚持的宗旨，团结和带领大家为湖北文博事业的发展做出贡献。始终围绕省文化厅文物局的中心工作开展多种形式学术活动，拓宽学术交流的渠道。

第三，要探索拓展行业组织功能的新途径。胡锦涛同志在论述构建社会主义和谐社会时指出，要发挥社团、行业组织提供服务、反应诉求、规范行为的作用。当前，行业团体要努力成为行业信息的提供者、行业合作的协调者、行业利益的维护者、行业规划和发展政策的建言者、体制改革和对外合作的促进者，以及行业开拓、创新、发展的服务者。按照这一思路，我们要在有关政府部门的指导下，积极探索发挥六大功能的新途径，即行业自律功能、行业管理功能、行业维权功能、行业沟通功能、行业协调功能和行业服务功能。

第四，要继续加强与国内外行业组织的交流与合作。目前无论是全球、区域、全国、或各地方的文博社团网络已基本建立，要加强与ICOM、中国博协、自博协、各专业委员会等交流与合作，为湖北文博工作走向全国、走向世界做出自己的贡献。

预祝大会圆满成功，祝湖北省博物馆协会兴旺发达。

在2011年湖北省博物馆协会年会暨学术研讨会上的讲话

湖北省博物馆协会理事长　吴宏堂

2011年12月17日

各位领导、各位代表、各位朋友：

大家上午好！

在举国上下认真学习，深入贯彻落实党的十七届六中全会精神，进一步推动社会主义文化大发展大繁荣的大好形象下，在武汉市博物馆新馆建成开放十周年庆典的大喜日子里，2011年湖北省博物馆协会年会暨学术研讨会在江城汉口隆重召开，这同样也是全省博物馆界同仁的一件盛事。中国博物馆协会副理事长安来顺同志，省文化厅厅长杜建国同志、省民间组织管理局邓宏同志、武汉市政协常务副主席李传德同志、武汉市政协文史专委会副主任张正汉同志在万忙之中亲临会议并作重要讲话，这充分体现了各级领导对湖北省博物馆协会的重视、关心和大力支持。在此，我代表湖北省博物馆协会对出席今天会议的各位领导、全体代表及新闻界朋友们表示热烈的欢迎和衷心的感谢！向武汉市博物馆新馆开放十周年庆典表示热烈的祝贺！

一年多来，协会作为全省博物馆和博物馆工作者之“家”，在科学发展观战略思想的指引下，在省文化厅、民政厅，特别是省文物局的正确领导和大力支持下，按照“满腔热情地提供行业服务、真心实意地反映行业诉求、自觉严格地抓好行业自律”的指导思想和“一年打基础，两年见成效，三年上台阶，力争把湖北省博物馆协会办成全省优秀社会团体”的目标，紧密地团结全省博物馆工作者，不断增强大局意识、学术意识、服务意识、责任意识、解放思想、开拓创新、艰苦创业、埋头苦干。为促进全省博物馆事业又好又快发展做了一些有益的工作，取得了一些可喜的成绩，下面分三个方面向全体代表报告如下：

一、突出学术意识，在促进博物馆学术研究方面取得了新突破

博物馆学作为一门研究博物馆科学理论和工作方法的科学，在国际上已经有数百年的历史，然而在我国则处于起步阶段。特别是面对全省博物馆免费开放的单位越来越多，博物馆事业发展越来越好的大好形势，迫切需要一个科学而又有中国特色的理论体系。这就要求每一个博物馆组织和工作者必须高度重视博物馆学理论的研究。因为学术性越完善，工作的创新力才能有足够的内在动力和后发优势。因此，协会成立后，明确提出了要努力把湖北省博物馆协会建设成为湖北省博物馆行业的学术研究中

心。为此，一年来，（1）积极为全省博物馆和博物馆工作者搭建学术交流平台。利用召开年会的机会套开学术研讨活动，并确定今年学术研讨会的研究主题为“中国城市化进程中的博物馆”，然后以文件的形式下发全省各博物馆。在大家的努力下，先后收到论文122篇，这些文章就博物馆如何适应城市文化发展，服务城市建设；如何保护、传承优秀城市文化遗产，发挥城市优秀文化的作用；如何纳入国民义务教育体系，更好地服务人民大众；以及如何开拓自身创新发展策略等热点、难点问题进行了有益的研讨和探索。为了保证文章质量，还组织专家对文章进行了评选。遴选出思想性、艺术性较好的文章80多篇，共计56万字编撰成《博物馆与城市化——2011年湖北省博物馆年会暨学术研讨会论文集》，由湖北人民出版社公开出版发行。同时，又从80多篇文章中选出10篇论文作为大会交流。目的在于启发大家思路、开阔大家视野，活跃大家思想、坚定大家信心，从而达到共同提高。与此同时，积极支持一部分专业人员参加中国博物馆协会及其他省市在西安、在济南、在安徽、在贵州等地召开的多种学术研讨活动，从而使大家增长了知识，拓宽了视野。（2）积极为提高博物馆工作者的研究能力创造条件。为全面、系统、准确地记录我省博物馆事业从无到有，从小到大的发展历程，组织专班、落实专人研究编辑出版了湖北省第一本《湖北博物馆年鉴2010》。这本书忠实的记录了从1953年3月湖北省人民政府批准成立湖北省博物馆（筹备处）开始至2010年全省110多座博物馆、纪念馆的精彩发展历程。全书共约70万字。它不仅为当代博物馆工作者提供了全面、系统的行业发展信息，而且也为后人解读前人在建设和发展博物馆事业方面留下了一批珍贵而翔实的史料。（3）邀请中国博物馆协会副理事长安来顺先生为大家作学术报告。来顺先生于南开大学博物馆专业毕业后留学荷兰，是一位地地道道的“洋博士”、“海归派”，在博物馆研究方面造诣很深。特别是多年来供职于中国博物馆协会的实践，使他对中国博物馆事业的发展过程、现状和未来更是有独特的见解，他的学术报告对开阔大家的视野和对我省博物馆事业的发展必将产生积极的影响。

二、突出服务意识，在促进全省博物馆质量提升方面取得了新成效

随着博物馆数量的不断增长，全省博物馆行业也随之出现了建筑质量良莠不齐，专业人才供不应求，科学体系不够完善，标准规范不够健全等一系列问题。作为博物馆行业的湖北省博物馆协会要想有所作为，就必须牢牢树立服务意识，全心全意为社会服务，为行业服务，为会员服务，大力推动博物馆融入社会、服务社会、从而不断提升全省博物馆的整体水平。为此，我们（1）在为社会服务方面，主要体现在如何当好文物行政部门的参谋与助手和完成工作的质量上。除了认真完成文物行政部门交办的各项工作任务外，还就全省基层博物馆、行业博物馆、高校博物馆、民营博物馆等发展情况先后深入到宜昌、荆州、黄石、咸宁、随州、十堰等地博物馆进行了调研，广泛听取了大家就博物馆免费开放后如何提高全省博物馆整体水平的意见和建议。不仅密切了协会与社会的联系，更主要的是为文物行政部门指导基层博物馆更好地贯彻落实“三贴近”、促进全省博物馆健康发展，提供了可靠的信息资料。（2）在为行业服务上，主要体现在沟通协调和社会影响广泛的活动上。大力帮助各博物馆为提升展示水平

服务，积极为有关会员单位博物馆的陈列内容与形式的设计献计献策。或组织专家为他们编制方案，或为他们的形式设计进行咨询评估，从而使各基层博物馆的陈列展览突出了重点，突出了特色，突出了雅俗共赏，受到了当地领导和广大观众的一致好评。（3）在为会员服务上，主要体现在搭建工作平台和力所能及地办好事、办实事上。大力促进全省各博物馆之间的合作与交流，实现资源共享，与省博物馆一道组织全省各会员单位共同举办了“荆楚英华——全省博物馆馆藏文物精品联展”，为人民群众提供高质量的公共文化鉴赏服务。展出湖北省博物馆及17家地市级博物馆选送的精品文物近300件套。展出后受到了广大观众的一致好评。其中一位观众参观后留言颇具代表性：“足不出武汉，就能欣赏全省各市州馆的精美文物，快哉，快哉，希望今后多举办此类展览”。同时，为促进博物馆行业的专业文化交流，与辛亥革命纪念馆一道承办了由省文化厅、省文联等单位联合举办的“民族魂——徐世鸣国画艺术展”。这个展览在社会上也同样引起了强烈的反响。这两个展览的成功举办，对于打破博物馆自身资源局限，拓宽博物馆工作的领域范围，延伸博物馆文化服务的职能，推动博物馆行业的共同发展都具有积极的意义。

三、突出规范意识，在促进博物馆行业自律方面取得了新进展

在博物馆行业自律管理体制尚不健全的情况下，充分发挥协会作为行业组织的行业管理作用，建立和完善博物馆内的自律性管理约束机制，对于规范行业秩序，加强行业职业道德建设，优化行业诚信环境，健全行业评价体系，促进博物馆行业和谐发展都具有特别重要的意义。因此，我们（1）在行业管理方面，配合有关部门根据《国务院办公厅关于加快推进行业协会商会改革和发展的若干意见》所提出的有关要求，结合我省的实际，在建立政府主导，法律规范，社会参与的新型博物馆管理体系，逐步理顺博物馆管理机关，博物馆行业组织和博物馆之间的权责关系，加强行业内的自我管理和行业自律等方面作了一些积极的探索。（2）在制度建设方面，相继出台了《湖北省博物馆协会理事会议事规则》、《湖北省博物馆协会常务理事会议事规则》、《湖北省博物馆协会印鉴、介绍信和档案管理办法》、《湖北省博物馆协会财务管理办法》等规范性的规章制度，严格规范了办事办文程序。特别是在财务管理中严格执行国家有关财务的规章制度，坚持参照事业单位的开支规定委托省博物馆财务人员代管，坚持一支笔审批。5千元以下由秘书长审批，5千元至5万元由秘书长审批后报理事长审批，5万以上由理事会集体讨论决策。协会从成立至今共收到会费26万元，其中编辑出版《博物馆与城市化——2011年湖北省博物馆协会年会暨学术研讨会论文集》与《湖北省博物馆年鉴2010》近18万元（包括专家差旅费审稿费支出），召开博物馆协会成立大会等会议，日常交通通信、办公、邮寄、接待、固定资产折旧费等约8万元。（3）在组织建设方面，今年新批准注册团体会员30家，至此，协会共有团体会员106家。另外，在中国博物馆协会，我省新增一个理事长单位，两个常务理事单位，两个理事单位。为了加强专委会工作，在中国地质大学博物馆召开了协会第一个专委会的筹备会议，并向有关高校寄发了关于成立湖北省博物馆协会高校专委会的信函。为了规范文书档案管理，认真整理了从协会发起至今的两卷36份往来文件和资料，建立了会议纪要、文件登

记、资料留存、分类装订和大事记编写等工作。在各市州，宜昌市、黄石市已先后成立了博物馆协会。上述几方面的工作，对于规范行业管理，推动行业自律，促进全省博物事业又好又快发展必将发挥更实际更有效更积极的作用。

协会工作取得的这些成绩，除归功于各级领导的大力支持和协会全体同志的辛勤努力外，我们最大的体会（1）必须坚持大家的事情大家办，无论是展览的举办，还是年鉴的编写，哪一项都离不开大伙。如果离开了大家，协会工作将寸步难行。（2）必须坚持艰苦奋斗，坚忍不拔。由于协会既无专人，也无专项经费，尚无办公地点，基础差、底子薄，没有专人，就由省博的业务人员兼职，没有经费，就坚持一分钱当作两分钱花，没有办公地点就坚持在家办公。正是凭着大家对博物馆事业这份强烈的责任心，才使得协会没有因为重重困难而停止不前。（3）必须坚持大胆创新，"创新是一个民族进步的灵魂，是国家兴旺发达的不竭动力"。正是由于我们坚持以职能转变为着力点，不断创新工作思路与工作方法，才保证了我们协会工作与时代同步，与人民同心。

尽管一年来协会工作取得了一些成绩，但与蓬勃发展的博物馆事业依然不大适应；与人民群众日益增长的文化需求不大适应；与杜建国厅长提出的"努力将博物馆协会建成全省有权威，全国有影响的优秀行业组织"还有很大差距。因此，在今后一个时期，我们将继续坚持以邓小平理论和"三个代表"重要思想为指导，认真贯彻落实科学发展观和十七届六中全会精神，朝着树立和谐理念办会、依靠大家办会、完善制度办会、加强理性指导办会、依靠社会力量办会的方向迈进，在突出学术性、服务性、开放性、创新性方面下功夫、使力气。在这里，顺便把协会明年的几项重点工作给大家通报一下：一是明年下半年在荆州市召开2012年湖北省博物馆协会年会暨学术研讨会，会议的主题是："博物馆如何主动融入社会"。二是编辑出版第二本《湖北省博物馆年鉴2012》；三是举办一期业务培训班。四是召开一次行业博物馆座谈会；五是完成一篇关于"基层博物馆免费开放存在的问题与对策"的调研报告。

同志们，随着我国经济、文化、社会的不断发展，国民文化素质的不断提高，人们不会长久停留在免费参观博物馆权力得以实现的喜悦中，必然会会对博物馆提出更高的要求。因此，湖北省博物馆协会将在今后一段时间继续为博物馆如何更好地保障人民群众的基本文化权益架桥梁、连纽带。为进一步推动全省博物馆文化的发展与繁荣作出应有的贡献。

谢谢大家！

在2011"湖北省博物馆协会年会·学术研讨会暨武汉博物馆新馆开馆十周年庆典"上的致辞

武汉市政协副主席　李传德

2011年12月17日

各位领导、各位嘉宾,同志们、朋友们:

上午好!

今天,我们相聚一堂,共同见证2011"湖北省博物馆协会年会·学术研讨会暨武汉博物馆新馆开馆十周年庆典"隆重举行。这是贯彻落实党的十七届六中全会精神、推动文化大发展大繁荣的一项具体举措,是湖北、武汉文博事业发展中的一件大事。借此机会,我谨代表中共武汉市委、武汉市政府,向大会召开表示热烈的祝贺!向出席会议的各位领导和嘉宾,表示热烈的欢迎!对长期以来,在文博战线上辛勤耕耘、踏实奉献的广大文博工作者,表示亲切的慰问和衷心的感谢!

作为城市历史文明的载体,博物馆已成为传承城市文明、推动城市文化建设的重要组成部分,在城市化发展进程中发挥着重要作用。如何让博物馆在构建城市文化阵地的过程中,切实担当起历史使命?如何让博物馆在城市精神文明建设中,发挥最大作用?如何让博物馆事业发展,成为推进武汉跨越式发展的重要力量?这已成为当代文博工作者所面临的一个重要课题。

武汉具有3500年的悠久历史,人文深厚,文化遗产众多,留住历代先民的智慧结晶,传承和弘扬武汉璀璨的城市文明,是每一个文博工作者肩上的光荣使命。进入新世纪以来,我市文博事业发展势头良好,呈现出门类众多、异彩纷呈的多元化格局,博物馆已成为推动城市文化多元发展的一支不可忽视的力量。多年来,在各级党委、政府的领导下,经过全体文博工作者的共同努力,我市在考古发掘、文物保护、博物馆建设、非物质文化遗产保护和研究等方面均取得了显著成绩。当然,我市文博事业与国内、省内先进地区相比还有不小的差距,希望与会的领导、专家、同行不吝赐教,对我市文博工作提出宝贵的意见和建议。

武汉博物馆作为我市文博窗口单位,经过十年的辛勤耕耘,在发展中不断壮大,硕果累累,已成为功能设施齐全、馆藏文物资源丰富的国家一级博物馆。十年来,武汉博物馆举办了许许多多高质量的展览,极大地丰富了江城人民的文化生活,是广大市民陶冶情操、增长知识、休闲旅游的重要场所,也是我市对外文化交流的重要纽带。

湖北省博物馆协会紧紧把握时代脉搏，组织全省文博工作者开展工作探讨和学术交流，对提高我省文博管理与学术研究水平、促进我省文博事业发展具有重要意义。本届年会及学术研讨会在我市召开，大家共庆武汉博物馆新馆开馆十周年，不仅为我省文博界搭起了一座交流的平台，也为我市文博工作者提供了一次难得的学习机会。在此，衷心希望全省文博同仁能以本次年会为契机，加强合作，共谋发展，为推动文博事业的繁荣发展作出新的贡献。

最后，祝大会圆满成功！祝大家在武汉期间工作顺利，生活愉快！

谢谢大家！

在2011“湖北省博物馆协会年会·学术研讨会暨武汉博物馆新馆开馆十周年庆典”大会上的讲话

武汉市文化局局长　和晓曦

2011年12月17日

尊敬的各位领导，各位来宾，女士们、先生们：

大家上午好！

冬月葭草吐绿头，冬至阳生春又来。在这吐故纳新的仲冬时节，全省文博系统的专家学者汇聚武汉，围绕“中国城市化进程中的博物馆”这一主题，探讨新形势下文博事业发展思路。在此，我谨代表武汉市文化局，对一直关心、扶持我市文博工作的省市领导表示衷心的感谢！对出席本次活动的省文化厅、文物局、中国博协领导以及全省各地、市、州、县的博物馆同仁表示热烈的欢迎和衷心的感谢！

武汉是一座具有深厚历史底蕴的文化名城，全市文物博物馆事业欣欣向荣，在城市化进程中发挥着重要作用。在武汉市市域内，现有市级以上文物保护单位390处，其中全国重点文物保护单位13处，省级文物保护单位102处，市级文物保护单位275处，在物质文化遗产保护方面，武汉始终走在全国前列。近年来，在各级政府和有关部门的正确领导和大力支持下，我市文博事业驶入了发展的快车道，全市现有各类博物馆、纪念馆48家，其中市（区）直属博物馆20家，有一定规模的社会博物馆25家，还有常年对外开放的省博、红楼及湖北明代藩王博物馆等3家，初步形成了一个以国有博物馆为主体，社会博物馆为补充、综合性与专业性博物馆相结合的博物馆服务体系，年均接待观众200多万人次，促进了我市文化事业的大发展、大繁荣。

武汉博物馆于1984年7月开始筹建，1986年11月正式建制，2001年新馆落成正式对外开放。2009年1月，武汉市文物商店并入武汉博物馆，更名为武汉市文物交流中心。武汉博物馆馆藏资源丰富，拥有藏品6万余件，商品文物10万余件，已成为一座集文物收藏、学术科研、宣传教育、文化交流以及休闲娱乐诸功能于一体的综合性博物馆，是了解和展示我市历史文化的重要窗口。十年来，武汉博物馆在各级领导的亲切关怀下，完善创新机制，打造陈列精品，深入推进免费开放，不断取得新成绩。2003年，《武汉古代历史陈列》荣获第五届全国十大陈列精品奖；2005年12月，武汉博物馆被评定为国家AAAA级旅游景点；2008年5月，成为国家文物局首批评定的83家国家一级博物馆之一，被中宣部授予“爱国主义教育示范基地”称号。武汉博物馆已成为保障人民群众文化权益、丰富群众精神文化生活的重要阵地，为推动文化大发展大繁起到了十分重要的作用。

按照大会安排，本次会议将就“中国城市化进程中的博物馆”、“城市博物馆与城市文化生活”等议题展开探讨，拓宽新视野，开拓新途径，对新形势下进一步推动我省文博事业，将起到积极的推动作用。我相信，通过此次会议，将进一步促进全省馆际之间的沟通和了解，同时，互相学习，增进友谊，科学发展，与时俱进，为推动我省文博事业发展、促进文化大发展大繁荣，做出更大贡献！

最后，祝 2011“湖北省博物馆协会年会·学术研讨会暨武汉博物馆新馆开馆十周年庆典”大会取得圆满成功！

谢谢大家！

全省博物馆工作概述

2011年全省博物馆工作概述

湖北省文物局　雷　鸣

根据博物馆年检数据统计，截至2011年底，全省博物馆、纪念馆共145处，全国爱国主义教育基地17处。其中归口文化（物）系统管理的博物馆120家，行业博物馆12家，民办博物馆13家。2011年，全省博物馆总建筑面积597293平方米，展厅面积271053平方米，全省博物馆、纪念馆陈列展览数量总数为814家，其中基本陈列展览360家，临时展览454家，博物馆参观总人数超过1400万人次。全省文物收藏单位文物藏品及标本总量超过147万件（套），其中一级文物2514件（套）。全省基本形成以省博物馆为龙头，以市州博物馆为骨干、以县级和专题博物馆为基础、以行业博物馆和民办博物馆为补充的特色鲜明、布局合理的博物馆体系。

一、博物馆建设与管理

在省委、省政府的高度重视下，在国家文物局的大力支持和帮助下，省文物局加强对博物馆事业发展的规划、管理、指导，积极推进博物馆基础设施建设，全省博物馆建设呈现出逐步加强的发展势头，取得了较大进展。2011年，我省新建博物馆6家，改扩建博物馆9家，新增（设立）博物馆16家。深入推进全省民办博物馆建设，加大对民办博物馆的扶持力度，组织有关民办博物馆馆长参加全国民办博物馆馆长培训班，审批增设了宜昌袁裕校家庭博物馆、湖北兰文化博物馆等7所民办博物馆。

12月13日，省文物局在宜城市组织召开全省中小城市博物馆建设暨陈列展览提升工作座谈会，总结交流一年来全省博物馆基础设施建设与陈列展览工作。各市、州、直管市、神农架林区文化（物）局局长、博物馆馆长，省直博物馆、部分重点县市博物馆负责人近70人与会，沈海宁局长出席会议并讲话。座谈会上，宜城、麻城、赤壁、丹江口等4家博物馆代表分别从自身角度出发，汇报了博物馆新馆建设和陈列展览情况，遇到的困难、问题和有关对策和建议，好的经验和做法等等。沈海宁在讲话中总结了近年来我省博物馆建设情况，充分肯定了我省博物馆建设取得的成绩，分析了制约我省博物馆发展的问题，并就进一步推进全省博物馆建设提出了具体要求。

省博物馆三期工程正式开工。12月22日，省博物馆三期扩建工程开工典礼隆重举行，省委书记李鸿忠宣布工程开工。省委副书记、省长王国生致辞。省政协主席杨松，省委副书记张昌尔，省委常委、副省长王晓东，省委常委、宣传部部长尹汉宁，省人大常委会副主任林志慧，省政协副主席涂勇，国家文物局副局长顾玉才等出席奠基仪式。三期扩建后的省博物馆总建筑面积将达到10万平方米，展览面积2.5万平方米，文物库房面积1.2万平方米，将成为我省新的文化窗口和地标。

为隆重纪念辛亥革命100周年，辛亥革命武昌起义纪念馆实施了武昌起义军政府旧址主楼和东西配楼文物维修工程，并配套实施路面改造、环境绿化、电路改造等工程，维修改造面积达4000余平方米，投入资金近2000万元，确保了以新的面貌迎接辛亥革命百年庆典。6月2日，辛亥革命武昌起义纪念馆以维修工程阶段性成果迎接了中共中央总书记胡锦涛的视察。辛亥革命百年庆典期间，接待了出席湖北纪念活动和学术研讨会的海内外嘉宾、专家学者，接待了中央和国家部委领导李铁映、孟建柱、徐匡迪等，接待了台湾新党主席郁慕明。为弘扬孙中山先生爱国主义、民主革命精神和辛亥首义精神，扩大武汉作为首义之城在海内外的影响，提升湖北形象，发挥了十分重要的作用。

荆州博物馆2万平方米新综合陈列楼完成了概念设计的国际招标，启动了方案设计。向国务院和中央有关部委积极申报在十堰市建设中国南水北调博物馆，编制完成了《中国南水北调博物馆建设项目规划书》。咸宁、鄂州、黄冈等中等城市博物馆竣工并对外开放。

二、博物馆藏品保护与管理

湖北是楚文化的发祥地，历史悠久，文化璀璨，文物资源十分丰富。全省收藏文物和自然标本数量大，种类多，质量高。其中最为集中的如省博物馆藏品26万件套，荆州博物馆藏品13万件套，襄阳市博物馆7万件套。文物类别涵盖了金银器、玉器、青铜器、铁器、石器、陶器、竹木器、丝织类、石刻、名人书画等种类。

省文物局进一步加强对全省馆藏文物的借用、复制、调拨等业务活动的规范管理和行政审批，积极鼓励和支持全省各博物馆馆际交流，严格强化规范管理和行政审批。要求全省博物馆严格按照《中华人民共和国文物保护法》、《博物馆藏品管理办法》等有关文物藏品保护的规定，加强监督，严格管理，坚持贯彻执行“保护为主、抢救第一、合理利用、加强管理”的方针，加大馆藏文物的保护力度，建立健全藏品管理制度，做到账目清楚、鉴定确切、编目详细、保管妥善、查验方便。提升文物库房保存水平，鼓励有条件的博物馆设立中心控制室，专人、专职实行24小时监控，重点要害部位安装技术安防设备，完善安全保卫制度，确保文物安全，全年不发生一起馆藏文物安全事故。同时，有计划、有目的地对馆藏文物进行清理和保护，并制订科学合理的文物修复保护方案。

2011年，省文物局积极组织全省各博物馆、纪念馆开展年度国家重点文物保护专项补助经费（博物馆库房维修、藏品技术保护、县级博物馆展览提升）的方案申报及申报书的填写、录入工作。2011年，共完成国家重点文物保护经费申报16项、国家重点文物保护项目方案12项，其中，国家文物局批复方案8项，批复经费733万元。截至2011年12月31日止，湖北省共6家文物博物馆单位具有文物修复保护资质。其中，湖北省博物馆、荆州文物保护中心为可移动文物修复一级资质；武汉博物馆、襄樊市博物馆、鄂州市博物馆、武当山博物馆为可移动文物修复二级资质。

2005年5月，我省被国家文物局、财政部确定为全国第二批文物调查及数据库管理系统建设项目“试点”省份，省文物局紧紧抓住项目契机，积极部署，精心组织，在项目组织管理、信息采集方式、规范制度建设等方面进一步大胆探索，勇于实践，积累了大量的一手资料，形成了一套行之有效的项目及省级工作部署体系。通过项目的实施，全省馆藏珍贵文物信息采集工作全面完成，一般文物信息采集全面启动，人才队伍、信息化设备建设得到明显加强，文物保护与管理水平有了显著提高。顺利结项后，项目已转入日常基础性阶段，成为日常业务工作的组成部分。目前，文物信息中心机房存储全省 17 个地市州 99 家博物馆馆藏文物信息 71815 件（套），数据量达到 1475.6GB。扎实做好珍贵文物信息的动态管理与利用，对提高文物保护、管理和利用水平起到了十分重要的作用。2011 年，省博物馆、辛亥革命武昌起义纪念馆为辛亥革命博物馆复制辛亥革命文物 300 余件（套），文物信息中心通过检索有关数据，为此次复制工作提供了大量资料，保证了辛亥革命博物馆陈列布展顺利进行。

三、博物馆陈列展览与对外交流

近年来，随着博物馆建设持续推进，免费开放工作深入开展，我省博物馆、纪念馆陈列展览的数量、质量、层次、形式以及参观人数都发生了可喜的变化。在省文物局的协调和指导下，全省博物馆充分利用丰富的馆藏文物资源，服务党和政府的全局工作、中心工作，丰富展览内容、创新展览形式、拓宽展览手段，积极举办和引进临时展览，多渠道、多层次的丰富人民群众的文化生活。2011 年，全省博物馆重新布展和改造了近百个基本陈列，举办陈列展览 814 个，其中基本陈列 360 个，临时展览 454 个。

指导全省各博物馆丰富陈列内容，推进全省博物馆特别是新建博物馆和县市级博物馆的陈列展览改造提升工作，指导丹江口、钟祥等县市博物馆陈列布展。为提高全省博物馆陈列展览水平，鼓励博物馆推出更多、更好的展览，2011 年 10 月，省文物局组织在全省文物系统开展 2010-2011 年度系列评奖活动，其中，特别设置了全省博物馆、纪念馆优秀陈列奖。经过两个月的组织申报和专家评审，12 月 27 日，2011 年全省文物局长会对获奖的单位进行了表彰。共有省博物馆、武汉博物馆、荆州博物馆、十堰市博物馆等 18 个博物馆的 23 个展览获得了精品奖、特别奖、最佳内容设计奖、最佳形式设计奖、最佳制作奖、最佳新技术新材料运用奖、最佳创意奖等 7 类奖项。

2011 年是中国共产党建党 90 周年，又是辛亥革命 100 周年，为营造庆祝氛围，省文物局要求全省博物馆以此为契机，举办主题鲜明、内容丰富、形式多样的展览，圆满完成建党 90 周年，辛亥革命 100 周年庆典系列展览工作。6 月 28 日—9 月 18 日，省博物馆联合近 20 家市（州）县级博物馆共同举办了“荆楚英华——全省馆藏文物精品联展”，展览展出文物精品 300 余件（套），展出文物上迄旧石器时代，下至明清时代，涵盖了铜器、瓷器、金银器、玉器、漆器等文物品类。该展览内容丰富、展品等级较高，是我省近年来的一次重要展览；6 月 28 日，“情系长江——老一辈革命家在武汉”在武汉市革命博物馆隆重开展。该展览以图片形式为主，展览面积 1000 平方米，展线 300 多米，共展出图片 355 幅，实物 54 件；10 月 8 日，我省辛亥革命百周年庆典重要活动之一——辛亥革命武昌起义纪念馆“鄂军都督府旧址复原陈列”、“辛亥革命武昌起义史迹陈列”、“辛亥革命人物画展”三项展览隆重开展。新展览开展后，观众参观量日均 4000 人次，为原来数倍；10 月 15 日，总投资 3.34 亿元、总建筑面积 2.2 万平方米的辛亥革命博物馆建成并对外开放，推出了“共和之基——辛亥革命历史陈列”；10月，武汉市中山舰博物馆推出“中山舰复原陈列”、“一代名舰——中山舰史迹陈列”及“中山舰出水文物精品陈列”等3个基本陈列，并正式向公众开放。

全省博物馆贯彻落实“三贴近”，坚持“走出去、引进来”，努力扩大对外交流合作，推出了一系列高水平、高质量的展览。省博物馆引进和推出“重返巴洛克——那不勒斯的黄金时代绘画展”、“圣地西藏——最接近天空的宝藏”等5个临时展览和专题展览，并在澳大利亚推出“敬天崇祖：楚地礼仪艺术展”，在台北举办“剑舞楚天——越王勾践剑暨楚国出土文物展”，在香港推出“辛亥革命百周年展”，在山西、重庆、浙江等地推出具有楚文化特色展览；武汉博物馆引进南京市博物馆“金玉满堂——南京市博物馆馆藏金银玉器特展”，在广州举办“孙中山与广州”展览；荆州博物馆引进“草原古韵塞外风情——内蒙古包头岩画唐卡文物精品展”、“东方巫傩文化展”；十堰市博物馆推出“胡总书记在十堰纪实展”；荆门市博物馆引进陕西“陶存物象，泥塑春秋——汉唐陶俑展”；黄石市博物馆举办“大型宇宙奥秘探索科普展”。此外，省博物馆编钟乐团赴日本参加了第二十五届东京国际音乐节开幕式，并和东京交响乐团共同奏响了本届音乐节的主题曲“和平之歌”。通过这一系列扩大对外交流活动，我省博物馆加强了馆际合作，提升了陈展水平，扩大了我省博物馆在全国乃至全世界的影响。

四、博物馆免费开放与社会教育

2011年，在国家文物局和省委、省政府领导的关心、支持下，我省博物馆免费开放工作扎实推进、稳步展开，成为我省文化惠民的品牌工程，产生了良好的社会效益，全年观众参观人数成倍增长，包括文化（物）部门管理的博物馆和行业高校博物馆、民办博物馆等，共接待观众1400余万人次。其中省博物馆140余万人次，随州市博物馆90余万人次。2011年，我省归口文化（物）部门管理的博物馆、纪念馆及全国爱国主义教育基地共有114处实行免费开放，其中，已列入免费开放名单的博物馆、纪念馆89家（含全国爱国主义教育基地14处）。

自2007年省博物馆率先在中部免费开放以来，我省博物馆免费开放工作持续推进。配合国家文物局开展了博物馆免费开放调研评估，进一步总结全省博物馆免费开放工作经验；对已免费开放的博物馆进行检查，规范资金使用，加强安全监管，提升服务质量。2011年，以免费开放为契机，做好博物馆，特别是县级博物馆的展览提升工作，钟祥等8家博物馆面貌焕然一新；加大资金投入，年度中央补助免费开放总经费达10525万元。针对免费开放后观众人数急剧增加、人员结构复杂的新情况，省文物局要求全省博物馆、纪念馆按照国家文物局等4部委《关于博物馆、纪念馆免费开放的通知》要求，立足提升展览和服务，不断更新陈列理念，推陈出新，通过重新布展和改造完善，提高基本陈列的水平。同时加大投入，推出更多观众喜闻乐见的临时展览，最大限度地满足不同观众的需求继续深入推进博物馆免费开放工作。

为将博物馆免费开放工作落到实处，切实保证人民群众的文化权益，努力实现博物馆的社会主义公共文化服务功能，2011年，省文物局组织全省各博物馆、纪念馆开展“5·18国际博物馆日”宣传活动，不断扩大博物馆的社会影响。湖北省博物馆围绕“博物馆与记忆”的活动主题，开展了一系列丰富多彩的活动。在楚天都市报开辟《珍宝传奇》专栏，介绍馆藏珍贵文物，并邀请读者到博物馆“寻宝”。举行了“探寻历史的记忆——走近编钟”校园主题活动；湖北明代藩王博物馆开展了以“博物馆与记忆”为主题的国际博物馆日宣传活动；荆州博物馆组织开展了“我看博物馆”绘画大赛颁奖、荆州博物馆志愿讲解服务队授牌（授带、授旗）和文物鉴赏等一系列活动；十堰博物馆将流动展览搬到中国人民解放军驻十堰某部队，与部队官兵联合开展了一场丰富生动的爱国主义、国防教育活动。

随着博物馆免费开放的深入开展，博物馆的社会影响日益增加，博物馆的受众面更加广阔，越来越多有志于促进博物馆事业发展的社会人士加入到博物馆志愿者队伍中，全省博物馆志愿者队伍日益壮大。自2003年武汉市博物馆首次面向社会公开招募志愿者以来，至2011年，全省博物馆、纪念馆志愿者约2000人。全省志愿者队伍结构也呈现多样化发展趋势：退休人员占志愿者队伍30%、在职人员约30%、大学生和中小学生共占40%。他们中有科研人员，大、中、小学教师、教授，公务员，企业高管，电台编辑、主持人，文物爱好者等，队伍中年纪最大的65岁，最小的仅6岁。这些志愿者讲解员除了日常为观众提供咨询服务与讲解服务外，还在许多大型展览的讲解中发挥了重要作用，成为博物馆建设与服务大众的重要力量。2011年，省博物馆志愿者讲解员喻梦华荣获第三届“中国博物馆十佳志愿者之星”称号，这也是自2009年武汉博物馆志愿者讲解员王立军，2010年省博物馆志愿者讲解员胡昇后，我省志愿者讲解员连续三次获此殊荣。

五、博物馆文化产品开发与管理

2011年，湖北以丰富的文物藏品资源为基础，以重点博物馆为依托，积极设计开发博物馆文化产品，大力发展相关的文化产业。据调查，全省博物馆文化产品开发的种类超过500种。其中，省博物馆开发经营的文化产品达200余种，荆州市博物馆100余种。2011年，我省博物馆文化产品经营销售取得了可喜的成绩，据不完全统计，全省博物馆文化产品年销售收入近1000万元。随着博物馆基础设施建设的快速发展和服务条件的日益完善，免费开放打开了博物馆的大门，更多不同文化层次的观众走进博物馆，使博物馆观众人数的急剧增加，对博物馆文化产品的经营与销售也提出了更高的要求。各博物馆也以此为契机，丰富文化产品种类，增加经营服务项目，转变服务理念，提高从业人员素质。

全省各博物馆以馆藏文物为依托，根据观众的需要，开发生产的文化纪念品具有实用、欣赏和收藏价值，彰显了湖北历史文化的内涵。湖北省博物馆以其馆藏特色为基础，着力打造了种类繁多、特色鲜明的文化产品。如设计和制作了限量生产的“越王勾践剑”高仿品、元青花四爱图梅瓶仿品、仿鹿角立鹤（镶嵌绿松石）、编钟仿品（玉制）、文具、明信片、书签、领带以及各种生活实用品等一百多个品种，价格从几元、几十元至上万元。2011年，省博物馆举办了首届文化产品创意设计大赛，参赛作品共计67个系列，400多个品种。荆州博物馆开发的古代丝绸制品、漆木器复仿制品（虎座鸟架鼓、双连杯、楠木卧虎等），鄂州博物馆开发的青铜镜、青铜剑，武汉市博物馆开发的盘龙城出土文物数码仿真彩色丝织锦画，荆门市博物馆开发的水晶竹简等文化产品也深受观众喜爱，销售量逐年增长。

博物馆观众的增多，经营服务场所的增加，文化商品的增长，使各博物馆努力增加人性化服务，转变服务理念，以更开放的形式让消费者选择自己喜爱的、不同层次、价格合适的文化产品。湖北省博物馆在其综合馆、楚文化馆、编钟馆的不同楼层，不同部位设置了7处从事经营服务的场所，营业面积达到了1600多平方米。在观众服务项目方面，除了纪念品销售，还设有咖啡厅、书店、演奏厅、餐饮服务等，观众除了享受陈列展览带来的精神享受之外，还能够得到更多其他方面的服务。武汉市博物馆则针对不同的临时展览设计开发与定购了各种体现展览特点的销售纪念品。如配合“秦始皇兵马俑展”而设置的仿制小兵马俑、铜马车以及纪念邮票册；为配合“19世纪下半叶俄罗斯油画作品展”，则印刷出版了相关图录画册，供广大爱好者收藏赏析。

省　直

湖北省博物馆

Hubei Provincial Museum

2011年，湖北省博物馆按照《中央地方共建国家级博物馆管理暂行办法》的要求，结合湖北省文博工作的实际情况，在藏品保护、陈列展览、科学研究、社会教育等方面加大了工作力度，全馆上下通力协作，在许多方面取得了新突破、新成绩，尤其是湖北省博物馆三期扩建工程、编钟馆改造工程的上马，为湖北省博物馆实现跨越式发展奠定了坚实的基础。

一、行政管理与规划建设

湖北省博物馆、文物考古研究所隶属于湖北省文化厅，现有编制数175人，在职职工168人。副高以上研究人员51人，其中正高25人，省部级专家2人。馆所领导班子现有5人。下设办公室、计财部、人事部、老干办、后勤部、保卫部、基建办、市场部、陈列部、保管部、社教部、文保部、信息中心、考古协调部、史前考古部、历史时期考古部、科技考古部等17个部门。

2011年，湖北省博物馆接待的观众数量达140余万人次，其中外宾近4万人次，旅行社参观近30万人次，参观人数在八家中央地方共建的重点博物馆中名列前茅。被武汉市旅游局评为“旅行团招徕工作先进单位”。先后顺利完成省部级以上重要接待近80批次，包括全国政协副主席陈奎元，中共中央政治局委员、中宣部部长刘云山，全国妇联党组书记宋秀岩、国防部长梁光烈、广东省省长黄华华、广西壮族自治区主席马飚、中国驻日大使陈永华、马耳他副总理托尼奥·博奇、亚太旅游协会主席锡麟等，圆满完成了省委、省政府交办的各项接待任务。

为进一步加强馆所制度化建设，规范管理，使湖北省博物馆、考古所走上有序发展的道路，自年初开始，湖北省博物馆就对原有的管理制度进行全面的清理和完善，先后制定了《湖北省博物馆考古所学术委员会章程》、《湖北省博物馆考古所内设科研课题管理办法》、《湖北省博物馆展区巡查条例》、《省博物馆政府采购暂行办法》、《省博物馆财务管理办法》、《湖北省博物馆实物资产申购、领用、保管及损坏丢失赔偿暂行办法》、《财务报销管理规定》等一系列的规章制度。

离退休干部工作方面，湖北省博物馆贯彻落实党和国家对离退休干部的各项政策，抓好离退休干部的管理与服务工作，4月份组织了全体老同志“农家乐一日游”。7月组织离退休老同志参加建党90周年馆所唱红歌比赛并获得二等奖。“重阳节”

组织离退休老同志到极地海洋世界、梁子湖、中山舰参观。老干办工作人员定时定期打电话和老同志沟通，及时向他们传达党和国家有关方针政策和单位的改革发展情况。

随着经济社会发展和人民群众精神文化需求的不断提升，湖北省博物馆现有功能不完善等问题日益突出，主要体现在馆舍面积不足、功能不完善、管理用房不足。在省委、省政府的大力支持下，2011 年 12 月，湖北省博物馆三期扩建工程正式开工，国家文物局副局长顾玉才、省委书记李鸿忠、省长王国生等省委、省政府主要领导出席了开工典礼。

湖北省博物馆三期扩建工程总建筑面积近 7 万平方米，其中包括新建文物展览大楼、文物保护中心、研究中心、武警用房、设备控制中心、旅游团队接待中心、地下小型车辆停车场等，另外还有室外工程：广场、道路、绿化，以及围墙、水电管网等。湖北省博物馆三期扩建工程完工后，湖北省博物馆总建筑面积达到 10 万平方米，展览面积接近 2.6 万㎡，文物库房面积达到 1.2 万㎡，保持在国内第一方阵的位置。通过三期扩建，湖北省博物馆将建设成为一个集收藏保管、陈列展演、科学研究、技术保护、教育咨询等功能于一体，兼顾图书资料、影视放映、购物餐饮、休闲游玩等功能，具有鲜明时代风格和荆楚文化蕴涵的现代化、综合性国家一流博物馆。

二、藏品管理与保护修复

为进一步丰富馆藏，湖北省博物馆 2011 年有针对性地开展了文物征集工作，全年征集文物 370 余件（套）。其中在湖北咸宁、蕲春征集的明清时期家具填补了馆藏明清家具文物的缺环。藏品研究方面，湖北省博物馆 2011 年启动了馆藏文物《王葆心文集》的整理工作，参加此项工作的有武汉大学、华中师范大学、湖北大学、湖北省社科院部分专家。

2011 年度，湖北省博物馆各类文物保护和修复项目圆满完成。其中，配合辛亥百年活动为辛亥革命博物馆复制文物 88 件；完成了随州文物复制项目；保护处理随州市叶家山西周古墓群文物 300 余件；修复保护了本馆及浙江安吉县博物馆、武汉市革命博物馆、云梦博物馆等馆馆藏文物 642 件。此外，湖北省博物馆还组织力量对恩施州宣恩县红军标语墙进行了揭取，对蕲春博物馆藏 10 余件套丝绸进行来了清理、保护，参与荆门黄歇村战国墓出土文物整理。同时，为改善藏品保护条件，湖北省博物馆投入 800 万对文物库房等重点部位进行分室恒温恒湿改造及添置空气净化设备。

三、陈列展览与宣教服务

湖北省博物馆现有基本陈列分别于 2005 年和 2007 年开展，许多展览形式亟待更新。2011 年湖北省博物馆投入 1050 万元开始进行展览提升工程，在综合馆、楚文化馆的重要展点增加数字化设备及观众互动设施。投入 700 万元完成对书画展厅、梁庄王墓展厅的改造。配合基本陈列的提升，湖北省博物馆还进行了语音导览设备的更新工作。

2011 年湖北省博物馆在临时展览的引进方面加大了力度，重点打造有影响力的临时展览，先后举办了“圣地西藏—最接近天空的宝藏展”、“荆楚英华——全省博物馆馆藏文物精品联展”、“重返巴洛克——那不勒斯的黄金时代绘画展”等临时展览。这些展览亮点纷呈，其中，“荆楚英华——全省博物馆馆藏文物精品联展”作为该馆向建党 90 周年的献礼大展，组织了省博物馆及荆州市博物馆等全省15家地市博物馆参加，展出面积2000多平米，展出文物300件套。本次展览首次以全省联展的形式展出，是湖北省历史上首次将全省博物馆馆藏文物精品在观众面前作了一次集中的亮相，充分体现了湖北省博物馆在全省文博界的龙头地位，开创了多馆联合大规模办展的先河。展览注重近年来新发现的文物；注重以前很少展出的文物。展出文物无时代断层，品种丰富，给观众带来了全新的观感。

外展方面，湖北省博物馆根据馆藏特色包装打造精品展览影响继续扩大。“敬天崇祖：楚地礼仪艺术展”、“荆楚遗泽——湖北枣阳九连墩楚墓出土文物特展”分别在澳大利亚新南威尔士州艺术博物馆及浙江、重庆、山西省市博物馆展出，展览所到之处都在当地引起了很大的社会反响，进一步扩大了湖北省博物馆的社会影响力。其中，“敬天崇祖——楚地礼仪艺术展”是该馆首度在澳大利亚举办的展览，也是湖北省“荆楚文化走澳洲”的重头戏。本次展览选取了一批有代表性的楚系礼器，如鼎、簋、豆、编钟等，全部展出的70件套文物分为青铜器、漆木器、玉器、乐器四部分，包括了曾侯乙墓、九连墩墓群、包山、望山等楚系墓葬的代表性器物，以敬天崇祖的礼仪艺术为主题，系统展示了楚地“信巫鬼、好淫祀”的文化风貌。本次展览既具学术性、艺术性，又具观赏性、趣味性，是一场综合展示楚文化礼仪典制的艺术盛宴。

作为展览的延伸，湖北省博物馆编钟乐团一直是该馆着力打造的一张名片。2011年10月湖北省博物馆编钟乐团独立组团参加了第二十五届东京国际音乐节，作为本次国际音乐节唯一的中国元素，该馆编钟乐团在为期一周的音乐节中，除了完成开幕式首场演出外，还与著名舞蹈家黄豆豆先生一起为来自世界各地的音乐爱好者献上了多场编钟乐舞的专场演出，受到热烈欢迎。编钟首演结束后，来自美国、英国、德国的音乐界人士纷纷向编钟乐团发出邀请，希望把古老的编钟推向世界。

2011年，湖北省博物馆加强了博物馆走进社区、融入社会、服务大众的工作力度，先后举办两期小小讲解员培训班，开展了“5·18国际博物馆日‘探寻历史的记忆——走近编钟’”、“‘粽叶飘香，共享温情’——湖北省博物馆志愿者端午节走进儿童福利院”等主题活动，并于2011年9月启动了“荆楚英杰宣讲团——湖北省博物馆志愿者走进高校”活动，已先后在武汉、黄石、荆州、襄阳等地高校开展了系列宣讲活动。

湖北省博物馆志愿者队伍建设在2011年得到了全面的加强。全年招募志愿者6次，举办培训20多场次，参加培训600多人，考核合格上岗284人。组织湖北省博物馆志愿者到湖南博物馆、河南博物院等单位交流，提高志愿者凝聚力，为志愿者提供丰富多彩的服务的平台，发挥志愿者在博物馆社会教育工作的作用。志愿者全年讲解5000多批，参加各种教育推广活动近30场，服务时间15000小时。志愿者喻梦华荣获“第三届牵手历史——中国博物馆十佳志愿者之星”称号。

配合上述系列活动，湖北省博物馆采取全方位、多层面，重点突出的宣传工作。全年媒体对湖北省博物馆的正面报道达300余次，文字10万以上。此外该馆还协助拍摄了《国宝档案》等电视专题片36部。利用新兴网络手段，开通了博物馆新浪、腾讯官方微博宣传平台。

四、考古调查与考古发掘

2011年湖北省博物馆、湖北省文物考

古研究所配合基本建设开展的文物调查勘探及前期协调共有武穴长江公路大桥、棋盘洲长江公路大桥、武汉—广水成品油管道工程等19个；共签订《秭归县城出口一级公路文物调查、勘探合同》、《武汉化工新区铁路专用线文物调查工作合同》等19个文物保护协议。

2011年是我省"南水北调"工程文物保护工作田野阶段收官之年，配合南水北调取得发掘成果重大。其中，随州叶家山西周早期墓地考古发掘工作是湖北省历史上首个主动性大规模考古发掘，各种先进科技手段大量运用。已揭露墓葬65座和马坑1座，获取陶、铜、瓷、漆木、玉石等各类质地的文物739件(套)，其中青铜器达325件。在多座墓葬的青铜器上见有"曾侯"和"曾侯谏"的铭文。经专家考证，叶家山墓地的时代比曾侯乙墓早500余年，出土文物表明西周早期曾国已存在并称侯，这些文物对曾国历史文化研究具有突破性价值；同时出土的西周原始瓷器也为探讨原始瓷器的产地、工艺等提供了重要物证。此外，郧县韩家洲墓地、荆门严仓猴子冢、丹江口市北泰山庙龙脖子墓地的发掘工作也正在顺利进行。

针对大型工程项目的逐步减少这一趋势，湖北省博物馆、湖北省文物考古研究所及时调整思路，在大遗址保护和专项文物保护课题上开展了一些主动考古发掘工作，目前正在进行的有鹤峰县容美土司遗址等主动发掘项目。

2011年，湖北省博物馆、文物考古研究所考古成果整理稳步推进。完成了房县孙家坪遗址、郧县辽瓦店子遗址的室内整理工作，沙洋黄歇东周墓、郧县刘湾遗址、郧县韩家洲墓群、荆门严仓墓群的整理工作正在进行之中。全年完成了20份文物保护方案并通过文物局审批。完成了小漩水电站文物保护工作报告等4份文物保护工作报告并向省文物局申请给工程部门出具竣工通知书。完成了《丹江口市牛场东周两汉墓》、《明郢靖王墓》等4部书稿并交出版社。

五、人才培养与学术研究

2011年，湖北省博物馆承办了"湘鄂豫皖楚文化研究会第十二次年会暨江汉考古创刊30周年学术研讨会"。来自湘、鄂、豫、皖、陕、京、渝、沪等十几个省、市的代表150余人参加了本次年会。年会共收到论文80余篇，各省、市的代表分别汇报了最近两年来本地区的楚文化考古新发现与新成果，并围绕本次年会的三个中心议题"楚文化考古研究"、"出土文献"、"楚国历史文化"进行了深入探讨。就楚史与楚文化方面一些悬而未决的问题提出了一些独到见解。

2011年，湖北省博物馆参加湖北省政府组织的赴意大利、瑞士文化交流并签订系列合作协议，为湖北省博物馆进一步对外文化交流拓展了新的渠道。此外，湖北省博物馆还派员在澳大利亚、美国进行学术讲座，参加了国家文物局组织的赴英国博物馆培训考察、日本滋贺举办的主题为"水陆交界地带的鱼和人"国际学术会议、浙江余姚举办的"全球视野·河姆渡文化国际学术论坛"等。

科研项目方面，湖北省博物馆2011年度申报的省科技重点攻关项目"出土战国瑟弦的保护与复原研究"、与荆州文保中心共同申报的国家文物局重大科研专项"饱水竹木器超临界干燥脱水预研究"已获批准立项，现已开始进行。湖北省博物馆科技考古部承担的湖北省文物局南水北调文物保护科研课题《汉水中游地区古动物遗存研究》和《湖北省南水北调文物保护工程中出土人骨的综合研究》目前进展顺利，已按期完成课题阶段性任务。承担的国家文物局文物保护科研课题《中国古代家猪饲养的早期发展》顺利结项。与湖北理工大学联合承担的编钟乐舞的计算机虚拟仿真技术的研究和应用获湖北省科技进步三等奖。该馆编制的武汉市博物馆、荆州博物馆等六家博物馆藏品保护方案均获国家文物局批准。

六、安全保卫与后勤保障

湖北省博物馆对安全保卫工作高度重视，2011年投入安防、消防维护费用达110万余元，牢固树立“以人为本，安全稳定”理念，全面落实“预防为主、安全第一”的工作方针。加强领导，明确责任，全面推进安全工作责任制度的落实，坚持每个周五下午对文物仓库、展厅、设备楼等重要场所进行安全检查，每个月末对进行一次全面安全检查，重要活动和重要节假日前进行一次安全大检查，发现安全隐患及时整改。圆满完成了随州叶家山墓地考古发掘、“巴洛克绘画展”等活动的安全保卫工作。全年无安全事故、无泄密事件和影响单位乃至社会稳定的事件发生。

2011年，湖北省博物馆后勤保障工作进一步规范化。按照政府采购程序，完成了保洁、绿化、中央空调、电梯等项目的外包工作，通过政府招标、询价等不同方式，完成了馆所全年展览、科研、办公、考古设备及耗材等物品的大量采购任务。配合博物馆三期建设工程完成了编钟馆的搬迁工作及部分办公室的搬迁、安置工作。配合展览提升工程完成了展厅内所有光源的LED改造。配合考古发掘完成了随州叶家山墓地等工地的后勤保障工作。信息化建设方面，联通综合馆、楚文化馆的局域网建设已经完成。

七、文化产业与产品研发

文化产品作为特殊的纪念品，是博物馆服务社会的重要内容，是实现博物馆社会价值的途径之一和必要手段。近年来，为了适应免费开放的新形势，满足不同层次观众“把博物馆记忆带回家”的愿望，湖北省博物馆通过进一步调整思路，依托丰富的馆藏资源，加大投入，加强开发，采取有效措施，力求打造一批蕴涵湖北省博物馆文化特色的代表性商品。2011年，该馆举办了“湖北省博物馆首届文化产品创意大赛”，吸引了海内外近二十家设计公司参赛，本次文化产品创意设计大赛的参赛作品共计67个系列，400多个品种。此次参赛作品品种丰富，亮点纷呈，有的设计新颖，有的制作精美，有的选材独特，不仅启发了文化产品开发的思路，拓宽了视野，而且不少产品较为成熟，可以较快进行生产，投入市场，有力地促进了该馆博物馆产品的开发工作。目前，该馆已经从参赛作品中选出一部分文化底蕴深厚、市场前景广阔的设计投入开发。

辛亥革命武昌起义纪念馆

Memorial Hall of the 1911 Revolution and Wuchang Uprising

辛亥革命武昌起义纪念馆是依托全国重点文物保护单位武昌起义军政府旧址建立的专题性博物馆。整个旧址由主楼及东西配楼和议员公所、前后花园、院门、门房及

■ 辛亥革命武昌起义纪念馆“百年纪忆——辛亥文物珍品特展”

砖木结构的中西合璧庭院式建筑群。背倚蛇山，坐北朝南。大门前有开阔的首义广场。因旧址红墙红瓦，武汉人称之为红楼。

辛亥革命武昌起义纪念馆于1981年建馆，曾先后被命名为“全国青少年教育基地”、“全国百个爱国主义教育示范基地”、“中国侨联爱国主义教育基地”，2002年被国家旅游局评为“AAAA”级旅游景点。经过三十年的建设和发展，现已逐步成为辛亥革命的纪念中心、文物资料保护收藏中心、陈列展览宣传教育中心和科学研究中心。

2011年是辛亥革命100周年，也是辛亥革命武昌起义纪念馆事业大发展的一年。在这一年里，辛亥革命武昌起义纪念馆在博物馆建设、陈列展览、宣传教育、学术研究等各方面都迈上了新的台阶。

一、行政管理与博物馆建设

辛亥革命武昌起义纪念馆是国家全额拨款的公益性事业单位，隶属湖北省文化厅、文物局。在馆长办公会下，设人力资源部、行政办公室、安全保卫部、财务部、文物保管与展览部、社会教育部、展室管理部、旅游管理部八个部门对全馆进行管理。

2011年，辛亥革命武昌起义纪念馆进一步加强思想、组织、作风及制度建设，并积极开展文明创建工作，先后完成了武汉市爱国主义教育基地、全省文化系统“优质服务窗口（项目）”、省级文明风景旅游区、湖北省卫生示范旅游景区等活动的创建。并获得了2011年度武汉市经济保卫工作先进集体、全省文化系统2011年度优质服务窗口、2011年度厅系统维稳信访保密消防安全达标单位、湖北省纪念辛亥革命100周年先进单位等荣誉称号。年度考核等次为优秀。

在上级部门的部署下，纪念馆深入开展了治庸问责工作。成立了专门的治庸问责工作领导小组，和制订了实施方案及一系列治庸问责措施，通过发动宣传阶段、自查整改阶段、推进转段等阶段，建立治庸问责工作长效机制，在制度化、规范化、常态化上下工夫，用切实有效的措施，保障治庸问责落到实处。

2011年2月18日至9月8日，为迎接辛亥革命百年庆典，经上级部门批准，辛亥革命武昌起义纪念馆进行了闭馆维修。在此期间，辛亥革命武昌起义纪念馆完成了主楼及东、西配楼和前院环境改造等文物维修工程。整个接待景区面貌焕然一新，在辛亥革命100周年之际，以优美的环境迎接海内外的嘉宾和游客。同时，议员公所旧址复原维修工程也已启动。

二、藏品管理与保护修复

辛亥革命武昌起义纪念馆藏品以纸质

品文物为主，还有纺织品、象牙角质、竹木漆器、陶瓷、玻璃、金属、石器、玉器、砖瓦等类别。收藏文物、文献资料和历史照片2万余件，其中尤以“辛亥名人字画”、“共和纪念瓷器”和“近代名人家谱”各成序列，颇具特色。2011年纪念馆共征集文物藏品32套，计54件；入藏艺术品、纪念品等109套。同时继续推进馆藏文物信息数字化工作，完成142件文物信息整理，拍摄文物照片300张。为支持武汉市辛亥革命博物馆建设，复制并提供了22件（套）文物，充实了该馆的陈列展品。

三、学术研究

在辛亥革命100周年之际，辛亥革命武昌起义纪念馆编撰出版了《辛亥革命文物珍品》、《辛亥革命研究及其他》（续集）、《共和之路》，部门业务人员参与编著《辛亥革命史事长篇》、《辛亥革命图史》、《辛亥革命历史地图》、《辛亥革命辞典（增订插图本）》、《中山舰》、《辛亥革命的百年记忆与诠释》、《辛亥纪念建筑》、《武昌首义史话》、《为天下先》等13部图书。其中《辛亥革命图史》、《共和之路》为国家“十二五”重点图书出版项目。

同时，纪念馆还积极提交论文参加湖北省纪念辛亥革命100周年学术研讨会和辛亥革命100周年国际学术研讨会，其中有三篇论文入选湖北省纪念辛亥革命100周年学术研讨会，两篇论文入选纪念辛亥革命100周年国际学术研讨会。在湖北省20家提交论文的大专院校和社科院中，排名并列第三，仅次于华中师范大学和武汉大学。

四、展览陈列与宣教服务

为了迎接辛亥革命百年庆典，辛亥革命武昌起义纪念馆对“鄂军都督府旧址复原陈列”和“辛亥革命武昌起义史迹陈列”两个基本陈列进行了充实、修改。重新开放后的基本陈列在原有的基础上进一步吸收了最新的学术研究成果，增加了展示内容和服务设施。展览推出之后，社会反响十分热烈，受到领导、专家以及社会各界的广泛好评。“鄂军都督府旧址复原陈列”并获得了全省博物馆、纪念馆优秀陈列展览精品奖。

另外在东配楼一楼辟设了多功能展厅，先后举办了“辛亥革命人物画展”、“民族魂——徐世鸣国画艺术展”、“百年记忆——辛亥文物珍品特展”等三个专题展览，自9月开展以来，平均每天观众量多达2000至3000余人次，单天最高的达8000余人次，充分发挥了全国爱国主义教育示范基地的功能。

纪念馆同时注重馆际展览交流，策划的“走向共和——辛亥革命历史图片展”，在广东东莞市博物馆、南京太平天国博物馆、苏州革命博物馆、重庆宣传文化发展基金会、厦门陈嘉庚纪念馆、天津周恩来邓颖超纪念馆、广西桂林博物馆、安徽安庆博物馆、湖北襄樊市博物馆展出。成为当地纪念辛亥革命100周年的系列活动之一。

纪念馆还积极与境外展馆加强合作，在台北孙中山纪念馆推出了“流年似水——旧上海广告月份牌写真展”，参与在日本长崎文化历史博物馆举办的“孙文·梅屋庄吉与长崎文物展”，为我国驻美国休斯敦总领事馆、澳门辛亥黄埔协进会举办辛亥革命纪念展提供历史图片支持。

6月2日，中共中央总书记、国家主席胡锦涛莅临视察。

2011年，辛亥革命武昌起义纪念馆的宣传服务工作主要围绕辛亥百年这一主题进行。闭馆维修完成后，10月8日，辛亥革命武昌起义纪念馆举行了隆重的开馆仪式。开幕式邀请了中共湖北省省委常委、宣传部长尹汉宁；湖北省人大常委会副主任周洪宇，湖北省政府副省长张通，湖北省政协副主席涂勇；华中师范大学校长马敏教授；辛亥革命史研究专家学者冯天瑜、肖治致、吴剑杰、朱英、罗福惠、严昌洪等；台湾辛亥武昌首义同志会理事长、辛亥志士后裔向榕铮先生；台北孙中山纪念馆馆长代表吴雪慧、马来西亚孙中山槟城基地纪念馆馆长代表吴美润；菲律宾宋庆龄基金会会长李淑敏等到我馆参加开馆仪式和辛亥革命100周年纪念活动。《湖北日报》、《长江日报》、《楚天都市报》、湖北电视台、荆楚网、辛亥革命网等主流媒体竞相报道。

活动举办期间，海内外辛亥革命志士后裔、重要嘉宾云集武汉，亲身感受了整修后的辛亥革命武昌起义纪念馆美好形象和精神风貌，提升了武汉在全国乃至世界的知名度、美誉度和影响力，社会效益成绩显著。

2011年纪念馆的宣教力量也得到进一步增强，增加讲解员5名，讲解员人数达到12名。从2011年9月8日试开馆以来，四个月共接待观众35万人次，讲解1604场。顺利完成了辛亥革命100周年的各项接待任务。接待了中共中央政治局委员、中宣部部长刘云山，国务委员、公安部部长孟建柱，全国人大副委员长路甬祥，全国政协副主席、中共中央统战部部长杜青林等重要领导人。并与武汉科技职业学院、武警总队、湖北省社会主义学院等4家单位建立爱国主义教育基地共建关系。现在与我馆建立共建关系的单位已达55家。

五、安全保卫与后勤保障

作为全国重点文物保护单位，辛亥革命武昌起义纪念馆始终把安全保卫工作放在各项工作的首位。

2011年，纪念馆在建立起多层次的安全责任管理体系的基础上，进一步对《应急方案》、《车辆进出规定》等规章制度进行修订，新增了《团队参观制度》，从而在制度上建立了完备的安全工作体系。全年共组织消防安全大演习一次，保安队进行安全演习12次。并定期组织安全自查14次，其中重大接待和节前安全检查10余次，每日巡查5次。全年查出隐患10起，整改10起，整改率100%。

2011年，纪念馆结合旧址维修，投入60多万元，更新了安全防范系统的主要设备，更新、完善了报警系统的设施；投入1万元对主楼及东、西配房的烟感探测器进行了清洗；投入8万余元更新和添置了消防灭火设施设备；投入20多万元，更新了主楼的电线等。

湖北明代藩王博物馆

Hubei Museum of King Fan in Ming Dynasty

2011年，湖北明代藩王博物馆贯彻落实省委、省政府关于加强行业作风建设和创先争优活动的有关精神，落实湖北省文化厅下发的《全省文化系统开展创建"优质服务窗口（项目）活动的实施意见》，认真践行"发展第一、服务至上"的工作理念，深化了中心行业作风建设，提高了科学发展水平，改善了基础设施建设、增强了服务人民群众意识。2011年，湖北明代藩王博物馆被湖北省文物局评为全省文化系统“优质服务窗口”单位。

一、行政管理和规划建设

湖北明代藩王博物馆隶属于湖北省文化厅，现有馆长1名，书记1名，副馆长2名。下设办公室、财务室、保卫科、陈列布展部、宣教科、后勤科等6个部门。现有干部职工40人，其中在职职工19人，劳务派遣16人，志愿者5人，全部职能受湖北省文物局的监督指导。在日常行政管理中，湖北明代藩王博物馆努力贯彻中央和省委有关指示精神，按照年度责任目标要求，加强博物馆硬件建设，争创“优质服务窗口”，增强服务意识、改进工作作风、提高办事效率、严格依法行政，努力为人民群众提供优质服务，全年共接待国内外观众27万人次，圆满完成了上级布置的各项任务。

为了完善博物馆的功能，做好博物馆免费开放的服务工作，湖北明代藩王博物馆不断加大投入，逐步完善馆区硬件设施。2011年，按政府采购程序和要求，完成了湖北明代藩王博物馆安防监控系统的建设与杏园老屋建设和1号、12号展馆的附属工程、博物馆大门改造等工程；完成了800平方米的职工生活区的建设、装修工程；完成了湖北明代藩王博物馆日常保安、保洁的招标工作，武汉万吉物业公司中标；委托武汉市博物馆设计了12号展馆的展陈装修方案，并开始装修建设，该展馆拟于2012年4月完成装饰和陈列布展。

二、藏品管理与保护修复

截至2011年底，湖北明代藩王博物馆馆藏文物327件（套），其中一级文物8件（套），二级文物12件（套），三级文物20件（套）。湖北明代藩王博物馆现有文物分别从省内各地、海关罚没和文物市场征集，其中：从蕲春县征集的明代荆敬王及王妃墓被盗出土文物中，由于这些文物属非正常考古发掘出土，除年代久远自然损毁外，还有盗墓分子的人为破坏，使一部分器物受损严重。委托湖北省考古所铜器修复专家修复这批文物，确保了这批明代文物的安全。

三、陈列展览与宣教服务

为了不断丰富、更新展陈内容，2011年7~8月，馆领导派出相关部门负责人和专业人员分别考察了广西、贵州的部分少数民族博物馆，在经过认真地比较后，确定引进广西民族博物馆的“少数民族文化展”。为了提升博物馆的展陈水平，湖北明代藩王博物馆将12号展馆作为临时展厅，委托武汉市博物馆设计了展陈装修方案，并由南京百汇武汉分公司完成装饰工程和引进展览布展工作。

临时展览的展具及辅助设施主要有展柜、展台、展板、显示屏等。展柜采用高透度的玻璃展柜，展台为轻质高密度的防火涂色板；展厅入口配有显示屏，根据展陈内容的需要，将静态的文物展品转化为动态的画面演示，并着重展示与展陈内容相关的历史故事、人文背景等，对展品进行全面系统的介绍，使观众对展品的了解更加深入。

2011年，湖北明代藩王博物馆的宣传教育工作，一是配合常设展览进行推广宣传。完成了基本陈列“湖北明代藩王历史文化专题展”宣传折页的修改设计，重新编写了宣传折页内容，对折页作了全面改版，使宣传折页更加精美、内容更加紧凑，让观众从宣传折页详细了解湖北明代藩王博物馆建馆特色及展存内容；二是加强博物馆网站宣传，安排专人负责湖北明代藩王博物馆网站的建立和维护，通过互联网给观众传授博物馆日常业务情况和展览相关联的知识；三是利用“5 · 18 博物馆日”、“文化遗产日”针对性地开展文化宣传工作。2011 年“5 · 18 国际博物馆日”期间，湖北明代藩王博物馆组织人员在木兰湖风景区进行文博宣传，举办了“博物馆与记忆”主题宣传活动，并根据本次博物馆日主题制作了宣传专题标语横幅，吸引过往市民，同时制作了专题展板宣传，重点介绍国际博物馆日历史溯源，并根据湖北明代藩王博物馆的建馆特色，对古建筑文物和明代藩王历史文化部分进行重点宣传；6 月 11 日，组织工作人员在木兰湖风景区向市民、学生、游客及民工免费发放“文化遗产日专刊”，并现场为他们答疑解惑文化遗产保护的相关知识及意义，让广大群众近距离地了解我国文化遗产，认识文物古迹，加强公众对物质文化遗产和非物质文化遗产的保护意识；10 月 20、21 日，还积极参与了黄陂旅游文化节活动，邀请湖北省地方戏剧院，国家一级演员彭青莲等艺术家在木兰湖渡口广场举办了楚剧、黄梅剧专场演出，丰富了当地人民群众的业余文化生活。

四、人才培养学术研究

文化遗产保护是文化强省的一项重要工作，要做好遗产保护事业又需要人才的支撑。为了加强湖北明代藩王博物馆的日常管理，优化博物馆管理人才结构，在湖北省文物局和湖北省厅人事处的关心、支持下，于 2011 年引进了管理人员龚泽标、留学归国人员陈昊来博物馆工作，负责湖北明代藩王博物馆的日常运行、设计等工作。

为适应免费开放服务工作的需求，充分发挥省级专题博物馆的教育功能，配合湖北明代藩王博物馆基本陈列的宣传，招聘专职讲解员 4 名，负责为观众讲解服务、宣传资料免费发放等工作，由于湖北明代藩王博物馆地处远城区，为了留住人才，我们从生活待遇、工资待遇等方面制定相对优惠的政策，并主动关心年轻讲解员思想状况，定期听取她们的意见和建议，解决她们的实际问题，为了提升讲解员的整体素养，还鼓励她们学习博物馆相关知识，安排她们到湖北省博物馆、武汉市博物馆参观学习，强化讲解员语言技巧、表演才能、仪容仪表、接待礼仪等。

2011 年湖北明代藩王博物馆加入湖北省博物馆协会以来，认真履行会员单位职责，积极参加协会举办的学术交流、论文研讨会，张纪盛同志的论文《探讨如何与时俱进拓展博物馆宣传教育功能》收入 2011 年湖北省博物馆协会学术研讨会论文集《博物馆与城市化》。

2011 年，湖北明代藩王博物馆馆长沈远跃与陈飞、谢辉等的论文《文化保护工程管理模式研究》成果获省政府第二届湖北发展研究三等奖。

五、安全保卫后勤保障

安全保卫工作一直是博物馆工作的重中之重，湖北明代藩王博物馆领导高度重视，带领全体职工完成安全工作的各项指标，确保了湖北明代藩王博物馆 2011 年免费开放安全无事故。

首先，制定并健全了一系列规章制度，狠抓日常落实。如：木兰湖公共场所《博物馆突发事件应急预案》、博物馆《消防安防管理制度》、值班《岗位五不准》、带班《干部巡查制度》、《讲解员规范》、《保安管理制度》、《保洁员规范》、《员工宿舍管理规定》等等，使馆区安全工作和管理做到有章可循并照章办事；其次，提升岗位要求，确保安全、优质服务。为确保公共服务场所游客的安全和博物馆的财产、文物、人员安全，博物馆实现了人防（保安24小时值班）、技防（监控设备）、狗防（闭馆后，馆区内放狼狗协助值班）。馆区安全和环境的维护得到了有力保障。

湖北明代藩王博物馆安全工作涉及面广，既有公众服务场所的安全和车辆、人员的安全，又有明代藩王博物馆的文物保护安全，因而配备了专门的部门和人员明确责任，特别是博物馆园区，在安防、消防设备设施没有完全到位的情况下，加强了日常巡查，并建立警务室与公安部门联动和采用常驻人员监督检查、不定期抽查的方式，及时发现安全隐患和管理漏洞并限期整改。为确保安全工作有据可查，湖北明代藩王博物馆建立了详细的安全工作日志记录，并做备份。对博物馆现场的安全检查工作，从源头抓起，坚持预防为主。配备专职干部1名，保安人员10名。实行24小时值班巡查制度，此外，每逢节假日还安排加强值班人员值班，中层以上干部带班并检查落实和会同当地有关部门共管；根据实际情况，制定日常值班制度，明确日常安全责任人，严格执行安全值班和信息报告制度；2011年3月底完成了视频监控工程，总体运行情况较好。

2011年，组织安全、消防培训讲座2次（中心和馆区各1次），馆区组织消防设备器材使用演练3次，灭火器材按技术要求，做到按时更新，更换和添置，始终保持状况良好；安保人员进行不定期的培训、演练，掌握器材的功能，操作、保养要领。

武　汉

武汉市博物馆工作概述

2011年,武汉市文化局认真落实党的十七大精神,充分挖掘和利用武汉历史文化资源,调动社会各方面力量,全面推进博物馆事业的发展。

截至2011年12月31日,武汉地区博物馆数量已达52家,其中新增博物馆6家。武汉市属博物馆、纪念馆共有陈列展览174个,开展社会教育活动557次,全年共接待观众360.56万人次,全市博物馆事业呈现出高效、合理、有序的发展态势。

【博物馆建设】　2011年,武汉市新增辛亥革命博物馆等6家博物馆。

2009年8月,湖北省委省政府、武汉市委市政府为纪念辛亥革命·武昌首义100周年兴建的辛亥革命博物馆正式动工,2011年9月落成,10月15日正式对社会开放。辛亥革命博物馆作为我市公共文化服务建设成果,不仅成为武汉市的新名片,也成为首义园区的新坐标。

武汉钻石艺术博物馆、武汉青菱文农艺术博物馆、武汉杨楼子老榨坊博物馆、武汉李庄古建筑博物馆、武汉永庭石画博物馆等5家博物馆通过省文物局审批,正式成立。

2011年,武汉市各博物馆、纪念馆不断加强自身建设,全年取得了可喜成果。

武汉博物馆完成了国家一级博物馆、AAAA级风景区、ISO9000质量管理体系认证、省级文明单位等四项评估复核工作,其中,国家一级博物馆复核综合排名位居全国地市级博物馆第四位。

武汉革命博物馆进行了农讲所红色旅游景点基础设施工程项目,完成了铺设下水管道、管线入地、路面修整和改造旅游厕所等建设项目,完成了农讲所、五大旧址院墙的维修和粉刷以及农讲所院内讲台的维修。2011年,荣获"国家AAAA级旅游景区"、"全国红色旅游工作先进单位"、"省级文明单位"、"湖北省十佳红色景区"、"武汉市先进基层党组织"、"武昌区综合治理先进单位"和"纪念辛亥革命武昌首义100周年先进集体"、"武汉市文化局工作绩效管理先进集体"、"全省文物安全工作先进集体"等称号。

八七会议会址纪念馆的红色旅游扩馆建设项目于2011年6月底完成,并于7月1日正式对外开放。项目完成后,纪念馆场馆面积扩大近一倍,展厅面积扩大近3倍。

詹天佑故居管理所着力完善参观服务设施,设免费饮水处、残疾人服务岗,配置残疾人车椅等,为开展各类纪念活动创造了条件,同时在馆内实施绿化、保洁,营造了良好的花园式氛围。

除此之外，张之洞与汉阳铁厂博物馆、宋庆龄汉口旧居纪念馆、武汉壶语堂博物馆等3家博物馆、纪念馆进行了扩馆升级和维修改造。

2010年，在省、市各级领导和相关部门的支持下，武钢集团和万科武汉公司就合作建设“张之洞博物馆”新馆方案等事宜达成了共识，将在“张之洞与汉阳铁厂博物馆”基础上扩建为“张之洞与近代工业博物馆”。该项目已列入市重点文化工程。新馆建筑本体由世界著名设计师里普斯金完成设计，采用纯钢结构。馆体占地面积786平方米，建筑面积7100平方米，整个场馆地下一层，地上六层，展陈面积3050平方米。新馆已于2011年6月21日奠基，预计2012年底主体工程完工，2013年正式开展。

宋庆龄汉口旧居纪念馆于2011年9月开始维修，目前主体结构已完成，本着整旧如旧的原则，现正在进行内部装修，以求恢复历史原貌，预计整个装修加固工程将于2012年8月完成。

武汉壶语堂博物馆为扩大其社会影响，更好地投身公益事业，有意落户黄陂木兰山，现已完成博物馆建设的前置手续，与木兰山管委会就相关事项达成了合作意向并进入相关土地征购程序。

截至2011年12月31日，武汉地区博物馆数量已达52家，其中国有博物馆23家（含省直博物馆4家）、行业及民办博物馆29家；国家一级博物馆2家（湖北省博物馆、武汉博物馆）、国家二级博物馆2家（辛亥革命武昌起义纪念馆、武汉革命博物馆）、国家三级博物馆3家（八路军武汉办事处旧址纪念馆、武汉二七纪念馆、湖北省地质博物馆），初步形成了一个以国有博物馆为主体，行业博物馆、民办博物馆为补充，综合性与专题性博物馆相结合的博物馆体系。

【陈列展览】 2011年，武汉市博物馆、纪念馆共有陈列展览174个，其中，文物行政部门所属的国有博物馆、纪念馆共有陈列展览86个（基本陈列31个，临时展览55个）；行业博物馆共有陈列展览55个（基本陈列38个，临时展览17个）；民办博物馆共有陈列展览33个（基本陈列16个，临时展览17个）。

武汉博物馆相继引进了“金玉满堂—南京市博物馆馆藏金银玉器特展”、“孙中山在广州”、“深圳博物馆藏二十世纪中国书画”、“保护·传承武汉非物质文化遗产展”等12个临时展览。在内蒙古包头市博物馆推出“江城瑰宝——武汉博物馆藏书画、铜镜展”，在广州大元帅府推出“辛亥革命首义图片展”。

此外，武汉博物馆还与武汉市文物考古研究所共同举办了原创性展览——“武汉地区近十年出土文物精品展”，该展览除本馆馆藏文物外，还从武汉市文物考古研究、盘龙城遗址博物馆筹建处、各区博物馆借调文物共计300余件套，精选出文物展品187件套，对近十年来武汉地区考古发掘成果进行了全面梳理和系统展示。该展览荣获2010—2011年度湖北省博物馆、纪念馆优秀陈列精品奖。

中山舰博物馆按国际标准、中国一流的展陈设计目标组织实施和完成了“一代名舰——中山舰复原陈列”、“一代名舰——中山舰史迹陈列展”、“一代名舰——中山舰出水文物陈列”三个基本陈列的布展工作。该系列展览获得湖北省博物馆陈列展览精品奖。

武汉革命博物馆为纪念馆中国共产党建党90周年，举办了“人民领袖毛泽东——毛泽东专职摄影师钱嗣杰摄影展”、“百名

[illegible]展”、“[illegible]革命家在武汉”、“张太雷生平事迹展”、“宋庆龄与新中国图片展”等系列专题展览，同时对农讲所维修后的部分展览进行了重新恢复和调整提升，恢复学生寝室汉阳造步枪的陈列；整理了“农民革命大本营——武昌农讲所历史陈列”的图片和文物，修改序厅和部分文字说明；完成了武汉市纪委“中国共产党反腐倡廉历程展”部分展品的调整工作；对农讲所旧址操场上的大讲台进行了修缮和复原。

辛亥革命博物馆自2011年10月开馆以来，推出了基本陈列“共和之基——辛亥革命历史陈列”，主办或引进了“辛亥首义百年祭”、“纪念辛亥首义100周年书画作品展”、“首批入藏辛亥革命博物馆当代书画作品展”、“孙中山·梅屋庄吉与长崎”等临时展览。博物馆现有基本陈列展厅5个，多功能展厅1个，用于基本陈列和临时展览。

八七会议会址纪念馆的陈列展览由原来的3个增加为7个，如：八七会议基本陈列“伟大的历史转折”、八七会议会址复原陈列、专题陈列“1927年中共中央在武汉”等。新推出“永远跟党走”、“双百英烈人物展”、“光辉的历程”、“伟大的中华民族大家庭”、“世界遗产在中国”等十几个临时展览，新的陈列展览采用了声光电先进的展示手段，如电子触摸屏、1∶1的幻影成像、电子翻书、艺术品和蜡像等，受到观众好评。

【免费开放和宣教服务】 2011年，武汉市直博物馆、纪念馆共免费接待观众350.26万人次，其中文物部门直属的国有博物馆均对社会免费开放，全年共接待观众256.53万人次，推出临时展览55个，开展社会教育活动182次；高校、行业博物馆全年共免费接待观众62.73万人次，推出临时展览17个，开展社会教育活动252次；民办博物馆全年共免费接待观众31万人次，推出临时展览21个，开展社会教育活动83次。此外，地质大学逸夫博物馆、武汉李庄古建筑博物馆、武汉达临性学博物馆等3家博物馆目前仍实行收费参观，全年共接待观众10.3万人次。

武汉博物馆针对不同观众群体，从配合展览开展多方位立体宣传，围绕国际博物馆日策划主题活动、扩大教育基地建设，开展结对社区共建、创新未成年人教育活动形式，开展寓教于乐的青教活动，开展志愿者和“博物馆之友”活动，努力打造主题活动品牌。

武汉革命博物馆共接待观众80余万人次，讲解1691批次，接待中央及省部级以上重要领导70余批次。先后接待了中央政治局委员、中宣部部长刘云山；原全国人大副委员长、国务委员、中国延安精神研究会会长李铁映；中央委员、公安部部长孟建柱等中央及省、市级领导和专家。全年开展大型社会教育活动40余次。

2011年，正值辛亥革命百年纪念，辛亥博物馆借助大众传媒强力造势，为辛亥革命博物馆积聚了极高的人气，获得良好的社会效益。自10月份开馆以来，圆满完成了多批次的重要领导和海内外嘉宾的接待任务，其中包括原中共中央政治局常委、国务院副总理李岚清，原国务院副总理吴仪，公安部部长孟建柱，民政部部长李立国，中共中央台办、国务台办主任王毅，第十届全国政协副主席、中国工程院主席团名誉主席徐匡迪，原中共中央委员、新华社社长、党组书记田聪明，广州军区司令员徐粉林上将，广州军区政治委员张阳上将，国台办副主任郑立中，交通运输部副部长徐远祖等。截至12月底，辛亥革命博物馆已接待观众20余万人次，日均接待观众3500余人次，是市级博物馆接待观众之最。

中山舰博物馆为充分发挥讲解宣传作用，针对不同群体、不同层次观众的不同需求，采取多种形式的讲解。5月份以来接待观众30多万人次，讲解360多批次，免费播放电教录像片500多场，语音设备导览租用1000多台次。此外还充分利用电视、报纸等媒体加强宣传，向全国观众介绍、宣传中山舰博物馆，并紧扣展览主题讲述中山舰出水文物背后的故事，有针对性地开展了社会教育活动。

本年度，全市其他各国有、行业、民营博物馆均开展了形式不同、内容各异的社会教育活动，取得了良好的社会效益。

【藏品收藏与保护管理】 2011年，武汉市属博物馆、纪念馆藏品共计213130件（套），其中文物行政部门所属的国有博物馆、纪念馆有藏品88879件（套），较2010年新增16084件（套）；行业博物馆有藏品、标本80905件（套）；民办博物馆有藏品43346件（套）。

武汉博物馆为配合4.3万件原文物商店保留文物安全、顺利移交，特抽调专业人员充实商品保管部配合支持藏品移交，保证了此项工作安全、有序的进行。此外，还完成了文物交流中心书画保留品的搬运、拆包和排架工作，排架文物2200多件次；完成文物交流中心陶瓷、玉器、杂项、青铜器类文物3万余件的包装工作。全年核对完成馆藏文物信息表3000件，出土文物库藏品器物油漆号书写900件，并对馆藏部分三国瓷器进行了清理去污、拼对粘接、修补缺损、加固等保护修复工作。

武汉革命博物馆2011年共征集接收文物570件（套），征集接收资料3080份，均为大革命时期、抗战时期、解放战争时期的名人遗物和重要实物。其中有中共五大代表蔡以忱用过的瓷花圆罐等21件。

辛亥革命博物馆的藏品主要通过向社会征集和辛亥后裔捐赠两种方式取得。2011年馆藏文物资料2172件（套），藏品类别以纸质品为主，另有纺织品、象牙制品、瓷器、金属、玻璃、石器等。其中辛亥革命《李次生高擎义旗图》的字画，魏宸组任外史时的礼服、委任状及勋章等都是首次亮相的珍贵文物。馆内设有金属、漆木竹器、玻璃、瓷器、皮革毛骨、纸质丝质等六个库房，对纸质丝质、皮革、毛骨库房配有恒温恒湿设备。该馆为藏品建立了完善的总账和分类账以及详细的藏品档案，实行分类专人管理制度，制定了出入库房人员的审批和登记制度、展厅巡查制度。所有库房都装有报警器、喷淋头、摄像头和监控设备，库房的走廊上还配有烟雾报警等安全预防设施，库房门口配有24小时监控系统。

中山舰博物馆馆藏文物5618件（套）。其中，中山舰出水文物5340件（套）、向社会征集文物278件（套）。经鉴定的一级文物达51件（套），二级文物24件（套），三级文物42件（套）。为了规范藏品的管理，保管部2名人员参加了国家文物局在上海举办的培训班；进一步完善了文物保管工作制度，明确了每个保管人员的职责范围；对文物总账、分类账和文物库房都实行专人管理。

八七会议会址纪念馆为满足扩馆后陈列展览的需要，广泛征集文物和资料，由原来的4000余件增加到7500件。

【人才培养与学术研究】 武汉博物馆为吸纳和引进更多的优秀专业人才，制定了相关政策，采取特聘，签订长、中、短聘任合同的方式进行人才引进工作，近两年，先后引进研究楚文化史博士1名，播音主持专业本科生1名，并派人参加了2011年在上海复旦大学举办的“全国博物馆新晋职工培训班”。同时，为加大对在职人员业务培训的力度，制定了《武汉市博物馆工作人员培训规定》、《武汉市博物馆工作人员培训计划》和《武汉市博物馆科研成果奖励办法》规范职工的培训进修，同时加强经费保障力度。建立专业人才发展专项资金，用于人才培养、引进和宣传及奖励。2011年派遣专业人员先后参加了中国博物馆协会、中国博物馆协会保管专业委员会、城市博物馆专业委员会、安全专业委员会、志愿者专业委员会等学术研讨会，开展业务学习和学术交流。

为纪念新馆开馆十周年，武汉博物馆编辑出版了《武汉博物馆新馆开馆十周年论文集》，收录论文54篇。成功承办湖北省文博协会2011年年会，并围绕“中国城市化进程中的博物馆”这一主题，在《湖北省博物馆协会2011年年会论文集》上发表论文8篇。在《中国文物报》、《江汉论坛》、《文物鉴定与鉴赏》、《收藏》等专业期刊上发表论文10篇，全年编撰出版《武汉文博》四期。完成了省级课题《洋务运动时期武汉地区工业遗产调查》文本撰写，参加省级课题《汉江文化史》“先秦卷”撰写工作。

武汉革命博物馆与武汉市文史研究馆联合举办“中国共产党与武汉”研讨会。来自武汉大学、湖北大学、市社科院及多个文博单位的专家学者，就中国共产党与武汉的历史进行了深入的回顾和研讨，研讨会共收集论文42篇，结集出版了《中国共产党与武汉论文集》；在《理论月刊》、《党史文苑》、《湖北档案》等杂志上共发表32篇，合著出版《建党伟业——聚焦1927》一书。

辛亥革命博物馆为提高讲解员队伍综合素质，专门从高校邀请专业礼仪、人力资源教师以及博物馆资深讲解专家从规章制度、历史文化、讲解技巧、优质服务、消防安全等方面，对讲解员进行了全面系统的培训。

辛亥革命博物馆制定了学术研究规划及馆级学术研究课题申报办法，鼓励研究人员进行辛亥革命历史和文物研究；与日本长崎历史文化博物馆建立了学术交流长效机制，加入了孙宋联谊会，参加其每年组织的学术交流活动。此外还组织专业人员参加了《纪念辛亥革命100周年国际学术研讨会》等学术座谈和馆际交流活动，发表了《论民国时期的双旗图案》等学术论文。

武汉市中山舰博物馆加大了专业人才的引进及培训力度。通过公开招考，择优录用了6名专业人才。完成了2名副研究员、1名馆员和初级管理员的评、聘工作。派遣专业人员参加国家及省市级博物馆界研讨会、学术交流会以及展览交流等，参加了中国博物馆协会、中国博物馆陈列艺术专业委员会、湖北省博物馆协会等举办的学术研讨会，以及“中山舰与武汉会战国际研讨会”等学术会议。在《武汉文博》、《收藏研究》、《中国博物馆》、《中国文物报》、《文物天地》等专业期刊上发表论文数十篇。出版发行了《中山舰出水文物图说》一书，同时配合湖北省政协，在辛亥百年庆典之际，参与策划和编辑出版了以中山舰史实为线索的大型画册《中山舰》。此书成为“辛亥百年”庆典活动系列礼品之一。

八路军武汉办事处旧址纪念馆注重人才队伍的培养和建设，长期以来，始终把人才队伍的建设与培养放在重要地位。2011年，通过制定详细的培养计划、组织外出观摩学习、聘请老师专门指导、举办培训班等多种形式培训队伍，通过一系列的培养措施，业务人员特别是讲解员队伍整体素质有了很大的提高，在2011年全省讲解员大赛中获讲解比赛二等奖。同时，在科学研究方面也取得了新成果，在各类期刊上发表文章9篇，主要有《抗战时期在武汉八路军办事处的周恩来》、《湖北早期共产党组织的建立和发展》、《新升隆号见证武汉沦陷的悲惨一幕》、《革命纪念馆对青少年教育的独特作用与思考》、《德林公寓——革命火种在这里燃烧》等，在丰碑期刊上发表《"八办"：抗战烽火中的一面旗帜》、《江之岸，历史在这里流淌》等文章。

八七会议会址纪念馆出版了《八七会议代表画传》和《走进八七会议》等书籍，拍摄了《永远的丰碑》八七会议记录文献片。

詹天佑故居管理所一方面抓规范管理和业务研究，另一方面注重引进人才，加强在职人员的专业技术培训工作，积极参加文博行业的相关培训活动，撰写论文、参加座谈研讨，与各博物馆、纪念馆进行交流互动，有效提高武汉詹天佑故居知名度。在詹天佑诞辰150周年纪念活动期间，全国多家媒体进行了深入的采访，成功主办"詹天佑学术专题研讨会"；与北京詹天佑纪念馆合作出版纪念詹天佑诞辰150周年专刊。

武汉市晴川阁管理处（武汉大禹文化博物馆）加大了在职专业技术人员的培训力度。派遣专业人员外出学习，参加了浙江绍兴市人民政府主办的"2011公祭大禹陵暨大禹文化学术研讨会"、河南登封举行的"第二届中国大禹文化之乡文化艺术节"、市文化局组织的讲解员学习交流活动，积极参加汉阳区"百岗百星"技能竞赛活动，3人参赛，1人获奖并被评为"岗位明星"，组织古建维护部的人员赴安徽省博学习古建知识。另外，为提高全体职工普通话水平，邀请语言文字工作专家、国家一级演员鄢继烈老师讲授讲解、发声、比赛要领。全年在报刊发表文章10篇，完成了《图说晴川》的目录整理工作，撰写了《烟雨莽苍苍》第三章（已出版）和《中国共产党反腐倡廉建设史》第三章，完成了《墨舞晴川》一书的目录编纂工作。

中南民族大学民族学博物馆注重人才培养与科学研究。在学术交流方面，派出专业人员参加在广西南宁、陕西西安举办的"中国博物馆协会民族博物馆专委会2011年年会暨学术研讨会"、"第十一次全国高校博物馆学术研讨会"，并在会上介绍了中南民族大学民族学博物馆的经验和做法。在科学研究方面，该馆共获得课题4项，其中国家社科基金项目1项，海南省社科基金项目1项，湖南省湘西州委托项目1项，中央高校科研基本业务费专项资金项目1项；发表学术论文3篇，其中CSSCI核心2篇；科研项目结题1项目，已提交结题申请2项；省部级科研奖励2项，馆长柏贵喜任副主编的《现代民族学》2011年2月23日荣获国家民委第二届人文社会科学成果奖著作类三等奖，2011年11月荣获教育部第四届全国教育科学研究优秀成果奖二等奖。

【文化产业】 武汉博物馆与武汉市文物商店合并后，对现有文物资源进行了优化组合，进一步促进了文化产业与文物交流活动。武汉博物馆（市文物交流中心）于4月举办了"中国武汉2011第二届全国文物艺术品交流会"，汇聚了全国20多个省市的27家文物交流中心、国有文物商店，近80余家民间团体、经销商前来参展。展会期间总成交额达2600余万元，创历年展会成交量新高。该馆还以本馆展览为依托，整合文物相关资料，加强研发，对纪念品进行了提档升级。开发了一系列针对不同观众群体，彰显地方文化特色和具有实用、欣赏、收藏价值的文化产品，主要包括：民间工艺系列、收藏扑克系列、收藏精品系列，以馆藏古代书画为摹本，运用现代科学技术方法，仿制精美书画收藏礼品，延伸文物的文化价值。

辛亥革命博物馆自2011年10月开馆以来，重视有关辛亥革命题材的旅游纪念品、礼品的研发工作，制定了相应的文化产品开发计划，纪念品超市已对外开放。

中山舰博物馆始终坚持社会效益与经济效益并重的原则，致力于打造中山舰品牌文化，以游客需要为出发点，有计划地组织各项经营活动，通过相互协调一致的产品策略、价格策略、渠道策略和促销策略，为游客提供满意的商品和服务。中山舰系列产品针对不同年龄层的消费者开发了“中山舰”舰模、中山舰纪念邮册、纪念银币，以及“中山舰”矿泉水、白酒等共计一百多个品种，中山舰系列产品备受港澳台以及海内外人士的欢迎。

民族学博物馆民族工艺品销售部与湖北、贵州、云南等地企业和个人，共同研发富有民族传统和时代特色兼备的少数民族工艺品。产品由民族学博物馆提出创意和设计构想，由企业或个人负责生产。这些民族工艺品主要有苗族牛皮画、苗族蜡染画、土家族漆筷、土家族织锦、黎族织锦、水族马尾绣、壮族绣球等。

武汉博物馆

Wuhan Museum

2011年，武汉博物馆成功举办了“武汉博物馆新馆开馆十周年庆典暨湖北省博物馆协会2011年年会”，来自全国文博界和全省兄弟博物馆的200余名嘉宾和代表出席了会议。武汉博物馆全体干部职工秉承“以人为本、为民服务”的办馆宗旨，以赓续城市文明，发展城市文化为己任，在藏品管理、科学研究、陈列展览与社会教育、公共关系与服务、博物馆管理与发展建设等各项工作上取得了长足进展，呈现出高效、合理、有序的发展态势。

■ 武汉非物质文化遗产展开幕式

一、行政管理与规划建设

武汉博物馆隶属于武汉市文化局，2010年经武汉市人民政府批准，原武汉市博物馆与原武汉市文物商店合并，更名为“武汉博物馆（武汉市文物交流中心）”，实行两块牌子，一套班子的管理体制，2011年有书记1名，馆长1名，副馆长3名，纪委书记和工会主席各1名。合并工作实施后，武汉博物馆将原有“六部一室”调整为办公室、财务部、安全保障部、物业管理部、展览交流部、藏品保管部、宣传教育部、信息编辑部、开放服务部、综合管理部、商品保管部、经营开发部、武胜门市部、水塔门市部、香港路门市部等15个部门。重新修改制定了新的岗位职责，管理体系机制得到进一步优化，资源得到重组与提升，工作效率和运行水平呈上升态势。

武汉博物馆2011年在岗在编人员98人，其中正副高级职称5人，中级职称30人。2011年完成了国家一级博物馆、AAAA级风景区、ISO9000质量管理体系认证、省级文明单位等四项评估复核工作，其中国家一级博物馆复核综合排名位居全国地市级博物馆第四位。

二、藏品管理与保护修复

武汉博物馆（武汉市文物交流中心）成立后，原文物商店保留文物全部进入武汉博物馆藏品管理体系，馆藏文物增加到近7万件（套），其中一级文物55件（套），二级文物333件（套），三级文物14933件（套）。2011年为配合4.3万件原文物商店保留文物安全、顺利移交，特抽调专业人员充实商品保管部配合支持藏品移交，同时将保管人员分成若干个小组，分工合作，各负其责，保证此项工作安全、有序地进行。完成了文物交流中心书画保留品的搬运、拆包和排架工作，排架文物2200多件次。对馆内保管部及文物库房进行局部调整，开展包装用具的采购和准备工作。完成文物交流中心陶瓷、玉器、杂项、青铜器类库房的文物包装工作，包装文物3万余件。并协助完成文物交流中心保留品库房增设、改造的设计方案，上报省文物局。

全年核对完成馆藏文物信息表3000件，出土文物库藏品器物油漆号书写900件，并对馆藏部分三国瓷器进行了环境分析、现状调查、原状评估、清理去污、拼对粘接、修补缺损，加固等保护修复工作。

2011年武汉博物馆举办馆庆十周年特展"武汉地区近十年出土文物特展"，抽调文物保管人员成立专班，分别向江夏区博物馆、蔡甸区博物馆、黄陂区博物馆、新洲区文物所、武汉市文物考古研究所借调文物，共清理、修复文物100余件，拍照近200余张。

三、陈列展览与宣教服务

武汉博物馆为提升展览质量，打造更加符合当今博物馆展览和社会教育趋势的专题展，对"历代文物珍藏"做了大幅度的调整和改造。在展陈条件上，对展厅的地面、墙面、光源、辅助展具等进行了改造，通过文物支架、衬布、灯光等辅助陈列设计手段，深度阐释文物内在的艺术魅力；在展览内容上，由于所有展品均为馆藏传世精品，通过对其系统研究和重新梳理，尽可能吸收最新的研究成果，完成了展览方案、语音导览和展牌内容的撰写和编排，为观众提供多角度的知识点、丰富的图文展板说明、内容详尽的文物说明牌、多角度主题内容的语音导览及文物拓照、细节局部照片等，力求为观众提供更好的观展感受，使其在观展过程中获得最大的信息量。

在保证基本陈列和常规展览常年有序对外展出开放的同时，武汉博物馆每年都要根据当年的工作计划安排各类交流展和自办展览，引进国内外优秀展览，并输出馆内精品展。2011年武汉博物馆相继引进了"金玉满堂——南京市博物馆馆藏金银玉器特展"、"孙中山在广州"、"深圳博物馆藏20世纪中国书画"、"保护·传承武汉非物质文化遗产展"等12个临时展览。在内蒙古包头市博物馆推出"江城瑰宝——武汉博物馆藏书画、铜镜展”，在广州大元帅府推出“辛亥革命首义图片展”。

其中，武汉博物馆与武汉市文物考古研究所共同举办了原创性展览——“武汉地区近十年出土文物精品展”，除本馆馆藏文物外，还从武汉市文物考古研究、盘龙城筹建处、各区博物馆借调文物共计300余件套，精选出文物展品187件套。这个展览对近十年来武汉地区考古发掘成果进行了全面梳理和系统展示，荣获2010—2011年度湖北省博物馆、纪念馆优秀陈列精品奖。

2011年武汉博物馆针对不同观众群体，从以下几个方面开展了形式多样的教育宣传活动，努力打造品牌主题活动。

第一是配合展览开展多方位立体宣传，围绕国际博物馆日策划主题活动。结合各个临展，分别制作了海报、简介折页、画册等宣传资料，并在平面、电视媒体上发表相关报道近百篇。同时充分利用网络信息资源，除在展厅内设置供观众浏览的触摸屏电脑外，对武汉博物馆网站进行了大规模改版。改版后的网站栏目充分体现了武博人文特色，不仅展现了武博馆藏珍品文物，而且多角度反映了武博展览、学术动态信息，同时，也加强了与社会网友观众的多向交流、定时信息反馈，使网站从以前单纯的展览教育平台向文化产品交流平台推进，从而提高了博物馆网站的宣传服务功能。

结合2011年“博物馆与记忆”和“文化遗产与美好生活”两个主题，武汉博物馆联合《楚天金报》开展了以“开启时空大门·尽展江城风流”为主题的“专家义务鉴宝”博物馆日纪念活动。除对鉴宝过程进行大篇幅宣传报道外，还请馆内文物专家对“为何民间出现收藏热”，“市民藏品应该注意哪些方面”等方面进行了撰文书面介绍。

第二是扩大教育基地建设，开展结对社区共建。武汉博物馆积极与学校、社区、单位合作，建立各类教育基地，让博物馆走向社会，走进课堂，吸引社会各界了解博物馆，使博物馆逐步成为公众终身受教育的课堂。2011年武汉博物馆先后与湖北省未成年犯管教所、武警武汉支队、江汉大学商学院、扬子社区、贺家墩社区、邬家墩社区等单位结为共建教育基地，开展了送书、送展、社区义务鉴定、儿童暑期作文比赛等系列活动。

第三是创新未成年人教育活动形式，开展寓教于乐的青教活动。武汉博物馆十分注重对未成年人教育形式的创新，5月8日母亲节，组织举办了“感恩母亲节、相约博物馆”活动。活动穿插原创舞台剧“穿越体验——童子礼仪小课堂”、博物馆亲子小游戏等新颖的互动环节。该剧通过演绎古代历史上母慈子孝的小故事，《童子礼》、《弟子规》等启蒙经典中的儿童言行礼仪，引导青少年培养良好的行为习惯，弘扬孝敬父母的中华美德。6月1日，武汉博物馆与楚天广播电台联合策划开展了“同一片蓝天共享快乐六一”活动，来自协和医院儿科血液病房的几十位白血病儿童，通过参观展览、互动游戏、表演节目等活动，在博物馆度过了一个欢乐而有意义的儿童节。

第四是积极开展志愿者和“博物馆之友”活动。武汉博物馆2011年在册长期志愿者近150人，其中的优秀代表王志军，曾荣获“首届中国博物馆十佳志愿者之星”称号。2011年元月，武汉博物馆组织部分优秀小志愿者远赴湖南开展“武汉博物馆文博冬令营”活动，沿途参观了湖南省博物馆、刘少奇故居等著名博物馆、景区，并与湖南省博物馆相关负责人就志愿者工作进行了深入交流和探讨。这次志愿者活动开创了武汉博物馆志愿者赴省外交流学习的先河，为今后武汉博物馆志愿者的管理工作收获了宝贵经验。

青年大学生是武汉博物馆志愿者队伍的中坚力量，2011年武汉博物馆与华中科技大学阳光俱乐部合作，通过校园面试、海选和馆内专业人员的严格考核、培训后，挑选出52名大学生志愿者正式上岗为观众服务。

2011年全年共招收博物馆之友50名，结合馆内原创临展“武汉地区近十年出土文物特展”，以“考古知识与墓葬文化”为主题，特别邀请了武汉市文物考古研究所专家，对“博物馆之友”会员进行了两次专题讲座。主要以武汉地区近十年来已发掘的，最具代表性的墓葬为基础，通过大量图片，结合出土文物和考古工具，为博物馆之友会员介绍考古知识和发掘意义，活动间隙还特别安排了专家与会员的互动时间，会员现场就感兴趣话题与专家零距离交流，揭开考古工作的神秘面纱。

四、人才培养与学术研究

在上级有关部门的大力支持下，武汉博物馆加大了专业人才引进力度，吸纳和引进更多的优秀专业人才。人才引进采取特聘，签订长期、中期、短期聘任（用）合同的方式进行，制定相关政策给予适当经济补贴。近两年，武汉博物馆引进研究楚文化史博士1名，播音主持专业本科生1名，并派其中1人参加了2011年在上海复旦大学举办的“全国博物馆新晋职工培训班。”

同时，也加大了对在职人员业务培训的力度，通过制定《武汉市博物馆工作人员培训规定》、《武汉市博物馆工作人员培训计划》和《武汉市博物馆科研成果奖励办法》规范职工的培训进修，同时加强经费保障力度，确保人才发展经费列支立项。建立专业人才发展专项资金，用于人才培养、引进和宣传，以及对有突出贡献的专业人才的奖励。2011年派遣专业人员先后参加了中国博物馆协会、中国博物馆协会保管专业委员会、城市博物馆专业委员会、安全专业委员会、志愿者专业委员会等学术研讨会，开展业务学习和学术交流。

为纪念新馆开馆十周年，2011年武汉博物馆编辑出版了《武汉博物馆新馆开馆十周年论文集》，收录论文54篇。成功承办湖北省博物馆协会2011年年会，并围绕“中国城市化进程中的博物馆”这一主题，在《湖北省博物馆协会2011年年会论文集》上发表论文8篇。在《中国文物报》、《江汉论坛》、《文物鉴定与鉴赏》、《收藏》等专业期刊上发表论文10篇，全年编撰出版《武汉文博》四期。完成了省级课题《洋务运动时期武汉地区工业遗产调查》文本撰写，参加省级课题《汉江文化史》“先秦卷”、“清代卷”撰写工作。

五、安全保卫与后勤保障

2011年，为进一步完善安全责任制度体系，在三级安全责任制度的基础上，武汉博物馆结合馆内实际及各部门、各岗位应承担的不同安全责任，完善了具体工作岗位安全责任的制定。同时，根据已制定的各项安全规章制度，加大了对本部门各岗位及其他部门相关安全制度执行情况的监督力度，对违反安全制度的行为及时加以制止。及时更新细化了紧急预案与突发性事件处理措施，进行了多次针对突发性事件的消防演习，组织有关单位对本馆职工进行了安全教育讲座。对安防设备进行了部分改造，并对监控软件进行了升级，更新了室外电子巡更系统，加大了安全防范的力度。对喷淋系统、自动灭火报警系统进行了全面的检查和维修，保证了消防设备的正常工作，同时，对在改造过程中发现的安全隐患，及时进行了整改。

为进一步加强安保力量，2011 年武汉博物馆聘用了新的安保服务公司，完成了 12 名保安队员的甄选工作，同时调整了展厅安全员、保卫行政管理人员，增加了监控室工作人员。在更新对接、培训提升安保服务内容和防范措施上做了大量工作：完善管理机制，明确安全目标管理责任制，切实加强日常安全防范管理，做到按章办事。加大检查巡查力度，发现问题及时落实整改，确保安保工作稳定有序有效。

2011 年，武汉博物馆对展区及办公区中央空调进行了主机维保和通风管道的清洗，对展区照明进行了节能化改造。并对户外设施全部刷漆翻新，新增常青乔木数十棵，给树木花草增加了文字说明牌，保持了良好的馆容馆貌。

六、文化产业与产品研发

原武汉市博物馆与原武汉市文物商店合并后的文物资源优化组合，进一步促进了文化产业与文物交流活动。武汉博物馆（市文物交流中心）于 2011 年 4 月份举办了“中国武汉 2011 第二届全国文物艺术品交流会”。交流会汇聚了全国 20 多个省市的 27 家文物交流中心、国有文物商店，有近 80 余家民间团体、经销商前来参展，汇集了全国各地近万件文物艺术珍品，涵盖字画、瓷器、玉器、青铜器、杂项等各类商品文物，会展期间总成交额达 2600 余万元。中心销售创历年展会成交量新高，其中新旧货销售比例为 7∶3，充分体现了“少出高汇，细水长流”文物销售理念。这次展会进一步凸现了武汉文物艺术品行业在全国的影响力，加强了武汉在中部地区文物艺术品交易中的话语权，为充实和丰富武汉市文物资源，进一步发挥国有文物交流的主渠道作用做出了贡献。

2011 年武汉博物馆还以本馆展览为依托，整合文物相关资料，加强研发，对纪念品进行了提档升级。开发了一系列针对不同观众群体，彰显地方文化特色和具有实用、欣赏、收藏价值的文化产品。主要包括：民间工艺系列，反映武汉地区非物质文化遗产特色的民间工艺品，包括剪纸、布贴画、汉绣等；收藏扑克系列，用扑克为载体，以翔实的图片资料，提供武汉旧影、本地民俗、馆藏精品等广大游客非常关心的信息资料；收藏精品系列，以馆藏古代书画为摹本，运用现代科学技术方法，仿制精美书画收藏礼品，延伸文物的文化价值。

黄　石

黄石市博物馆工作概述

2011年，黄石市文物局和全市各级各类博物馆、纪念馆，在国家文物局和省文物局的大力支持下，以创建国家公共文化服务体系城市为契机，科学管理，开拓进取，全力推进创新服务机制，始终以优质展览、贴心服务面向广大观众，充分保障了广大群众共享优质公共文化服务成果。

2011年，黄石市有各类博物馆、纪念馆10家，其中企业博物馆1家，筹建旧址类博物馆1家。新设专题陈列展10余个，年免费接待观众79万余人，社会服务和展示宣传取得显著效果，考古发掘也有新的重要发现，各项管理保护工作更趋规范和完善，全市取得了又一个馆藏文物安全年。

【博物馆建设】　2011年，黄石市共有10家博物馆、纪念馆，在编在岗人员87人；其中专科以上学历的从业人员占86%，本科以上学历的从业人员占77%。

【陈列展览】　黄石市除各馆现有基本陈列外，还积极举办临时展览充实展陈内容。

黄石市博物馆在2011年5月举办“大型宇宙奥秘探索科普展”该展览通过高度仿真外星人、航模、图文等还原了一个神奇的宇宙世界，揭示了一个未知宇宙世界的奥秘和一个充满神秘的史前世界，特别是运用了高科技声光电技术的宇宙怪兽和恐龙及一些趣味互动项目成为这个展览的极大亮点，这个展览具有很强的趣味性、科普性，同时具有很强的社会效应，增强了广大青少年对宇宙科学的认知和兴趣，切实加强了广大市民对科学文化的认同感。2011年10月，联合恩施州博物馆举办了“神秘的

■ 黄石市博物馆新馆开馆仪式

巫傩文化”展览。此次展览是该馆从恩施州博物馆引进的精品展览，展览通过大量的实物和图片资料，系统的展示了我国古代发达的巫傩文化。2011 年 12 月 29 日，国宝走进黄石——“随州出土先秦青铜器精品展”正式对外展出。这次举办的青铜器精品展是国宝走进黄石的首个展览。

大冶市博物馆除常设的陈列展览外，还推出了奇石展、海洋科普展、民俗展、字画展等临时展览。为配合各类临时展览的展出，市博物馆还印刷出版了各类图书、印制各种宣传品、光盘等。

大冶市红三军团建军纪念馆常设展览有：红三军团的光辉历程、彭德怀元帅光辉战斗的一生、红三军团将帅生平简介。

大冶市南山头革命纪念馆常设展览分两部分，一部分为旧址陈列，面积 150 平方米，主要为恢复性陈列；一部分为展厅陈列，面积 250 平方米，主要是陈列大冶中心县委旧址相关的革命文物和图片，有历史文物陈列、大冶历史名人录、大冶革命斗争史陈列。

大冶铁矿博物馆除基本陈列外，还先后推出了如奇石展、字画展等多项临时展览。为配合各类临时展览的展出，大冶铁矿博物馆亦推出了光盘等宣传品。

【免费开放和宣教服务】 黄石市实施免费开放的博物馆、纪念馆共有 6 家，本年度开始实施免费开放的博物馆、纪念馆参观人数较往年有大幅攀升，达 79 万余人次。据统计黄石市博物馆全年接待观众达 12 万余人次，其中全年免费对外开放接待学生团队 48730 人次，全年免费对外开放接待旅游团队 104 个（次）（全年“五走进”等外展等活动参观人数未计入指标统计范围内）。免费开放后的博物馆、纪念馆宣教社会服务工作也不断增强。黄石市博物馆配合陈列展览除制作了海报、展览册页以及经常性的开展向社会广大群众发放《文物法》宣传资料外，还利用博物馆网站、本地电视、报纸等媒体进行宣传；博物馆讲解员全年为观众讲解 2996 批次。各博物馆、纪念馆在“5 · 18”国际博物馆日和 6 月份的“中国文化遗产日”采取走出去、请进来等多种方式广泛开展丰富多彩的主题宣传服务活动。经常性的面向特殊群体（残疾人、农民工、少儿、老年人）开展志愿服务等，让每个人都能享受公共文化的服务。黄石市博物馆还获得了“全省文化遗产日和博物馆日活动优秀组织奖”

【藏品收藏与保护管理】 2011 年底，黄石市公立博物馆、纪念馆共有馆藏文物 6823 件（套），藏品除少部分为征集文物外，大部分为考古发掘出土文物。博物馆藏品类别涵盖广泛，包含有铜制器具、铁质器具、木制品、金银器等珍贵文物。

为规范藏品管理，2011 年黄石各博物馆、纪念馆严格按照《藏品管理办法》，进一步建立健全了文物藏品保护管理各项规章制度。馆藏文物录入电子表格，做到了编目详尽，账目清楚，对总账、分类账和保险柜实行专人管理，并加强了出入库房人员的审批和登记。

本年度，黄石市各博物馆加强了对藏品的修复保护，积极向上级争取申请文物保护修复项目经费，对相关的文字、图表、照片等资料进行了收集整理。

大冶铁矿博物馆藏品的管理本着“传承矿冶文化、保护为主、合理利用、加强管理”的指导方针开展各项工作。博物馆建成后，藏品账目实现数字化管理，输入藏品电子档案 553 件（套），建立了详细的文物档案，完善了各类藏品管理制度。

大冶铁矿博物馆建成后，各项设施更加

完善。采取分类保存的方式,杜绝各类文物相互之间交叉不清的问题,远离污染和放射物,保持库房空气流通,室内恒温。对易腐蚀,易破损的文物进行科学处理保护。

铜绿山古矿遗址博物馆与北京清华城市规划院签约,由该院组织专家编制《铜绿山古铜矿遗址保护规划》。按照规划方案,遗址管委会委托武汉全日新监控设备有限责任公司编制了《铜绿山古铜矿遗址安全防范工程设计方案》;委托湖北吉安工程有限技术公司编制了《铜绿山古铜矿遗址消防设计方案》;对于遗址内的白蚁危害,则委托黄冈市黄州区赤壁白蚁防治研究所编制了《铜绿山古铜矿遗址白蚁防治方案》,并请专业人员对白蚁进行了部分灭杀;同时委托湖北师范学院生物工程学院对遗址古坑木的微生物进行了检测,并根据检测情况对古坑木进行了灭菌处理。

为了确保馆藏文物安全,本年度黄石市各博物馆进一步加强了防火、防盗安全管理工作,对全市博物馆安防消防设施进行了全面的检查维修,对安保人员分期分批进行了消防知识培训和演练,修建了消防专用泵房,加固了防盗网。全市博物馆、纪念馆全年无一安全事故发生。黄石市博物馆馆荣获了全省文物安全先进集体称号。

【考古调查与发掘】 2011 年,黄石市博物馆配合完成“南水北调”文物保护工程项目丹江口岩屋沟墓群 2700 平方米的考古发掘及室内整理工作。

2011 年,完成了大冶市第三次全国文物普查的数据库建设。参与省考古所针对铜录山龙王庙炼炉遗址考古发掘的前期准备工作。与武汉大学签订建立联合考古、研究、培训实验基地的协议。

铜绿山遗址管委会与湖北省考古研究所共同向国家文物局申报了《铜绿山古铜矿遗址群考古工作计划》,该计划已获国家文物局批准。2011 年下半年,湖北省考古所已经完成考古发掘的前期调查工作,考古调查结果显示,铜绿山古铜矿遗址群内的上罗村遗址、眠羊地遗址、牌坊遗址、摇逻山遗址、茅陈垴遗址均有新石器时代的石锛、石斧、鼎、高领罐、瓮等器物,这表明大冶古代先民的采冶年限至少在 4000 年以前。

【人才培养与学术研究】 2011 年,黄石市博物馆为创建一支业务过硬、作风优良、综合素质能力强的社会教育队伍,博物馆邀请省考古所专家针对新颁布的“田野考古操作规程”组织考古部全体工作人员进行学习。参加了中国博物馆协会、中国博物馆协会保管专业委员会、社教专业委员会、湖北省博物馆协会等举办的学术研讨会,以及“湘鄂豫皖楚文化研究会第 12 次年会”、“楚文化与先秦历史文化国际学术研讨会”等学术会议。通过这一系列的专业培训和学术交流研讨会,专业技术人员学到了新知识,获取了新信息,拓宽了新视野。

2011 年,黄石市博物馆在《博物馆与城市化——2011 年湖北省博物馆协会学术研讨会论文集》上发表了《利用好文化遗产发挥好博物馆的社会作用》、《铜绿山古铜矿冶炼技术对中国冶铁业发展的影响》、《地(市)级博物馆应当承担更重要的责任》、《博物馆人员素质分析》等 4 篇论文。

2011 年,大冶博物馆加大了在职专业技术人员的培训力度,派遣专业人员参加了 2011 年度全国文物行政执法人员(湖北片区)轮训班。参加了 2011 年湖北省博物馆协会学术研讨会,并在论文集上发表文章《试论博物馆是城市形象的重要组成部分》。

2010 年 11 月 28 日,铜绿山古铜矿遗址管委会与中国社会科学院考古研究所达成共同设立青铜文化研究机构和科研基金意向。2011年10月31日，正式与中国社会科学院考古研究所签订成立“中国青铜文化大冶研究中心”协议，由该所派出2~3名专家利用5年时间，对铜绿山古铜矿遗址进行进一步的发掘和研究。同时，遗址管委会与湖北省社会科学院考古所联系，争取了他们的支持。他们准备综合近几年的考古调查成果，进一步推进大冶的采冶史研究；积极组织殷玮璋、刘玉堂等知名专家编辑出版了《铜绿山考古发掘》、《铜绿山考古发掘论文集》、《中国青铜古都——大冶》等十余部研究著作。

【文化产业】　大冶铁矿博物馆通过摸索创新开发文化产品，结合矿山历史文化特点，以自主开发和对外合作形式制作出具有“矿味”特色的纪念邮册、邮折、毛主席铜雕塑、水晶制品、紫铜浮雕、音像书籍及本地产的矿石、岩石、岩芯等7大类、数十个品种的旅游纪念品。价格从几十元到近千元不等，以适应不同人群、不同层次游客的消费需求。近年来，该馆借助大型会议、外事的数量活动等销售渠道，扩大订单的范围和客户的数量，销售各类文化产品600件，销售营业额30万余元，在一定程度上提升了该馆的社会认知度。

铜绿山古矿遗址打造青铜文化街，凸显青铜文化产业园特色，聚集黄石、大冶地区青铜器古玩店，在遗址保护范围内为其提供统一的经营场所，借此宣传大冶的青铜文化，为广大文物收藏爱好者提供一个交流的平台；将青铜器的仿制当做一个产业来发展；组织一些艺术团体专门表演展示青铜器使用为主题的节目，如编钟的演奏过程、武器的攻防使用、祭祀活动中礼器的放置、青铜饰品的走秀等。

黄石市博物馆

Huangshi Municipal Museum

2011年，黄石市博物馆深入开展“创先争优”活动，紧紧围绕“推动科学发展、促进社会和谐、服务人民群众、加强基层组织”为基本要求，积极营造良好的参观环境，提升办展服务水平，创先争优“十佳示范窗口”。

一、行政管理与规划建设

黄石市博物馆隶属于黄石市文化局，内设科室6个，办公室、市场部、保卫科、陈列保管部、考古部、群工部。专业技术职称岗位设置：管理岗位7人，专业技术人员岗位24人，工勤技能岗位2人。

2011年申报了湖北省文明城市、市级园林单位。为了进一步加强规范化管理，黄石市博物馆先后制定了《黄石市博物馆人事管理制度》、《黄石博物馆党支部管理制度》、《黄石市博物馆公文管理办法》、《黄石市博物馆劳动保障管理制度》、《黄石市博物馆考勤管理制度》、《黄石博物馆办公室管理制度》、《黄石市博物馆临时工管理制度》、《黄石市博物馆水电工岗位安全制度》等一系列规章制度。

黄石市博物馆新馆占地面积13720平方米，其中建筑面积6000平方米，展厅面积4550平方米。建筑主题寓意为中国之印，中央高出屋面的全玻璃幕墙寓意为印把，是整个博物馆的制高点，使中厅采光效果能通达豁亮，三层框架式钢筋混凝土结构的建筑体融入休闲广场中央。其外墙的锈石贴面衬托出现代建筑的风格。

二、藏品管理与保护修复

截至2011年底，黄石市博物馆馆藏文物2726件（套），其中一级文物69件（套），二级文物174件（套），三级文物791件（套）。本年度无新增藏品。对总账、分类账和保险柜钥匙都实行专人管理，并加强了出入库房人员的审批和登记。

三、陈列展览与宣教服务

免费开放以来，黄石市博物馆不断完善展陈设施，对陈列展览进行了升级改造。升级语音导览设施，不断完善升级团队讲解性能。为方便游客查阅，触摸屏根据展示内容的需要，将静态的文物展品转化成动态的画面演示，使观众对展品的了解更加深入；电视机、影碟机循环展播黄石悠久的历史文化和城市风貌。

2011年，黄石市博物馆完成了常设展览“天地一烘炉——黄石矿冶文化展”的展览提升完善工作。印发主题展宣传册页。在临时展览方面，引进了恩施州博物馆的“神秘的巫傩文化”特展，该展通过大量图版、实物和视频资料，系统展示了巫傩文化发展历程，深受广大市民喜爱。

2011年的宣传服务工作，一是配合陈列展览进行推广宣传。除制作海报、折页、画册和在博物馆网站宣传外，还充分利用电视、报纸等媒体进行宣传，通过黄石电视台、楚天都市报、东楚晚报等媒体积极宣传报道给观众传授黄石悠久的历史文化和丰富的文化遗存相关联的知识。二是充分发挥讲解导览作用，针对不同群体、不同层次观众的不同需求，采取多种形式讲解。全年接待观众12多万人次，讲解480多批（次），开展全天播放城市文化宣传片电教录像片。三是紧扣国际博物馆日和中国文化遗产日这两个主题活动，有针对性地开展各种形式的志愿者服务活动。四是积极拓展宣教阵地，深入开展将“黄石地区出土文物精品展”送进社区、学校、农村等“五走进”活动，展示了铜绿山古矿冶遗址、章山石龙头旧石器时代遗址、西塞山古钱窖以及黄石地区不同时期的一些古墓葬和陶瓷器、金银器等。图片展配以精美的文物图片和翔实的文字介绍，使展览内容充实，更具自主参观性，更加贴近观众。与此同时，我馆还向观众发放了《文物法》宣传册，宣传文物保护法规，讲解文物知识，进一步提高市民的文物保护意识。

四、考古调查与考古发掘

2011年，黄石市博物馆配合完成“南水北调”文物保护工程项目丹江口岩屋沟墓群2700平方米的考古发掘及室内整理工作。本次对丹江口岩屋沟墓群的发掘工作，严格按照新的《田野考古操作规程》进行。清理东周时期至东汉时期墓葬54座。出土陶器135件，均为陶器（破碎严重），器形有鼎、敦、壶、豆、匜、罐、盘等。

五、人才培养与学术研究

2011年，黄石博物馆择优聘用了2名大学生。博物馆邀请省考古所专家针对新颁布的“田野考古操作规程”组织考古部全体工作人员进行学习。参加了中国博物馆协会、中国博物馆协会保管专业委员会、社教专业委员会、湖北省博物馆协会等举办的学术研讨会，以及“湘鄂豫皖楚文化研究台州 12 次年会”、“矿冶文化与古代历史文化国际学术研讨会”等学术会议。通过这一系列的专业培训和学术交流，专业技术人员学到了新知识，获取了新信息，拓宽了新视野，为以后更好地开展业务工作和学术研究奠定了基础。

2011 年，黄石市博物馆在《博物馆与城市化——2011 年湖北省博物馆协会学术研讨会论文集》上发表了《利用好文化遗产发挥好博物馆的社会作用》、《铜绿山古铜矿冶炼技术对中国冶铁业发展的影响》、《地（市）级博物馆应当承担更重要的责任》、《博物馆人员素质分析》等 4 篇论文。

六、安全保卫与后勤保障

2011 年，黄石博物馆狠抓安全管理措施，陆续制定了《保卫人员值班管理制度》、《夜间巡逻制度》、《保安人员奖惩条例》、《保卫科管理制度》、《火灾隐患整改制度》、《文物库房出入登记制度》、《保卫警戒用品管理规定》等 20 多项规章制度和应急预案，保卫科对下属两家保安服务公司定期召开安全例会，通报相关文物保卫工作信息。要求保安人员认真工作，相互协作配合，及时处理发生的各类问题，另一方面，保卫科工作人员还亲自参与夜间值班，在利用监控系统对馆区控制布防下，硬性规定展厅内当班人员实行座岗，同时必须每间隔 30 分钟牵引警犬逐层检查，外部还采取机动巡逻打更流动巡查，特别在”五一”、“十一”、“春节”等节日参观人流高峰期，黄石市博物馆还制定出加强班，由馆长亲自带班增强保卫工作力量，确保文物安全。

黄石市博物馆根据消防部门要求，完成展厅、办会楼全部消防器材灭火使用方法图示条粘贴，顺利完成本年度消防日宣传活动，落实二级消防责任人和消防安全单位责任制，通过对消防火灾报警系统联动性能调试和水塔改造，提高火灾预警灵敏度和缓解馆区消防供水压力，对国保单位“汉冶萍煤铁厂矿旧址——小红楼”配备干粉灭火器材 12 套，使该旧址建立起一道牢固的防火墙。同时搞好消防档案管理，结合本单位消防工作现状，不定期对全馆各重点部位进行消防安全自查，落实消防隐患整改，6 月份在市开发区公安消防中队的指导下，完成了《黄石博物馆消防档案汇编》和资料信息光盘制作。9 月份，在飞天智能责任有限公司的帮助下，完成了“汉冶萍煤铁厂矿旧址——小红楼”消防、安防设计方案申报。此外委托消防培训中心对全体职工和保安、电工等开展防火知识培训，集中学习消防器材实际操作，灭火、应急疏散演练等，不断提高消防紧急情况下的应对能力。

2011 年，黄石博物馆保卫科检查外来车辆 300 余次，进行了 1 次防雷检测，同时还赴省送参展文物 1 次，押运文物 2 次，协助考古部、陈列部对馆藏文物修复制模，调解矛盾纠纷 1 起，确保了馆藏全年安全。

2011 年，黄石博物馆对所有供电设施、强、弱电路经常进行检查和改造，更换外墙照明反光灯 5 处。完成展览大楼和办公区屋面防漏水覆盖处理，修建了职工篮球场、羽毛球场活动区一处。修建绿化带 500 多平方米，馆区新增保洁设施 6 套，馆区环境得到了进一步美化。

襄 阳

襄阳市博物馆工作概述

2011年,全市各级、各类博物馆、纪念馆,进一步解放思想,抢抓机遇,加强管理,深入开展创先争优和治庸问责工作,健全完善公共文化服务体系,增强先进文化凝聚力,全市博物馆事业有了新的进步和发展。

2011年,全市有各类博物馆、纪念馆9家,新增各类文物藏品16083件(套),新设专题陈列展15个,免费接待观众138.5万余人次,社会服务和展示宣传取得明显效果,考古发掘也有新的重要发现,各项管理保护工作进一步规范和完善,全市取得了又一个馆藏文物安全年和消防安全年。

【博物馆建设】 全市9家博物馆、纪念馆中,由市直文物部门管理的有襄阳市博物馆和襄阳米芾纪念馆,在编在岗人员68人;由县、市文化(文物)部门管理的博物馆6家,分别是宜城市、枣阳市、老河口市、谷城县、南漳县、保康县博物馆,在编在岗人员96人;由县级民政部门管理的纪念馆1家,在编在岗人员20人。

襄阳市博物馆现馆由1993年复建的近现代历史建筑(昭明台)改造而成,占地4204平方米,建筑面积9739平方,展览面积3200平方米。改建了3间办公室,新建了1间临时库房。由于其先天不足,发展空间有限,已不能适应博物馆现代化的需要,限制了博物馆诸多基本功能的发挥。2011年,市委、市政府再次启动新馆建设,对选址进行了论证,市发改委对新馆建设已立项。

襄阳米芾纪念馆由襄阳市政府1987年8月21日批准成立(襄政办函[1987]47号),隶属于襄阳市文物管理处。馆舍位于第六批全国重点文物保护单位——米公祠,占地面积11370平方米,建筑面积1360平方米,展览面积1200平方米。米公祠是为纪念北宋大书法家、鉴赏家米芾(1051—1107年)而修建的祠宇。祠宇内珍藏米芾、黄庭坚等书法石刻,是我国著名书法圣地,南派园林典范,国家AAA级旅游景区。2011年6月10日,襄阳市被授予中国书法名城,成为全省第一个、中国第九个中国书法名城。襄阳市以米公祠为依托打造“米芾书画”品牌,对米公祠进行了扩建和修缮,有效整合了10余处资源,将米公祠作为举办各类书法绘画展览交流的重要场所。2011年,襄阳米芾纪念馆投入110万元修缮资金,对所有房屋屋面进行了翻拣、防漏处理,亭台、门窗等粉刷了油漆,将仰高堂的展示空间由3间扩大为5间,景区内的水泥地面全部用青方砖替换。

保康县博物馆成立于2009年10月。2011年3—10月,保康县博物馆通过多种措经常性资金100余万元对馆舍（原文化馆房屋）进行改造、装修，制作基本陈列展览，2011年12月1日正式对外免费开放（试运行）。该馆占地面积850平方米，建筑面积1557平方米，展览面积650平方米，库房面积60平方米。

宜城市博物馆督促湖北紫园公司完成了博物馆院内的绿化工程，共种植草坪6000余平方米，灌木带500余平方米，树木400多棵。

宜城市张自忠将军纪念馆1990年9月26日奠基兴建，1991年5月14日竣工，5月16日举行揭幕开馆仪式。该馆占地面积13000平方米，建筑面积5000平方米，展厅面积1500平方米，由左右碑廊、放映厅、张自忠将军事迹陈列室、字画室、张自忠将军半身戎装像和纪念碑组成。在宜城十里长山建有张上将自忠殉国处纪念碑及同难官兵墓。1991年开放以来，该馆先后被授予“全国爱国主义教育示范基地”、“湖北省重点烈士纪念建筑物保护单位”、“湖北省爱国主义教育基地”、“湖北省国防教育基地”、“湖北省优抚事业先进单位”、“襄阳市文明单位”等荣誉称号。2008年4月对外免费开放。

南漳县博物馆正在进行新馆建设的前期准备工作。

【陈列展览】 全市博物馆、纪念馆均有常设的陈列展览，部分馆举办了较有特色的临时展览。

2011年，襄阳市博物馆对基本陈列“聆文明足音品南北遗韵——襄阳古代历史文化展”作了简单调整，先后举办了7个临时展览。还选送文物参加了在湖北省博物馆举办的“荆楚英华——全省博物馆馆藏文物精品联展”。

襄阳米芾纪念馆除常设展览“碑刻展”、“奇石展”、“书法展”外，还举办了“八·一将军书画汇展”、“建党90周年优秀书画作品展”、“米芾杯——全国书法大赛获奖作品展”、“纪念米芾诞生960周年——十二生肖名家作品展”。

宜城市博物馆为提升展陈广开言路，认真采纳省、市专家学者和社会各界有识之士提出的意见和建议，对基本陈列进行了整改。补充完善后的基本陈列《楚风汉韵》获省文物局2011年12月举办的“全省博物馆、纪念馆优秀陈列展”最佳创意奖。该馆还举办了2个临时展览：“宜城市城市规划展”、“宜城市企事业成果展”。

宜城市张自忠将军纪念馆举办有两个基本陈列：“抗战军人之魂——二战中阵亡的最高爱国将领张自忠上将事迹展”、“宜城市革命斗争史迹展”。张将军事迹展以时间为顺序，展出800多幅图片、字画和遗物，翔实、生动地展示了张自忠将军从严治军、忍辱负重、慷慨悲歌、勇赴国难的高尚品质和爱国精神。陈列内容共分十个部分：投笔从戎、长城抗战、步入政坛、徐州会

■ 襄阳市首届行草书法展

战与徐州突围、三战临沂、受勋述职、转战鄂西北、道德风范、慷慨悲歌、同悼国殇。2011年该馆增加了当代书法家咏自忠书法作品展内容。

保康县博物馆将基本陈列“保康历史文化陈列展”变更提升为“荆楚文化陈列展”,分为历史文物、农耕技艺、婚俗文化、黑暗传和沮水呜音5个部分,展出历史文物和民俗文物222件,极大地丰富了馆藏文物文化内涵。该馆还多次举办流动展览到学校、社区、乡镇巡回展出。

谷城县博物馆举办常设展览“荆楚奇葩”、“青铜艺术”、“陶瓷艺术”、“书画艺术”、“第三次全国文物普查成果展”、“历年出土文物图片展”。

老河口博物馆除举办常设展览“焦土抗战民族复兴——国民政府第五战区抗战史料陈列”外,新举办了临时展览“光辉的历程伟大的成就——喜迎中国共产党90华诞”。

南漳县博物馆除常设“文物陈列展览和三国遗址徐庶祠”外,还制作了15块精美的文物展板到文化广场展出。

枣阳市博物馆常设展览增加了“西汉民俗文物陈列”内容。

【免费开放和宣教服务】 2011年,襄阳市实施免费开放的博物馆、纪念馆共有9家,其中市直博物馆、纪念馆各1家;县(市)博物馆、纪念馆7家,除南漳县博物馆依托历史建筑展厅面积不足外,其他博物馆、纪念馆展厅面积都超过400平方米。保康县博物馆因2011年3—10月对馆舍、布展工程进行全面改造,免费开放时间较短,其他博物馆、纪念馆全年对外开放均在310天以上。免费开放时间为每周6天。全年共免费接待海内外观众138.5万人次,其中,本年度新开放的保康博物馆参观人数达2万人次,超出预期;襄阳市博物馆接待观众32.5万人次,与2010年相比总接待人数略有下降;米芾纪念馆接待观众50余万人次,其中免费参观人数35万余人次;宜城市博物馆接待观众达10万人次,上升幅度较大;老河口博物馆、枣阳博物馆接待观众均为6万人次,较上一年度增加1万人次;谷城县博物馆接待观众7万人次,较上一年度增加2万人次;南漳县博物馆接待观众5万人次,与上一年度基本持平;宜城张自忠将军纪念馆接待观众15万人次,与上一年度持平。

免费开放后的博物馆、纪念馆由于有相应的财政经费保障,人员思想状况稳定,除馆舍环境、陈列展览时有改善更新外,部分博物馆将展览送到学校、社区,宣教服务意识增强,服务质量得到进一步提升。襄阳市博物馆除印制文物陈列宣传册页外,还通过电视、报纸、网站等媒体进行宣传。2011年,博物馆在市内外平面媒体见诸报道的相关文稿达数十篇,讲解员全年为观众讲解218批次。宜城市博物馆邀请省、市专家学者和社会各界有识之士进馆参观,召开十余次座谈会,收集意见和建议近40条,对基本陈列进行充实、完善,将改进后的陈列“楚风汉韵”编辑成画册出版,受到好评。襄阳米芾纪念馆除印制宣传折页外,对馆内碑刻、石碑、植物等进行了详细注解,充实景区观赏内容;该馆还着力打造“米芾书画”品牌,投入专项经费举办各类书法绘画活动,成为“米公中学”、“米公小学”等一批书法特色学校开展书法培训、加强素质教育的校外活动基地。在农历正月初一至十五举办的“游园庙会”,成为了广大市民观赏、休闲、陶冶情操的好去处。各博物馆、纪念馆利用“5·18国际博物馆日”、“中国文化遗产日”,采取“走出去、请进来”等多种方式广泛开展宣教活动。襄阳市博物馆除利用展板让市民了解相关法律法规、文物基本知识、馆藏文物精品、考古发掘成果外，还提供法律咨询，举办全市文物鉴赏活动。老河口、南漳、保康等地博物馆制作文物展板到文化广场、社区、乡镇流动巡回展览。宜城、谷城、枣阳等博物馆组织中小学生到博物馆参观学习，充分发挥爱国主义教育基地作用。宜城市张自忠将军纪念馆积极发挥全国爱国主义教育示范基地作用，突出爱国主义主题，突出红色品牌效应，与9个乡镇、8个部队、15家企业、168所学校、20个社区签订了“共建协议”，灵活多样地坚持开展主题教育活动。拍摄了宜城张自忠将军纪念馆风光专题片、6集电视连续剧《张自忠将军》，为“中国教育网”、“中国文明网”、“中国万景网”制作了教育基地视频短片，在《中国民政》、《双拥》、《襄阳日报》等媒体刊登关于张自忠将军的文字（图片）150多篇（幅）。该馆已成为宜城市及周边地区对广大党员干部、群众，特别是对青少年进行爱国主义教育、革命传统教育和社会主义核心价值体系教育的重要场所。2011年6月14日，由襄阳市博物馆推荐的秦富荣同志荣获由中国文物保护基金会主办的“薪火相传——第四届中国文化遗产保护年度杰出人物”称号，该馆派工作人员在无锡现场参加了颁奖活动，对秦富荣的善举进行了宣传。襄阳市博物馆（考古所）配合中央电视台文化频道专题片、湖北电视台《支点》纪录片、陕西电视台《今日点击》栏目、韩国《亚洲经济》报社“重回三国”摄制组等录制对外宣传襄阳历史文化的节目，配合完成了《襄阳古城墙与幸福生活》昭明台大型摄影活动之书法笔会活动，扩大了襄阳在海内外的影响和知名度。

【藏品收藏与保护管理】 截至2011年底，全市公立文化（文物）部门博物馆、纪念馆共有馆藏文物101069件，其中，一级文物130件，二级文物528件，三级文物5328件。本年度新增馆藏文物16083件（套）。新增藏品除少部分为接受捐赠的文物和公安部门破获盗墓案追缴的文物外，大部分为考古发掘出土文物。博物馆藏品种类齐全，涵盖丰富，先秦时期青铜器、战国彩绘漆器、玉石器、陶瓷器及民俗文物等为本市馆藏文物颇具特色的藏品。宜城市张自忠纪念馆馆藏字画作品500多幅，遗物100多件，图片1000多幅，书籍120多本，音像资料20多件。藏品来源为：一是由张自忠将军亲属、部下、各级政协捐献；二是省、市领导及社会知名人士题写字画和翻拍的相关资料。三是向社会公众征集的的物品。

为规范藏品管理，2011年，各文化（文物）博物馆、纪念馆严格按照《博物馆管理办法》，进一步建立健全了文物藏品保护管理各项规章制度。对馆藏一级文物和其他易损坏的珍贵文物，设立专库或专柜由专人负责保管。改善文物库房的存放保管条件。藏品编目和信息录入做到详尽、清楚。加强了对藏品出入库房的严格审批和登记。襄阳市博物馆将谯楼处二、三层库房93箱1291件文物全部转迁到照明台，扩大了文物修复中心的工作面积。完成襄阳东津陈坡楚墓301件（套）文物的制卡、建档任务。老河口博物馆完成80件馆藏一般文物数据库的建档工作，完成50件一般文物纸质档案的鉴定、编写工作。宜城市张自忠将军纪念馆按照《档案法》的要求，配备了专职档案员，档案室配置了档案柜、温度湿度计、除湿机、空调、数码相机。定期对馆藏的物品进行防蛀、防霉处理，确保了馆藏物品完好无损。

2011年，各博物馆加强了对藏品的修

复保护，积极向上级争取保护修复专项补助资金。《襄阳市博物馆馆藏南宋彩绘壁画保护修复方案》、《襄阳市博物馆三国青铜马保护修复方案》、《宜城市博物馆馆藏青铜器修复保护方案》、《谷城博物馆馆藏青铜器修复保护方案》、《枣阳市博物馆馆藏青铜器修复保护方案》均获国家文物局批复，个别博物馆的修复补助经费已经到位。老河口博物馆自筹经费将馆藏24枚战国竹简送至荆州文物保护中心作了展开、脱水、封护等保护工作。这批竹简经科学脱水后，大部分将定为一级文物。《枣阳九连墩墓群安全防范系统工程》通过国家文物局评审，部分工程专款已到位。

襄阳市博物馆文物修复中心除为考古所出土的50件青铜器进行除锈、修复外，还分别为外单位修复、复制青铜器115件。该馆在省文物保护技术中心完成了26件漆木器脱水、修复工作，并完成了1200余件陶器的修复工作。

为了确保馆藏文物安全，本年度各博物馆严格按照《湖北省文物博物馆单位安全管理规定》、《文物消防安全检查规程》，进一步加强了安防、消防安全管理工作。襄阳市博物馆定期对馆内安防、消防设施进行全面检查维修，坚持安全月报告制度。选派安保人员参加了全市消防知识培训，组织了一次防盗演练；向市财政争取安防系统升级改造经费20万元，已启动了安防系统的升级改造；更换了压力不足的大功率消防增压泵、自动上水湿式报警阀、回水阀、压力表等，更换了大功率排水水泵，以及122具灭火器药粉、26个感烟探测器。该馆实现了第24个馆藏文物安全年，获得2011年度襄阳市平安单位、襄阳市安全生产先进单位等荣誉称号。老河口市博物馆坚持文物库房等重点要害部位领导夜间带班制，博物馆"四防"达标工程方案已送当地有关部门审批，在旧址原有15个消防灭火器的基础上，增加、更换了13个灭火器具和6个消防箱，与共建单位（老河口市消防队）进行了一次消防实战演练。连续25年实现馆藏文物安全。宜城市博物馆报请宜城市政府批准投资28万元，完成馆内电力增容（由50千瓦增容至200千瓦）和线路改造，以及安防、消防设施整改工作。谷城县博物馆更换了老化的照明线路，更换加固了消防管道。枣阳市博物馆更换了部分老化照明线路、干粉灭火器、新增了1个消防水池。保康县博物馆新设立安全保卫部门，选配专职保卫人员，加强安防消防安全管理，加固门窗，不留死角，增设1套红外自动报警器、1套视频监控设备，消防栓1个、干粉灭火器16个。投入5万元对全馆用电线路进行彻底改造，杜绝安全隐患。本年度各博物馆、纪念馆均未发生安全事故。

【考古调查与发掘】　襄阳市博物馆（考古所）对高新、樊城、襄城及经开区所辖范围内的104个建设项目共9000余亩地实施了考古勘探，并对勘探发现的20余个文化遗存进行了考古发掘，发掘东周至汉代遗址近千平方米，春秋至明清墓葬500余座，出土各类文物及标本14000余件。

根据省文物局安排，该所承担了南水北调工程武当山月亮地墓地的考古发掘项目，9月底完成了田野发掘工作，共清理墓葬86座，出土器物总计404件。总发掘面积4100平方米，超计划发掘面积1100平方米。

老河口博物馆配合襄阳中房公司工程建设，对"中房·公馆壹号"住宅小区建设工地进行了文物勘探，勘探面积达28000平方米。

南漳县博物馆对兴发公司等多个建设

用地项目进行文化遗存调查，对兴发公司用地进行文物勘探，发现不同时期墓葬 9 座。

谷城博物馆对石花经济开发区余店遗址东北部基建工地进行了抢救性发掘，发掘面积 400 平方米，出土文物标本 100 余件。

按照国务院关于第三次全国文物普查的部署，襄阳市博物馆和各县（市）博物馆配合省、市文物部门全面完成了襄阳市第三次全国文物普查的各项工作。完成了全市 4052 处不可移动文物数据的核查、抽样、审校，2011 年 9 月通过国家普查办验收。建立了各个单元不可移动文物普查档案。市普查办完成了《襄阳市第三次全国文物普查工作报告》，各县市、襄州区完成了各自的文物普查工作报告。南漳县古山寨群列入国家文物局编写的《第三次全国文物普查百大新发现》名录。

【人才培养与学术研究】 2011 年，市、县两级博物馆、纪念馆加大对在职专业技术人员的培训力度，分别派遣专业技术人员参加了“全国博物馆专业人员铜器鉴定研修班”、“全国文物行政执法人员（湖北片区）文博业务培训”、“全市宣传信息工作暨信息员业务培训”、“全市消防安全知识”等专业培训，参加了中国文物学会文物修复委员会、湖北省博物馆协会等举办的学术研讨会，以及“荆楚文化与长江文明”、“湘鄂豫皖楚文化研究会第十二次年会”、“楚简楚文化与先秦历史文化国际学术研讨会”。举办了全市文物普查工作报告培训班。同时，加强学术交流，共接待了来自美国哈佛大学，英国牛津大学，日本东北学院大学、就富大学、奈良市文化财研究所、东洋陶瓷美术馆，韩国首尔大学、人文大学、公州大学，台湾大学、台湾中央研究院等海外学术机构专家学者 10 余批，国内专业机构的专家学者 20 余批。

2011 年 10 月 26—30 日，襄阳市博物馆承办了“第九届全国文物修复技术研讨会”。

襄阳市博物馆（考古所）专业技术人员在“湖北省博物馆协会第一次年会”、“湘鄂豫皖楚文化研究会第十二次年会”、“楚简楚文化与先秦历史文化国际学术研讨会”上发表交流 7 篇论文。考古专著《余岗楚墓》于 2011 年 10 月由科学出版社正式出版，获得了省文物局“2010—2011 年度全省优秀考古报告奖”（市考古所、王志刚分获集体、个人奖项）。《老河口九里山秦汉墓》获“襄阳市第五届（2008—2009 年）社会科学优秀成果三等奖”。王先福撰写的《古代襄樊城市变迁进程的初步研究》荣获 2010—2011 年度全省优秀考古论文二等奖（一等奖空缺），5 篇专题文章分别在 2011 年的《襄阳日报》、《襄阳纵横》、《史话襄阳》等报刊上发表。王先福、范文强中标了市政府 2011 年度社科课题《襄阳历史遗迹研究》，11 月 25 日完成并结项，成果收入《历史襄阳难忘的悠久记忆》文集。并有多篇考古学简报、报告及论文已完成，等待刊发。

老河口博物馆派员参加了在广西桂林举办的“纪念李宗仁先生诞辰 120 周年学术研讨会”，撰写了相关论文，在会上作了专题发言。与武汉大学简帛研究中心合作完成国家社会科学重大招标项目《湖北未刊布楚简（五种）集成研究》内容之一“老河口市安岗楚墓出土竹简”的拍摄及研究工作。整理撰写了《堰窝子遗址发掘简报》和《罗家营遗址发掘简报》。

宜城市博物馆先后请武汉大学、湖北省博物馆和南京博物院专家到馆讲课，面向社会择优招聘了 2 名讲解员，并向宜城市政府申请了引进 2 名专业人员的指标。2011 年

12月13日，省文物局在宜城市召开了“全省中小城市博物馆建设及陈列展览提升工作座谈会”，宜城市博物馆在会上作了经验交流发言。

谷城县博物馆整理完成了《田家洼汉墓》和《粉水广场六朝墓》两篇发掘报告，完成拟编辑出版的《谷城文物精粹》图集样稿。

南漳、保康、枣阳等地博物馆通过开展岗位培训，参加考古工地实践和学术交流等途径加强人才队伍建设，提升工作人员专业素质和学术研究能力。

宜城市张自忠将军纪念馆开馆后，张自忠将军事迹研讨会和张自忠教育促进会相继成立。该馆共发表各类专题文章150多篇。编辑出版了《尽忠报国》（1991年）、《军人之魂》（2003年）、《国殇之地颂国魂》（2011年）等书籍，组织专家及老同志对宜城红色文化、将军事迹进行挖掘、整理。2009年，该馆余芳芳在中宣部举办的“全国爱国主义教育示范基地”电视网络大赛中，荣获“优秀讲解员”称号。

【文化产业】 襄阳市博物馆与襄阳九洲源公司就“中华青铜第一马”的仿制达成了合作意向，至今仿制产品近600件，受到了客户的欢迎。仿制授权管理费5.4万元已到位，正在申请版权保护。

襄阳市博物馆

Xiangyang Municipal Museum

2011年，襄阳市博物馆深入开展创先争优和治庸问责工作，加强作风效能建设，狠抓行政管理、人才培养和业务工作，积极争取项目经费，改善基础设施，综合实力得到进一步提升，陈列展示、宣传教育、藏品保护、学术研究等各项工作均取得了较大进展。

一、行政管理与规划建设

襄阳市博物馆隶属于襄阳市文化旅游和新闻出版局（市文物局），与襄阳市文物考古研究所、襄阳市文物修复中心为“三块牌子，一套班子”，是市政府全额拨款的副县级事业单位。2011年有党支部书记1名、馆（所）长1名、副馆（所）长3名，下设办公室、保管部、陈列部、考古队（相对独立，业务及经费由市文化旅游和新闻出版局直接管辖）、宣教部、保卫科、文物修复中心等部门。在岗在编人员43人，其中管理人员8名，专业技术人员31名，工勤人员4名。

根据发展的需要，市博物馆对2010年度制订的《市博物馆管理制度》（含27项制度）进行了修改和完善，重点是增加了《市博物馆领导班子集体议事规则》；以创先争优和治庸问责为抓手，编印了《襄阳市博物馆治庸问责学习资料汇编》，编发了8期《治庸问责工作简报》，大力开展政治思想教育，切实加强组织建设，使全馆上下一盘棋，共同为充分发挥博物馆的公共文化服务效能贡献力量。

在全馆干部职工的努力下，市博物馆获得了全省文化系统2011年度优质服务窗口、2011年度襄阳市平安单位、2010—2011年度襄阳市文明单位、2011年度襄阳市安全生产先进单位、2011年度全市文旅新系统宣传信息工作先进单位等荣誉称号，市博物馆宣教科获得"2011年度巾帼文明示范岗"荣誉称号；王先福、张世海、陈坤等一批干部职工也分别获得各级先进工作者荣誉称号。

本年度，中共襄阳市委、襄阳市政府决定启动市博物馆新馆建设工程，先后两次召开协调会，并对初步确定的选址进行了多次论证，市发改委对该项目进行了立项，有关领导也多次到选址现场调研。

二、藏品管理与保护修复

截至2011年底，襄阳市博物馆馆藏文物68114件（含考古所近年出土文物49262件），其中珍贵文物数量达到5189件，包括一级文物102件，二级文物378件，三级文物4709件。本年度新增藏品16000余件，除接受捐赠文物2000余件外，其余皆为考古发掘出土文物。12月9日—22日，省文物鉴定委员会专家组对入藏文物进行了鉴定定级，确认新增一级文物11件，二级文物57件，三级文物1249件。在昭明台新建一间临时库房后，将谯楼原馆舍处二、三层库房93箱1291件藏品全部转迁到新库房，完成了襄阳东津陈坡楚墓301件（套）文物的制卡、建档任务。

市博物馆对管理的湖北省文物保护单位——襄阳谯楼进行了维修，更换了糟朽的梁架，维修了城台裂缝。委托南京博物院编制的《襄阳市博物馆馆藏南宋彩绘壁画保护修复方案》、《襄阳市博物馆馆藏三国青铜马保护修复方案》获国家文物局批复。市文物修复中心为湖北省文物保护中心修复青铜器49件，为武汉市文物考古所修复青铜器11件，为黄冈市博物馆修复青铜器39件，为咸宁市博物馆复制青铜器13件，为保康县博物馆修复、复制青铜器3件。市考古所完成了团山墓地50件青铜器的除锈、修复和1200余件陶器的修复工作，委托省文物保护技术中心完成了考古发掘出土26件漆木器的脱水、修复工作。

三、陈列展览与宣教服务

市博物馆制作了"聆文明足音品南北遗韵——襄阳古代历史文化陈列"对外常年展出，在2010年底进行较大规模更新并更换60件展品的基础上，2011年对基本陈列又作了简单调整，更新了少量展品，对错误的辅助展品进行了修正。

先后举办了7个临时展览，分别为"襄阳好风日——襄阳市首届行草书法展"、"楚天襄阳有线之春——王太雄、王世霖书画展览"、"秦富荣捐献文物展"、"光辉的历程伟大的成就——庆祝中国共产党成立90周年展览"、"走向共和——纪念辛亥革命100周年展览"、"姜家林联墨艺术作品展"、"刘长斌书历代诗人咏襄阳艺术作品展"。

选送16套33件精品文物参加了湖北省博物馆举办的"荆楚英华——全省博物馆馆藏文物精品联展"。

将展览送进校园，对在校大学生进行宣传教育。12月9日至11日，在襄樊学院举办了纪念辛亥革命一百周年图片展。

支持保康县博物馆开馆，借展民俗文物13件，历史文物12件，该馆已于10月底试运行。

本年度的宣教服务工作，一是配合陈列展览进行推广宣传，襄阳市博物馆除印制了基本文物陈列的宣传册页外，还通过电视、报纸、网站等媒体进行宣传。据不完全统计，襄阳市博物馆、考古所在市局网站发表相关宣传稿件20余篇，在《湖北日报》、《楚天都市报》、《襄阳日报》、《襄阳晚报》等报刊发表30余篇，被省政府网站、市政府网站、汉江传媒网及新华网、人民网等网站转载30余篇,还由襄阳电视台、襄阳广播电台播出30多篇(条)。配合中央电视台文化频道专题片、湖北电视台《支点》纪录片、陕西电视台《今日点击》栏目、韩国《亚洲经济》报社“重回三国”摄制组等录制对外宣传襄阳历史文化的节目;配合完成了《襄阳古城墙与幸福生活》昭明台大型摄影活动之书法笔会活动。二是充分发挥讲解导览作用,针对不同群体、不同层次的不同需求,改进讲解服务方式,2011年共接待海内外观众32.5万人次,其中中小学生团体47批4252人次,旅行社团35批2310人次,其他团体136批9000余人次,与2010年相比总接待人数略有下降;圆满完成了中国·襄阳诸葛亮文化旅游节的接待任务,以及国家、省级领导的接待工作。三是利用“5·18国际博物馆日”、“中国文化遗产日”、“12·4法制宣传日”等主题活动开展文物保护法律法规宣传,除利用展板让市民了解相关法律法规、文物基本知识、襄阳市馆藏文物精品、考古发掘成果外,还提供法律咨询,举办了一次全市的文物鉴赏活动,该活动已逐步成为市博物馆的一个品牌。

6月14日,由襄阳市博物馆推荐的秦富荣,荣获由中国文物保护基金会主办的“薪火相传——第四届中国文化遗产保护年度杰出人物”荣誉称号。

四、考古调查、发掘与文物普查

市考古所对高新、樊城、襄城及经开区7个工业园区的55个工业项目6548亩征用地实施了考古勘探,并对发现文物的10个项目用地进行了考古发掘,发掘东周时期遗址200平方米,东周至唐代墓葬130余座,出土各类文物及标本2500余件。完成高新、樊城、襄城、襄州四个城区49个建设项目的勘探、发掘任务,勘探面积2709亩,发掘东周至汉代遗址800平方米,春秋至明清墓葬400余座,出土各类文物及标本11500余件。

5月,根据省文物局安排,承担了南水北调工程武当山月亮地墓地的考古发掘项目,9月底完成了田野发掘工作,共清理墓葬86座,出土器物总计404件。总发掘面积4100平方米,超计划发掘面积1100平方米。

市考古所继续发挥《考古快报》图文并茂、通俗直观的特色,向市“四大家”领导和相关部门编送了《檀溪古韵——2010年“山水檀溪”建设用地出土文物集锦》(第26期)、《争时间保质量“建设”、“保护”两不误——今夏我市建设用地文物发掘保护成果丰富》(第27期)等2期快报。

市博物馆实际主持市第三次全国文物普查领导小组办公室工作,按照国务院关于第三次全国文物普查的部署,于2011年底全面完成了襄阳市第三次全国文物普查的各项工作,6月底完成了4052处不可移动文物数据的核查、抽样、审校,2011年9月通过了国家普查办验收,建立了襄城、樊城、高新1007处不可移动文物普查档案。指导各县市区完成了各自单元的文物普查工作报告,撰写了《襄阳市第三次全国文物普查工作报告》并上报省普查办。

五、人才培养与学术研究

2011年,襄阳市博物馆加大对在职专业技术人员的培训力度,派遣专业技术人员参加了“全国博物馆专业人员铜器鉴定研修班”、“全国文物行政执法人员(湖北片区)文博业务培训”、“全市宣传信息工作暨信息员业务培训”、“全市消防安全知识”等专业培训。

参加了中国文物学会文物修复委员会、湖北省博物馆协会等举办的学术研讨会，以及“荆楚文化与长江文明”、“湘鄂豫皖楚文化研究会第十二次年会”、“楚简楚文化与先秦历史文化国际学术研讨会”。举办了全市文物普查工作报告撰写培训班。

10月26—30日，承办了“第九届全国文物修复技术研讨会”，来自全国20个省、市、自治区50余家学会、文保中心、博物馆、考古所、大学等单位的101位专家学者参加了本次会议，会议交流论文40余篇。

接待了来自美国哈佛大学，英国牛津大学，日本东北学院大学、就富大学、奈良市文化财研究所、东洋陶瓷美术馆，韩国首尔大学、人文大学、公州大学校，台湾大学、台湾中央研究院等海外学术机构专家学者10余批，国内专业机构的专家学者20余批。其中故宫博物院研究员林小安先生、省考古所研究员黄凤春先生、日本东北学院大学教授谷口满先生还应邀在市考古所作了专题讲座。

10月，袁伟获得全省优秀导游员称号，参加“全市优秀导游员、讲解员大赛”，获总成绩第三名。

市博物馆（考古所）积极参加学术交流活动，在“湖北省博物馆协会第一次年会”、“湘鄂豫皖楚文化研究会第十二次年会”、“楚简楚文化与先秦历史文化国际学术研讨会”上交流5篇论文，并均被收入正式出版的论文集。

考古专著《余岗楚墓》于2011年10月由科学出版社正式出版，并获得了省文物局《2010—2011年度全省优秀考古报告奖》（市考古所、王志刚分获集体、个人奖项）；《老河口九里山秦汉墓》获“襄阳市第五届（2008—2009年）社会科学优秀成果三等奖”；王先福的《古代襄樊城市变迁进程的初步研究》荣获2010—2011年度全省优秀考古论文二等奖（一等奖空缺）；王先福的5篇专题文章分别在2011年的《襄阳日报》、《襄阳纵横》、《史话襄阳》等报刊上发表；王先福、范文强中标了市政府2011年度社科课题《襄阳历史遗迹研究》，11月25日完成并结项，成果收入《历史襄阳难忘的悠久记忆》文集。王先福、杨一编著的《襄阳黄家村》考古专著文稿已送交科学出版社；考古所整理完成了《湖北省沙洋县凤凰井遗址发掘简报》、《湖北省沙洋县江家咀新石器遗址发掘简报》等2篇考古简报，并于9月交省文物局南水北调办，用于出版南水北调工程考古报告集；编写完成了《南漳威利邦木业公司基建工地南北朝至唐代墓地发掘简报》初稿；编撰完成了10余万字的《襄阳市第三次全国文物普查工作报告》；在普查资料基础上完成了《湖北襄阳楚王城西周城址调查简报》、《明代襄藩王室墓葬的发现与研究》、《湖北襄阳发现明太子太保吏部尚书郑继之夫妇墓志铭》等文稿，均即将发表。

六、安全保卫与后勤保障

文物安全工作是文物工作的基础和生命线，关系到文物事业发展的全局，襄阳市博物馆（考古所）高度重视文物安全工作，制定了一系列安全防范制度、保障制度措施和应急预案。定期举办安防、消防培训和演练，确保文物安全、人身安全和财产安全。博物馆利用工作例会加强安全学习和教育，并结合实际及时传达国家、省、市有关部门关于安全工作的文件精神。加强安全巡查力度。从年初开始，坚持每天对展厅、库房进行四次巡查，每周对馆内消防、安防系统存在漏洞进行一次全面检查，发现问题及时上报和处理。春节、五一、十一等重要节假日期间实行参观高峰时段控制人员进入或分流。2011年,向市政府和市财政局报告,争取了安防系统升级改造经费20万元,年底启动了改造升级工作。6月24日,在昭明台馆舍组织了一次防盗演练。完善了安全文书档案,按要求建立了纸质和电子文档。

消防方面,根据消防部门"四个能力"建设的要求,派专人每两小时对馆内消防设施进行一次巡查,确保其有效运行。完成了消防喷淋系统的维修工作,更换了压力不足的大功率消防增压泵,从未发挥作用的自动上水湿式报警阀,以及回水阀、压力表等,使消防喷淋、自动上水系统正常运行;更换了大功率排水水泵;更换了122具灭火器药粉;更换了26个感烟探测器。抽调1名安保人员参加了市消防支队举办的消防知识培训班,按省局要求拿到了上岗证。2011年,襄阳市博物馆实现了第24个馆藏文物安全年和消防安全年。

考古所把文物安全贯穿于田野勘探发掘、室内修复整理及文物出入库登记等各个工作环节之中,进一步明确责任,加强管理。从6月份开始,将原先的1个夜间保安增加到4个保安,实行24小时轮流值班。7月,对周边围墙进行了加高加固,其上安装了防护网;在考古所办公区与电影公司家属楼之间安装了折叠门,实现双方人员进出分离,进一步加强了院内环境安全。我馆正在履行集中采购手续,拟对考古所安防设备进行改造升级,购置专用保险柜。

七、文化产业与产品研发

与襄阳九洲源公司就"中华青铜第一马"的仿制达成了合作意向,全年仿制产品近600件,受到了客户的欢迎。仿制授权管理费5.4万元已到位,正在申请版权保护。

荆　州

荆州市博物馆工作概述

2011年,荆州市文物局和全市各级各类博物馆、纪念馆,以国家文物局和湖北省人民政府于2010年3月在北京签署的“大遗址保护荆州片区共建协议”和2011年下半年全国“大遗址保护现场会暨大遗址保护荆州高峰论坛”的召开为契机和动力,加强管理,开拓进取,全市博物馆事业在上一年度的基础上,有了新的进步和发展。

2011年,全市有各类博物馆、纪念馆14家,其中新建遗址类博物馆1家,新增各类文物藏品1469件,新设专题陈列展16个,接待观众152万余人,社会服务和展示宣传取得显著效果,考古发掘又有新的重要发现,各项管理保护工作更趋规范和完善,全市取得了又一个馆藏文物安全年。

【博物馆建设】　2011年,全市14家博物馆、纪念馆中,国家一级博物馆1家;市直文物部门管理的博物馆3家,纪念馆1家,在编在岗人员83人;县(市、区)文化(物)部门管理的博物馆6家,纪念馆3家,在编在岗人员107人;民营博物馆2家。

熊家冢遗址博物馆为新建的博物馆。该馆位于荆州区川店镇张场村,占地731亩,主要包括车马坑保护展示厅、殉葬墓展示区、主冢和祔冢展示区、出土文物陈列馆、文物本体地貌修复及环境整治与游客服务中心等配套设施。其中,熊家冢车马坑遗址保护展示厅主体建设工程总投资7000多万元。11月25日,熊家冢遗址博物馆举行了隆重的揭牌仪式,湖北省人民政府副省长张通主持揭牌仪式,国家文物局局长单霁翔,湖北省人民政府省长王国生为遗址博物馆揭牌;国家文物局副局长顾玉才,中共湖北省委常委、宣传部部长尹汉宁,荆州市人民政府市长李建明分别在揭牌仪式上致辞;国家发改委、国土资源部、国家文物局有关司局负责人,全国重要大遗址所在城市主要负责人,各省、市、自治区文物局负责人,湖北省有关部委、厅局负责人,中共荆州市委、荆州市人大、荆州市政府、荆州市政协领导和相关部门负责人出席了揭牌仪式。熊家冢遗址博物馆建设最具特色的是将现场的考古发掘与文物保护同步进行。对此,国家文物局文物保护专家组组长王丹华高度评价:“在文物保护与考古发掘的结合上,熊家冢是全国的典范。”中国文物保护学会名誉理事长、国家文物局专家组成员陆寿麟也感言:“熊家冢的文物保护与考古发掘整体这么协调,我从没见过。”目前,熊家冢遗址博物馆的其他建设项目正在实施中。该馆拟于2012年“五一”对外试行开放。

4月，位于洪湖市经济开发区的洪湖革命历史博物馆新馆建设竣工。该馆占地面积8100平方米，建筑面积4600平方米。监利县县直单位对口援建，使湘鄂西革命根据地周老嘴纪念馆36处"国保"旧址单体保护修缮工作得以完成，在一定程度上扭转了周老嘴革命旧址群的破败状况。

8月，荆州博物馆新馆建设项目经省政府同意和省发改委立项，完成在全球范围内征集设计方案的评审工作，最终确定由德国W & R城市规划景观设计工程咨询有限责任公司承担深化设计工作。

【陈列展览】 2011年，全市除荆州区博物馆和公安县博物馆因馆舍条件所限没有陈列展览外，其他博物馆、纪念馆均有常设的陈列展览。

为迎接全国"大遗址保护现场会暨大遗址保护荆州高峰论坛"的召开，荆州博物馆对"古代瓷器精品展"从内容到形式进行了全面改陈；对"凤凰山168号汉墓"、"古代织绣品展"、"古代漆木器精品展"等3个常设展览进行了局部调整；荆州博物馆还与荆州文物保护中心联合举办了大型专题展"博慧天工—荆州文物保护科技成果展"，该展通过大量图版、实物和视频资料，系统展示了荆州文物保护科技的发展历程和取得的成果。此项专题展在湖北省文博系统尚属首次，2011年11月24日，在荆州博物馆举行了隆重的开展仪式。参加"全国大遗址保护现场会暨大遗址保护荆州高峰论坛"的专家学者和代表出席了开展仪式。湖北省人民政府副省长张通、国家文物局副局长顾玉才、荆州市市长李建明分别在开展仪式上致辞。荆州博物馆还相继引进了云南省楚雄博物馆的"霓彩彝裳"、内蒙古自治区包头博物馆的"草原古韵"、江苏省南京市博物馆的"金玉满堂"和"晷运时辰"等临时专题展览。此外，荆州博物馆还推出了赴云南楚雄的"丹青神韵"、赴成都和十堰的"楚风汉韵"等外展。

张居正纪念馆太岳堂陈列有明代张居正画像、张居正编纂的《帝鉴图说》等珍贵文物及张居正生平简介。

洪湖市革命历史博物馆除常设展览"洪湖馆藏精品文物陈列"、"刘心源书法艺术展"、"路易·艾黎旧居图片展"外，还举办了"建党90周年书法艺术摄影展"、电视连续剧"洪湖赤卫队剧照展"、"洪湖市创建省级文明城市书法作品展"。洪湖市瞿家湾湘鄂西革命根据地纪念馆除常设展览"湘鄂西革命根据地简史陈列"、"湘鄂西革命根据地复原陈列"外，新举办了"洪湖水乡风情民俗展"和"〈洪湖赤卫队〉演出实录"等。

石首市博物馆除常设"精品文物展"、"明代丝绸展"、"史前文化展"和"革命文物展"外，还与广西壮族自治区玉林市博物馆合作举办了"大型海洋生物展"，展出海龟及各种海洋鱼类200多种。

松滋市博物馆除常设"松滋出土象牙化石展"外，还新办有"贺炳炎将军事迹展"。

监利县革命历史博物馆和湘鄂西革命根据地周老嘴纪念馆除举办常设展"湘鄂西革命根据地斗争史"、"监利历史文物展"、"监利书画艺术展"和"湘鄂西革命斗争史陈列"外，在建党90周年之际，新举办了临时陈列"丰碑——监利革命英烈录"。

民营关公博物馆举办有"关公文化民俗展"，荆楚民俗博物馆常年举办有荆楚民俗用品展。

【免费开放和宣教服务】 2011年，荆州市实施免费开放的博物馆、纪念馆共有

9家，其中，市直博物馆、纪念馆各1家（张居正纪念馆为2011年新增免费开放单位）；县（市）博物馆4家，纪念馆3家。开放时间为每周6天。全年共免费接待观众152万余人次，其中，本年度开始实施免费开放的张居正纪念馆参观人数较往年有大幅攀升，达6万余人次，比上年度增加4万余人次；荆州博物馆接待观众72万余人次，较上年度减少15万余人次；洪湖市博物馆（含纪念馆）接待观众38万余人次，较上一年度增加9000余人次；监利县博物馆（含纪念馆）接待观众42.7万余人次，石首市博物馆接待观众3万余人次，松滋市博物馆接待观众3000余人次，此三县市博物馆接待观众人数均与上一年度基本持平。

免费开放后的博物馆、纪念馆由于有相应的财政经费保障，人员思想稳定，除馆舍环境、陈列展览时有改善更新外，宣教社会服务工作也不断增强。荆州博物馆配合陈列展览除制作海报、折页、画册外，还利用博物馆网站、本地电视、报纸等媒体进行宣传；免费播放电教录像片1800多场；博物馆讲解员全年为观众讲解4537批次。各博物馆、纪念馆在“5·18”国际博物馆日和6月份的“中国文化遗产日”采取走出去、请进来等多种方式广泛开展宣传服务活动。荆州博物馆组织中心城区大、中、小学校学生开展“我看博物馆”绘画比赛，面向群众开展文物鉴赏活动。松滋、石首等地博物馆走上街头，采用文物展板、宣传资料、文物知识讲座、鉴赏和咨询等多种形式服务大众。松滋、石首博物馆还因此获得了国际博物馆日、中国文化遗产日两项活动全省优秀组织奖。洪湖、监利等地革命纪念馆组织中小学生通过瞻仰革命旧址、拜谒祭扫革命烈士纪念碑，聆听先烈革命斗争故事和观看革命电视教育片等，进行爱国主义和革命传统教育。荆州博物馆在10月15日“国际盲人节”，组织60多名盲人进馆，开展“文化润心田——荆州盲人参观博物馆活动”，通过让盲人触摸文物复制品、展柜、展览模型，进行生动耐心地讲解，使盲人朋友真切地感受本地的优秀历史文化遗产。“全国大遗址保护现场会暨大遗址保护荆州高峰论坛”期间，荆州博物馆还圆满完成了与会代表、全国100名女摄影家和100家网络总编辑等大型参观接待任务。

【藏品收藏与保护管理】　截至2011年底，全市公立博物馆、纪念馆共有馆藏文物167294件（套），其中，一级文物593件（套）、二级文物1727件（套）、三级文物23178件（套）。本年度新增馆藏文物1469件。

荆州博物馆现有藏品135600件（套），其中，一级文物547件（套），二级文物1415件（套），三级文物21059件（套）。本年度新增文物藏品106件（套）。该馆最具特色的藏品为战国秦汉丝绸、简牍、漆木器、青铜器及保存完好的西汉男湿尸等。

张居正纪念馆（含荆州市艺术博物馆）有传世文物4600件（套），出土文物6000件（套），其中一级文物17件（套），二级文物159件（套），三级文物344件（套）。明万历帝御赐张居正雕刻大端砚（边长30.5cm）、清刘墉行书立轴等为其馆藏精品。

松滋县博物馆现有馆藏文物2350件（套），其中，一级文物2件，二级文物38件，三级文物216件。本年度新增出土文物藏品55件。其镇馆之宝为1997年出土的纳玛象牙化石。化石长326cm，中部直径24cm，距今25-75万年，是目前为止发现的世界最长象牙化石，1997年获“大世界吉尼斯之最”。

公安县博物馆现有藏品688件（套），

其中,一级文物10件,二级文物31件,三级文物328件。该馆最具价值的藏品为唐、宋时期的10余尊石雕佛、道教造像。

石首市博物馆现有馆藏文物3988件(套),其中,一级文物5件,二级文物54件,三级文物379件。其藏品主要有商代青铜镈、觚,东周原始青瓷瓿,唐代瑞兽葡萄镜和胡人俑,宋代影青瓷壶,明代丝绸和大臣杨溥墓志铭等。

监利县革命历史博物馆现有馆藏文物5130件(套),其中一级文物4件,二级文物20件,三级文物322件,本年度新增征集革命文物8件。其重要藏品为湘鄂西省赤色邮务总局壹角邮票、中华苏维埃国家银行湘鄂西特区分行印钞铜版、谢觉哉给罗洪瑄的亲笔信等革命文物。该馆园内建有占地1600平方米的泛鹅碑廊,以碑刻形式展示了海峡两岸监利籍著名书法家王遐举、王轶猛书法精品130余幅。隶属于该馆的湘鄂西革命根据地周老嘴纪念馆除有42处革命旧址外,另有文物藏品59件。馆藏珍品有土地革命时期中国工农红军第二军团使用过的马克思重机枪、六〇迫击炮、美式三〇轻机枪等。

洪湖革命历史博物馆现有馆藏文物6921件(套),其中一级文物8件,二级文物10件,三级文物530件。本年度新增文物1300件,主要为征集的革命文物、社建文物。文物藏品主要为出土文物、传世文物和革命文物。其馆藏精品主要有东汉青铜马镫、汉宜子孙青铜镜、北宋菊花金饰、北宋空腹金狮、北宋灰玉茶壶、元铜权等。隶属于该馆的洪湖市瞿家湾湘鄂西革命根据地旧址纪念馆,有现代重要史迹及代表性建筑39处,有革命文物藏品2495件,其中一级文物4件,二级文物4件。其重要藏品有中国工农红军独立第一师师部印、老红军战士汪德炳的银质证章、湘鄂西省苏维埃政府赤色铜币、中共鄂中特委委员熊传藻的亲笔信、贺龙使用过的方桌和日晷等。

荆州区博物馆现有馆藏文物1713件(套),其中,一级文物7件,二级文物5件,三级文物120件。重要文物现借藏于荆州博物馆。

荆楚民俗博物馆(民营)现有馆藏品3000余件,主要为明清以来荆楚民俗器物、建筑构建和民间工艺美术用品等,较为珍贵的藏品为清末民初原江陵县衙门建筑构建、清乾隆农耕图、大型楠木雕件、清同治年间完整的神龛、非物质文化遗产挑担围鼓架、孙中山赠杨林腰配等。

关公文化博物馆(民营)现有与关公相关的各类藏品3000余件,主要为关公邮票、年画、烟标、连环画、关公酒文化、关公磁卡、关公钱币、关公雕塑、关公戏曲剧本、影视等。

为规范藏品管理,各博物馆、纪念馆严格按照《藏品管理办法》,进一步建立健全了文物藏品保护管理各项规章制度。馆藏文物录入电子表格,做到了编目详尽,账目清楚,对总账、分类账和保险柜实行专人管理,并加强了出入库房人员的审批和登记。

本年度,各博物馆加强了对藏品的修复保护。《荆州博物馆馆藏青铜器保护修复方案》通过了国家文物局的方案审批,并落实保护修复项目经费143万元。荆州博物馆还编写上报了“馆藏文物健康评测及文物修复保护立项”、“馆藏漆木器保护立项”等14项文物保护科研项目,修复了馆藏谢家桥战国秦汉墓地出土的陶器、铜器以及南水北调、引江济汉工程等发掘出土文物1086件。洪湖革命历史博物馆在省金属修复专家的指导下,制定了馆藏金属文物修复方案,对160件金属文物相关的文字、图击、照片等资料进行了收集整理。

为了确保馆藏文物安全，各博物馆进一步加强了防火、防盗安全管理工作。荆州博物馆对馆内的安防消防设施进行了全面的检查维修，对安保人员分期分批进行了消防知识培训和演练，修建了消防专用泵房，加固了防盗网。荆州市张居正纪念馆新建了安防监控设施。石首市博物馆除安排有5名专职安保人员外，还配备了两条狼犬，安装了18个视频监控摄像头、23个消防栓、37个烟感器、14个楼道消防警铃，加强了馆藏文物安全。该馆荣获了2011年度“全省文物安全先进集体”称号。除荆州博物馆外，市所属县、市、区博物馆、纪念馆重要文物藏品尚无条件实行恒温、恒湿调控。

【考古调查与发掘】 荆州博物馆和县（市、区）博物馆按照省、市文物部门部署，完成了荆州市第三次全国文物普查的数据库建设。荆州博物馆在县（市、区）博物馆配合下，完成了江南高速、省道洪湖乌林至洪湖城区沿线、荆州火车站客运枢纽工程、八岭山古墓群考古遗址公园建设等12处大型调查勘探工作，调查面积达18平方公里，勘探97万平方米。荆州博物馆的考古发掘工作除继续承担南水北调中线工程丹江口库区的部分任务外，市内主要配合大遗址保护荆州片区建设重点开展了楚纪南故城和八岭山遗址公园建设的相关发掘，共发掘遗址面积2400平方米，古墓葬25座，共出土文物106件。楚故郢南城垣烽火台遗址的发掘基本揭示了其系纪南城城垣为一体的城垣附属建筑。八岭山古墓群的相关发掘，基本明确了冯家冢和平头冢墓地的构成，它们与熊家冢墓地均为东周楚国高等级贵族墓地。八岭山墓地考古发掘因此获得了湖北省文物局2011年田野考古二等奖。8月30日至9月26日，松滋市博物馆受湖北省考古研究所委托，对该市黄泥滩遗址进行了考古发掘，并取得一定成果。

【人才培养与学术研究】 荆州博物馆加大了在职专业技术人员的培训力度，派遣专业人员参加了国家文物局举办的“陶瓷鉴定研修班”、“田野考古工作规程推广培训班”和“考古发掘现场及出土文物保护移动实验室技术推广培训班”，参加了中国博物馆协会保管专业委员会、社教专业委员会举办的学术研讨会。派员出席了中国博物馆协会年会、第三届中国文字发展论坛、湘鄂豫皖文化研究会第12次年会、楚文化与先秦历史文化国际学术研讨会。荆

■ 2011年10月15日荆州博物馆举办“文化润心田—荆州盲人参观博物馆”

州博物馆学术委员会举办各类学术研讨会5次，并组织开展了年度考古汇报会和全馆优秀学术成果评选奖励活动。上述系列举措，有效拓宽了本馆专业技术人员的视野，提高了专业技术人员的业务素质。洪湖革命历史博物馆组织本馆专业人员参加了洪湖市窗口服务行业人员普通话学习培训和考核，安排相关专业人员参加了省文物局举办的文物行政执法培训班学习。

2011年，荆州博物馆在《文物》、《考古与文物》等省级以上专业刊物上发表论文3篇、考古简报6篇，编辑出版了考古发掘报告《谭家岭》、走进博物馆丛书《美的巡礼——走进荆州博物馆》，撰写了《中国考古学·秦汉卷》、《中国出土铜镜全集》中的部分条目。洪湖革命历史博物馆《刘心源手迹石刻探析》一文在省文物局2010—2011年度优秀论文评选中荣获三等奖。

【文化产业】 荆州博物馆旅游服务部除批量生产楚汉漆木竹器等文物仿制品外，还开发出了具有楚文化元素且具实用性的高档真丝男女睡衣和以荆州西汉墓出土的鱼纹漆耳杯为蓝本、以婺窑玉青瓷为质地的御青瓷茶具。这些新产品面世后，受到旅游品市场的热捧。御青瓷茶具系列产品，在2011年中国国际商品旅游博览会上荣获铜奖。荆州博物馆申请的“仿古漏勺”和“仿古凹口被”获得两项专利。荆州博物馆旅游服务部积极向外拓展市场，加强与外地博物馆同行的联络与合作，先后将新产品运往上海、四川成都、云南楚雄、本省鄂州等地博物馆展销。荆州博物馆楚乐宫为进馆观众表演楚乐楚舞演出325场，接待观众13560人次，此外，应邀赴成都、苏州等外省市演出，取得了良好的社会效益和经济效益。

荆州博物馆

Jingzhou Museum

荆州博物馆位于国家历史文化名城荆州古城内，是一座融陈列展览、宣传教育、社会服务、文物收藏与保护、考古发掘与研究等多种功能于一体的地方性综合博物馆。馆藏文物13万余件（套），其中一、二、三级珍贵文物3万多件（套）。经过科学考古发掘出土的楚汉织绣品、简牍、漆木器和先秦玉器等尤具特色，其数量之多、保存之好、造型之美、制作之精，在国内外享有盛誉。荆州博物馆始建于1958年，2000年被国家旅游局评为“AAAA”级旅游景点，2008年被国家文物局评定为国家一级博物馆。

2011年，荆州博物馆以“全国大遗址保护现场会暨大遗址保护荆州高峰论坛”的召开为契机，坚持“人才立馆，业务兴馆”的办馆理念，狠抓行政管理、人才培养和业务工作，改善了基础设施，充实了人才队伍，提升了综合实力，陈列展览、宣传教育、藏品保护、学术研究、社会服务等各项工作迈上了新的台阶。

一、行政管理与规划建设

荆州博物馆隶属于荆州市文物局，现有书记1名，馆长1名，副馆长4名。下设办公室、财务科、后勤科、保卫科、票务科、文物考古研究所、保管部、陈列部、宣教部、楚乐营、旅游服务部、信息技术部等12个部门。在编在岗员工72人，其中管理人员2名，专业技术人员59名，工勤人员11名。2011年，荆州博物馆完成了国家一级博物馆、AAAA级旅游景点、ISO9001质量管理体系认证等三项评估复核和2010年度免费开放汇报工作，并配合荆州市“四城同创”，申报了省级卫生景区、省级文明风景旅游区、市级园林单位。在日常的行政管理中，荆州博物馆严格遵循ISO9001质量管理体系规定的程序，在决策和管理上做到了科学、民主、规范、合理，避免了主观、盲目和随意性，提高了管理效率和管理质量，确保了全馆工作的顺利开展。

荆州博物馆现有格局和主要建筑是上世纪80年代形成的，已不能满足现代博物馆发展的需要，也限制了博物馆各项功能的充分发挥。为此，经湖北省政府同意和湖北省发改委立项，决定将三国公园和现有荆州博物馆打造成荆州文博园，同时新建荆州博物馆综合陈列馆。2011年3月，完成了《荆州文博园区景观及博物馆综合陈列馆概念设计方案》的征集工作。8月，荆州市人民政府组织全国有关专家对参加竞标的五家规划编制单位编制的《荆州文博园区景观规划》及《荆州博物馆综合陈列馆建筑设计方案》进行了评审，最终确定由德国W&R城市规划景观设计工程咨询有限责任公司承担下一阶段的深化设计工作。

二、藏品管理与保护修复

截止2011年底，荆州博物馆馆藏文物135600件（套），其中一级文物547件（套），二级文物1415件（套），三级文物21059件（套）。本年度新增藏品106件，皆为考古发掘出土文物。为了规范藏品的管理，荆州博物馆进一步完善了文物保管工作制度，根据工作需要新增了2名工作人员，对总账、分类账和保险柜钥匙都实行专人管理，并加强了出入库房人员的审批和登记。《馆藏文物信息化管理》项目在2010年工作的基础上新增录入电子表格2000多份。

在藏品保护修复方面，《荆州博物馆馆藏青铜器保护修复方案》通过了国家文物局的方案审批，申请到保护修复项目经费143万余元。编写了《荆州博物馆馆藏文物健康评测及文物修复保护立项请示》，包括《荆州博物馆馆藏文物防震加固设施项目立项请示》、《荆州博物馆文物库房微环境质量调控立项请示》、《荆州博物馆馆藏文物储藏柜和文物保存囊匣配置立项请示》、《荆州博物馆馆藏漆木器健康评测立项请示》、《荆州博物馆馆藏漆木器保护立项请示》、《荆州博物馆馆藏饱水简牍文物脱水保护立项请示》、《荆州博物馆馆藏丝织品健康评测立项请示》、《荆州博物馆馆藏丝织品修复保护立项请示》、《荆州博物馆谢家桥一号墓丝织品保护立项请示》、《荆州博物馆馆藏玉器健康评测立项请示》、《荆州博物馆馆藏玉器修复保护立项请示》、《荆州博物馆馆藏瓷器健康评测立项请示》、《荆州博物馆馆藏瓷器修复保护立项请示》、《荆州博物馆馆藏彩绘陶器修复保护立项请示》等14项请示报告。全年保护修复了馆藏谢家桥战国秦汉墓地出土陶器516件、铜器5件、岳桥印台墓地M130出土汉代陶器11件、荆州火车站出土战国至明代陶器113件、铜器15件，共计660件。此外，为南水北调中线丹江口库区金陂墓地、引江济汉工程荆州粑粑草场墓地、杉树林墓地考古发掘出土的426件（套）文物进行了保护修复工作。

三、陈列展览与宣教服务

免费开放以来，荆州博物馆对陈列展览进行了升级改造。常设展览的展具及辅助设施主要有展柜、展台、展板、泥塑、雕塑、灯光、地台式景观、电脑、触摸屏、电视机、影碟机等。展柜为高透度的全钢化玻璃展柜，展台为优质实木展台，展板为轻质高密度的防火金特涂色板；地台景观配有LED指示导线灯光，电脑围绕文物相关知识进行介绍，方便游客查阅，触摸屏根据展示内容的需要，将静态的文物展品转化成动态的画面演示，使观众对展品的了解更加深入；电视机、影碟机着重展示与展品相关的历史故事、文化背景等，通过视频对展品进行全面系统的介绍。为了优质高效地更换展厅视频内容，克服光碟的缺点，荆州博物馆运用了蓝光高清控制程序。

2011年，荆州博物馆完成了八大常设展览之一"古代瓷器精品展"的改陈工作。重新编写陈列大纲，对展览的内容、形式作了全面改陈，使展品更加精美、内容更加详实，形式更加新颖。此外，还对"凤凰山168号汉墓展"、"古代织绣品展"、"古代漆木器精品展"3个常设展览进行了局部调整，更换了部分展品，充实了展览内容。

在临时展览方面，引进了云南楚雄博物馆的"霓彩彝裳"、内蒙古包头博物馆的"草原古韵"、江苏南京市博物馆的"金玉满堂"、"晷运时辰"等展览；推出了赴云南楚雄的"丹青神韵"、赴四川成都、湖北十堰的"楚风汉韵"等展览，参加了湖北省博物馆的"荆楚英华"展等。为了配合"全国大遗址保护现场会暨大遗址保护荆州高峰论坛"的召开，荆州博物馆与荆州市文保中心联合举办了大型展览"博慧天工——荆州文物保护科技成果展"，通过大量图版、实物和视频资料，系统展示了荆州文物保护科技的发展历程和取得的成果，获得了专家学者的一致好评，吸引了社会公众的广泛参与，使文化遗产保护深入人心，收到很好的社会效益。

2011年的宣传服务工作，一是配合陈列展览进行推广宣传。除制作海报、折页、画册和在博物馆网站宣传外，还充分利用电视、报纸等媒体进行宣传，并紧扣展览主题，在荆州电视台"文化荆州"栏目举办专题节目，给观众传授与展览相关联的知识。二是充分发挥讲解导览作用，针对不同群体、不同层次观众的不同需求，采取多种形式讲解。全年接待观众70多万人次，讲解4500多批，免费播放电教录像片1800多场。三是有针对性地开展传统文化教育活动。利用"国际博物馆日"、"中国文化遗产日"，组织中心城区大、中、小学生举办"我看博物馆"绘画比赛、文物鉴赏、志愿者授旗等活动；在10月15日"国际盲人节"期间，举办了"文化润心田——荆州盲人参观博物馆"活动，组织60多位盲人进馆，通过触摸文物复制品、展柜、展览模型，并进行生动耐心地讲解，让盲人朋友们也能直观地感受博物馆文化。

2011年，荆州博物馆接待了国务院副总理张德江、国务委员王乐泉，圆满完成了"全国大遗址保护现场会暨大遗址保护荆州高峰论坛"与会代表、全国100名女摄影家、全国100家网络总编等大型参观的接待工作。

楚乐演奏也是荆州博物馆的一大特色。2011年，楚乐宫在馆内演出300多场，接待观众13000多人次。还多次应邀外出演出，4月份荆州博物馆楚乐宫应黄山头酒业之邀前往成都演出，5月份应春晓家具有限公司之邀前往苏州演出，都获得当地观众的一致好评。

四、考古调查与考古发掘

2011 年，荆州博物馆完成考古项目 19 项，包括荆州资北三维油气地震勘探工程、318 国道荆州段改扩建工程、江南高速公路、荆监一级公路、省道汉沙线洪湖乌林至城区段工程的文物调查工作，荆州郢城综合客运枢纽站工程、中大豪盛 · 楚天都市家园、凰巢世家住宅小区、八岭山古墓群冯家冢墓地及平头冢墓地文物调查与勘探工作，江陵县三湖农场瓦屋台遗址及墓地、印台墓地 M130、岳（阳）宜（昌）高速公路荆州段（江南高速）、八岭山古墓群冯家冢墓地及平头冢墓地、荆州火车站片区市政基础设施建设等考古发掘工作等。共计调查 10 平方公里，勘探 97 万平方米，发掘古文化遗址 2400 平方米，发掘战国、汉、南北朝、明清各时期墓葬 25 座，出土文物 106 件。

此外，还配合湖北省、荆州市文物行政管理部门完成了荆州市第三次全国文物普查的数据库建设、国家大遗址保护荆州片区建设规划、荆州熊家冢楚王陵遗址博物馆建设规划及丹江口库区金陂墓群、玉皇庙遗址、引江济汉工程荆州杉树林墓地等“南水北调”文物保护工程项目。

五、人才培养与学术研究

2011 年，荆州博物馆一方面注重引进专业技术人才，另一方面加大了在职专业技术人员的培训力度。通过荆州市人力资源和社会保障局公开招考，择优聘用了 2 名大学生。派遣专业人员参加国家文物局举办的“陶瓷鉴定研修班”、“田野考古工作规程推广培训班”和“考古发掘现场及出土文物保护移动实验室技术推广培训班”等专业培训，参加了中国博物馆协会、中国博物馆协会保管专业委员会、社教专业委员会、湖北省博物馆协会等举办的学术研讨会，以及“第一届中国文字发展论坛”、“湘鄂豫皖楚文化研究会第 12 次年会”、“楚文化与先秦历史文化国际学术研讨会”等学术会议。通过这一系列的业务培训和学术交流，专业技术人员学到了新知识，获取了新信息，拓宽了新视野，为更好地开展业务工作和学术研究创造了条件。

荆州博物馆学术委员会自 2005 年 2 月成立以来，认真履行工作职责，在组织学术交流、开展学术活动、指导学术研究方面发挥了积极作用。2011 年，荆州博物馆学术委员会完成了全馆专业技术职称资格评审工作，举办各类学术研讨会 5 次，并组织了年度考古汇报会和全馆优秀学术成果评选奖励活动。

2011 年，荆州博物馆在《文物》、《考古与文物》、《收藏》等专业期刊和《博物馆与城市化——2011 年湖北省博物馆协会学术研讨会论文集》上发表了《魏晋写照——荆州八岭山西晋墓陶瓷》、《湖北荆州熊家冢墓地 2008 年度发掘简报》等 13 篇论文，完成了《湖北荆州八岭山连心石料厂 M4 发掘简报》、《湖北荆州印台墓地 M130 发掘简报》、《湖北荆州高台墓地 M46 发掘简报》、《荆州市嵘峨山古城遗址考古试掘简报》等 6 篇考古发掘简报，编辑出版了考古发掘报告《谭家岭》、走进博物馆丛书《美的巡礼——走进荆州博物馆》以及配合陈列展览的专题图书《楚风汉韵》、《东方巫傩与恩施傩文化》等。撰写了《中国考古学 · 秦汉卷》、《中国出土铜镜全集》中的部分条目，并参加了荆州市委市政府为庆祝建党 90 周年出版的大型画册《党旗在基层飘扬》的编撰工作。

六、安全保卫与后勤保障

安全保卫一直是工作的重中之重，荆

州博物馆始终坚持“预防为主，安全第一”的方针，制定了一系列安全防范制度、保障制度和应急预案，定期举办安防、消防知识培训和实战演练，确保了文物安全、财产安全和人身安全。2011年，荆州博物馆一方面与荆州区保安公司联系，要求该公司对博物馆保安中队的安保人员和组织结构作了重新部署和调整，使得安保人员的工作积极性有了很大改善，管理水平得到显著提高；另一方面，在白班和夜班范围内分别划定责任区，落实安全值班员。全天二十四小时内，除利用监控系统控制各片区的工作情况外，还安排查岗查哨人员流动巡查，保证随时有效地掌握馆区及办公区域人员的活动情况。特别是在“五一”、“十一”等黄金周的旅游高峰期，荆州博物馆保卫科及时制订应急预案和措施，成立安全应急行动工作组，协助其他班组做好巡逻检查工作，保证人员、公共财产和文物的安全。

消防方面的工作，荆州博物馆根据消防部门的“四个能力”建设要求，结合本单位消防工作现状，认真执行《企业、事业、机关团体消防安全管理规定》，顺利地完成了本年度消防安全宣传月活动，落实了三级责任人和消防安全岗位责任制。通过对消防控制室灭火联动箱的改造和泵房调试，完成了陈列楼和临时展区内消防自动报警系统与自动喷淋灭火系统的连接；配备了陈列楼及“馆藏瓷器精品展”的消防安全通道指示标志，安装展厅内的应急照明设施，保证各主要安全出口、疏散通道畅通；更新陈列楼、珍品馆等重点防护区域的灭火器30多件（套），保证灭火器材的配置使用在有效期范围内；建立健全消防档案，完善消防安全制度，并按照消防安全重点单位的工作要点，定期组织消防专职管理人员对全馆进行消防安全自查，督促和落实消防隐患整改。8月份，在武汉飞天智能责任有限公司的帮助下，荆州博物馆完成了对监控室值机员的业务培训和理论考试。此外，集中开展了2次消防灭火、应急疏散演练，提高了各行动小组应对突发事故的能力。

2011年，荆州博物馆保卫科检查外来参观人员、车辆72万余人次，检查审批外运物资293人次，赴外省市押运文物6次，行程7000多公里，排除治安隐患12起，调节矛盾纠纷2起，处理治安案件1起，确保了全年的安全。

2011年，荆州博物馆对所有的电器设备、电线、电路经常进行检查，将所有老化线路进行了全面整修改造，并更换了变压器，确保了安全供水供电。完成了陈列大楼的全面防水处理，更换了保管楼中央空调，维修了宣教部大楼，购置了办公家具。完善了公共财产购买、使用、管理制度，保证了全馆各项工作的顺利开展。新增绿化草坪1000多平方米，对园区树木进行精心养护，培育了大量时令花卉，使馆舍环境得到了进一步美化。

七、文化产业与产品研发

2011年，荆州博物馆旅游服务部在市场竞争日益激烈的形势下，不断研发新的产品。如实用性强的具有楚文化元素的高档真丝睡衣、特色鲜明的御青瓷茶具等，这两款新产品一面市就受到了社会各界的欢迎。值得一提的是，御青瓷茶具由茶杯、茶壶、公道杯、茶漏组成，造型以荆州西汉墓出土的鱼纹漆耳杯为创意，寓楚风汉韵于茶道，以传承楚汉文化典雅之美，质地为婺窑玉青瓷，瓷色御青，莹润如玉，在2011年中国国际旅游商品博览会上荣获铜奖。荆州博物馆申请的仿古漏勺、仿古凹口两项专利获得授权。除了新产品的研发外，荆州博物馆加强了产品营销和与兄弟博物馆之间的合作，如先后将新产品运往上海博物馆、鄂州博物馆、成都华通博物馆、云南楚雄博物馆等地进行销售，收到了良好的社会效益和经济效益。

目前荆州博物馆研发的旅游产品已达百余种，漆木器仿制品虎座凤鸟悬鼓、虎座飞鸟、双连杯、楠木卧虎、战国丝绸仿制品手帕、名片夹、香包、领带等都是中外游客争相购买的畅销品。

宜 昌

宜昌市博物馆工作概述

2011年,宜昌市新增国有博物馆2座,民办博物馆1座,新增文物藏品8763件,新增基本陈列7个,临时展览28个,全年接待观众量达200万人次,免费开放工作成效显著。宜昌市文物博物馆协会的成立,搭建了文博单位信息交流、资源共享的平台,全市的博物馆事业有了进一步的发展。

【博物馆建设】 宜昌市共有16座博物馆、纪念馆,其中,国有博物馆、纪念馆10座,民办博物馆6座。

2011年,远安县博物馆正式成立。该馆位于鸣凤镇,占地面积2000平方米,建筑面积1600平方米,其中展厅总面积1200平方米,分为古生物化石、历史文物、革命文物三个展区。文物库房面积200平方米。目前馆藏文物1860件套,其中三级以上文物45件(套),文物标本300多件,基本陈列"革命文物和历史文物"。

5月18日,位于湖北省重点文物保护单位"古夫民居"内的兴山县民俗博物馆举行开馆仪式,正式对外免费开放,博物馆占地面积4000平方米,建筑面积2000平方米,陈列面积1200平方米。基本陈列"岁月的记忆"展示生活起居、农耕生产、手工技艺、节庆礼俗、民间信仰、民间艺术等8大类2000余件民俗文物,其中珍贵文物110件(套),充分展示三峡库区兴山县民情风俗的沿革发展,具有浓郁、鲜明的地方色彩。

2011年9月29日,袁裕校家庭博物馆正式开馆。宜昌市政府副市长张永红主持开馆仪式,中国地方志领导小组办公室副主任刘玉宏、中国文物保护基金会副秘书长刘玉清、省地方志办公室主任文坤斗、省文物局副局长邢光、市委常委、常务副市长郑超及市区有关领导出席仪式。该博物馆被授予"湖北省情市情教育基地"、"湖北省家庭档案馆示范基地"、"国防教育基地"和"教学实习基地"。该馆位于宜昌市点军区五龙村五龙河街,占地30亩,馆建筑面积4500平方米;其中展厅面积2500平方米,文物库房面积300平方米。馆展内容涵盖了一个宜昌普通家庭自清末至今4代百余年来的生活、生产实物和非物质家庭文化遗产,又上溯至该家庭始祖从河南迁徙到兴山定居的1461年,时间跨度500年。馆展实物收藏品2万余件;图文史料1万余件,包括了逾200万余字的100余卷《家庭档案》及近60万字的《袁裕校家志》。

【陈列展览】 全市除当阳清溪民俗博物馆正在建设当中没有对外开放外,其他博物馆、纪念馆均设有基本陈列，并根据实际情况举办各种类型的临时展览，宣传展示本地历史文化特色。

宜昌博物馆基本陈列“三峡·宜昌出土文物展”，常年对外展出。2011年按照宜昌市文化局“文化服务出经验”的指导思想，举办“宜昌大地文物荟萃”主题巡展，送展到市西陵区、伍家岗区30多所学校，近6万名中小学生观看了展览，丰富了学生的第二课堂。展览还参加文化遗产日的宣传活动，加深市民对文化遗产的认识和了解。宜昌博物馆相继举办“丹青雅韵——宜昌博物馆提名拟藏本土书画作品展”、“党恩润丹青——宜昌市首届残疾人艺术展”、“文化遗产与美好生活——宜昌市文化遗产日展览”、“宜昌市庆祝中国共产党建党90周年暨第三届美术书法摄影展”、“庆祝农行建行60周年李元德、谭晓波绘画作品展”、“第二届湖北美术节“情系三峡”美术作品展”、“宜昌市首届篆书篆刻作品暨三峡印社第三届社员作品展”、“山花烂漫——三峡大学艺术学院教师作品展”、“醉三峡——中国毛体书法家姜林书画展”等近10个临展，特别是“丹青雅韵——宜昌博物馆提名拟藏本土书画作品展”收藏本地书画家作品16幅，丰富宜昌博物馆的馆藏。30件馆藏文物精品参加湖北省博物馆举办的“荆楚英华——全省博物馆馆藏文物精品联展”。

宜都市博物馆基本陈列有“宜都市博物馆馆藏文物精品展”、“宜都出土原始社会文物展”、“宜都出土两汉三国文物展”、“杨守敬生平业绩纪念展”和“贺炳炎上将生平业绩陈列展”，其中“宜都市博物馆藏文物精品展”为精品陈列，展出出土文物1000余件，包括金、银、铜、铁、石、陶瓷、漆木器、纸、书画、骨器等各类，其中尤以陶瓷、铜、漆木器、纸、书画等为多。举办临展“宜都市文化遗产资料图片展”、“建党90周年宜都市美术书法摄影展”、“描绘新农村——宜都市“丹阳杯”美术书法摄影作品展”和“宜都市人民防空知识教育展”，其中“宜都市人民防空知识教育展”到学校、村镇进行巡展。

杨守敬纪念馆基本陈列“杨守敬故居原状陈列展”、“杨守敬生平业绩纪念陈列展”。举办的“‘4·18’国际古迹遗址日纪念展”、“‘5·18’国际博物馆日纪念展”、“中国文化遗产日展”、“杨守敬廉政文化资料图片展”等临展在学校、社区进行巡展，收到良好宣传效果。

秭归县屈原纪念馆在基本陈列“屈原”的基础上，同时推出屈原祠廉政文化教育基地建设，展出“勤政廉政展”，复原古民居江渎庙陈列。为庆祝第六个中国文化遗产日举办临展“端午习俗展”，以秭归、黄石、汨罗、苏州三省四地及台湾端午习俗图片、文字为主要内容，制作规格的展牌36块72个版面，介绍中国端午节的独特习俗。

枝江市博物馆基本陈列“枝江历史文物陈列”和“枝江民俗风情展”。举办临时展览“红色记忆”。

当阳市博物馆基本陈列“当阳市汉画像石展”。举办临展“关公生平展”和“关平生平展”。

长阳县博物馆基本陈列“长阳文物展”、“文化长阳展”、“中国早期巴文化——香炉石”和“铁血风云——长阳革命斗争史展”，其中“中国早期巴文化——香炉石”和“铁血风云——长阳革命斗争史展”分别在香炉石遗址陈列馆和麻池革命纪念馆旧址进行复原陈列，开设专题陈列馆。举办临展“博物馆与记忆”和“名人书画展”。

兴山县民俗博物馆基本陈列“岁月的记忆”。

兴山县王昭君纪念馆基本陈列“昭君文化”。

远安县博物馆基本陈列“远安出土文物展”。

民办袁裕校家庭博物馆举办“百年遗韵展”、“岁月光影”、“山楂树之恋影视基地”展；宜都市正国民俗博物馆基本陈列“民俗文化精品展”；宜都市潘家湾土家族乡民俗博物馆基本陈列“土家族民俗文物展”、“土家族传统文化展”、“土家民居展”,还举办临展“土家族乡建设成就展”和“少儿文学艺术作品展”；三峡步步升布鞋文化博物馆的基本陈列“布鞋展”,展出不同民族、不同时期、不同阶级所穿的各式各样布鞋的图片资料、文献资料及实物；车溪农家博物馆举办的“巴楚先民劳耕嫁作和生活起居用品展”,共展出30余类,3800余件展品。

【免费开放和宣传教育】 宜昌市实行免费开放的博物馆、纪念馆有8座,其中兴山县民俗博物馆和远安县博物馆为2011年新增为免费开放单位,全年免费接待观众近100万人次,其中宜昌博物馆达24万人次,宜都市博物馆达25万人次,长阳县博物馆达5.5万人次,均比上年度有增加。

宜昌市博物馆、纪念馆年度免费开放资金总计475万元。利用免费开放资金,宜都市博物馆、枝江市博物馆、长阳县博物馆对基本陈列进行了展览提升,增强展览的宣传教育功能。

宜昌博物馆、枝江市博物馆、兴山县民俗博物馆开通网上博物馆,并积极与电视台、报社、网络电视台等媒体合作,通过制作专题片、开辟专栏、刊登实时信息,宣传历史文化。宜昌博物馆在《三峡日报》开辟了“宜昌文物”专栏,全年刊发40多期。

全市博物馆、纪念馆为庆祝建党90周年、5·18国际博物馆日和文化遗产日,开展丰富多彩、形式各样的宣传活动,各博物馆、纪念馆都悬挂横幅,张贴文化遗产标识,发放调查问卷和宣传册,宣传“博物馆与记忆”这一活动主题。

宜昌博物馆面向市民开展文物咨询鉴赏活动,与青少年宫、中小学校联合开展“重温地方史,为党庆华诞——纪念宜昌大撤退历史事件”讲座,开辟青少年第二课堂,发挥爱国主义教育基地作用,让青少年了解家乡,更加热爱家乡。

宜都市博物馆向市民发放《文物法知识选》、《清末民初爱国地理学者曹廷杰》等宣传资料,并解答市民咨询有关文化遗产的热点问题。

枝江市博物馆、长阳县博物馆、当阳市博物馆、远安县博物馆把文物知识展板、宣传资料送进校园,展示历史文化特色,拓展学生的视野。

兴山县民俗博物馆结合第三次全国文物普查工作,在全县中小学开展了“我是三普志愿者”物质文化遗产保护知识竞赛,并印发宣传手册8000册；与中小学校联合举办“追寻与守望”大型征文活动,活动收到500篇参赛作品,分“园丁组”和“新苗组”共计50名作者分获不同奖项。“兴山县青少年德育教育活动基地”在兴山民俗博物馆正式挂牌。

秭归县屈原纪念馆在端午节期间举办的“端午习俗”展示,围绕庆祝全国第六个文化遗产日,彰显“文化遗产与美好生活”的主题,排练了一台三峡民俗歌舞表演剧目,同时辅以端午习俗图片、文字,介绍世界级非物质文化遗产——中国端午节独特习俗。

宜昌博物馆举办的“宜昌市三普成果展”荣获“全省博物馆、纪念馆优秀陈列奖最佳制作奖”，秭归县屈原纪念馆的“秭归屈原祠基本陈列展”荣获“全省博物馆、纪念馆优秀陈列奖最佳新技术新材料运用奖”。宜昌博物馆、长阳县博物馆、秭归县屈原纪念馆、兴山县民俗博物馆荣获全省文化遗产日和博物馆日活动优秀组织奖。宜昌博物馆、宜都市博物馆被评为“全省文化系统 2011 年度优质服务窗口”。

6 月 14 日，由国家文物局指导，中国文物保护基金会主办的第四届“薪火相传——中国文化遗产保护年度杰出人物评选”活动在无锡揭晓，宜昌市文物局推荐的袁裕校家庭博物馆馆长袁裕校荣获“年度贡献奖”，中央电视台对其进行了报道。9 月 29 日，中央媒体人民网、新华网等以“湖北平民家庭博物馆记录百余年社会变迁”为题对袁裕校家庭博物馆开馆报道。

在宣传教育方面，宜昌市不仅注重馆际之间的交流，还注重国际间的文化交流。宜昌博物馆组织专业技术人员到十堰、襄樊、黄石、黄冈、咸宁等地参观学习博物馆建设的先进经验。4 月 1 日，应中国经济社会理事会邀请，刚果（布）经济社会理事会主席塔苏阿一行 6 人到秭归县屈原纪念馆进行文化交流，塔苏阿主席一行详细了解了屈原的生平事迹和屈原祠搬迁复建情况，历史悠久的巴楚文化，古色古香的建筑文化，忠贞求索的屈原精神，给国际友人留下了难忘的深刻印象，参观考察结束后，塔苏阿主席现场用法文题词留念：“伟大美丽的中国的一切，都是永恒的艺术，包括历史古迹、文化建筑和博物馆等等，此次造访给我留下美好回忆，感谢中国经济社会理事会对我此访的邀请。”当阳市博物馆组织人员参加洛阳关公文化节、运城关公文化节、福建东山关公文化节等活动，与全国关庙同仁、专家学者、信众进行了广泛交流，宣传当阳的历史文化。

【藏品收藏与保护管理】 截止 2011 年 12 月 31 日，宜昌市国有博物馆、纪念馆共有馆藏文物 44483 件（套）（不包含秭归县屈原纪念馆在三峡出土的文物），其中，一级文物 95 件（套），二级文物 128 件（套），三级文物 1220 件（套）。博物馆藏品类别丰富，宜昌博物馆的青铜器、三角形暗纹磨光黑皮陶罐、黄公望的《疏林罢钓图》；宜都市博物馆的商代二里岗期青铜罍，战国虎钮錞于，三国偏将军龟钮银印；长阳县博物馆的青铜云雷纹猪形磬及民俗文物；兴山县民俗博物馆的鄂西三峡地区民俗文物等均为馆藏特色藏品。

■ 宜昌博物馆 518 民间藏品咨询活动

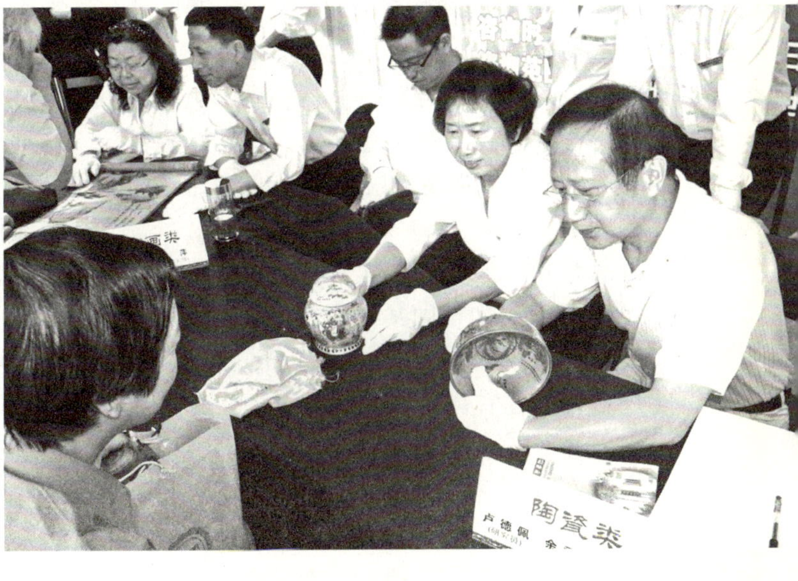

按照《藏品管理办法》的相关规定，馆藏一、二、三级藏品建立文物藏品档案并完成文物信息采录工作；藏品保管制度健全，账目清楚，编目详尽，做到专人专管，并建立严格的出入库房的审批和登记制度。宜昌博物馆完成文物库房改造建设项目，维修面积 3300 平方米。

7 月，国家文物局组织专家组到宜昌对宜昌博物馆青铜器，枝江市博物馆、长阳县博物馆的青铜器和彩绘陶器，馆藏字画，馆藏金属文物保护修复项目进行现场调研，了解项目实施情况。宜昌博物馆已申报馆藏青铜器、竹木漆器保护修复项目。8 月，湖北省文物局专家鉴定组到宜昌博物馆对字画、青铜器、瓷器、陶器等类别文物进行级别鉴定，新增上级文物 120 件（套）。

2 月，湖北省文物局组织检查组对宜昌市博物馆、纪念馆进行安全工作大检查，对检查中出现的问题，各单位立即进行整改，并将整改情况上报省文物局。在安全工作中，严格落实安防、技防、消防和犬防安全管理制度；制定各项应急预案；落实双人双岗“24 小时值班”制度，强化安全值守工作，确保安全无事故。宜昌市文物局、宜昌博物馆、宜都市博物馆荣获“2010—2011 年度全省文物安全工作先进单位”。

【考古调查与发掘】 宜昌市全面完成第三次全国文物普查工作。根据国家文物局普查办最终核定数据，全市共登录不可移动文物总量 3131 处，其中复查 942 处，占总量的 30%，新发现 2189 处，占总量的 70%，是第二次全国文物普查登录不可移动文物总量的 3.3 倍。11 月 14 日，国家文物局普查办在宜昌召开第三次全国文物普查报告编写研讨会（南片区）。

宜昌市先后开展宜昌庙嘴大桥工程、猇亭热电项目、安能宜昌生物质热电联产项目、宜昌紫云铁路等项目选址中的文物保护工作，宜昌博物馆及各县（市、区）博物馆配合省考古所完成宜昌至常德宜昌段的文物调查工作；完成三峡库区消落带秭归下寺堂坪墓群考古发掘，发掘面积 2000 平方米；宜昌、当阳配合省考古所完成淯溪镇民爱村何家山墓群、河溶镇高店村林河冢子、前程村赵巷古墓群、星火村乌龟包墓群、赵家湖古墓群、庙前镇旭光村朱家湾遗址、玉阳办事处冯山村遗址、窑湾村窑湾古墓群、育溪镇代家山墓群的考古发掘工作。为配合三峡工程后续规划工作，抢救库区消落带出露的地下文物，宜昌博物馆、秭归县屈原纪念馆按照湖北省文物局的要求，对位于秭归县的莲花墓地、屈原祠墓地、水府庙墓地进行了发掘，共完成勘探面积 20000 平方米，发掘 10×10 平方米探方 21 个，完成发掘面积（包括扩方）2208 平方米。共发现墓葬 14 座、灰坑 1 处、房址 1 处。其中莲花墓地发掘二里头时期灰坑一个，六朝时期墓葬 5 座，明代房屋一座；还有多个探方分布有二里头时期文化层。屈原祠墓地发掘各个时期墓葬 8 座。水府庙墓地发掘东周时期墓葬一座。出土金、银、铜、铁、石、青瓷、陶等各类文物标本 500 余件。其中陶器 49 件，石器 15 件，金银器 18 件，瓷器 16 件，铜器 20 件，铁器 110 件，骨器 3 件，铜钱 270 件。主要器类有盘口壶、耳杯、金银发钗、手镯、滑石猪、钵、青瓷俑、铁剪刀、铁刀、鎏金铜构件、铜钱石斧、石锛、石锤、石杵、石网坠、陶罐、陶碗等。

宜昌博物馆主持抢救性地清理了兴山县堂坪明墓群。出土了鄂西地区和三峡地区明墓形制中罕见的两座“夫妻同穴异室砖室券顶合葬墓”。出土文物 60 余件，其中一级文物 2 件，二级文物 2 件，三级文物 5 件。

【人才培养与学术研究】 宜昌博物馆面向各县（市、区）博物馆、纪念馆相继举办了“馆藏文物保护知识培训班”、“陶器修复技能培训班”、“讲解员培训班”，使全市文博单位从业人员业务素质有了进一步的提高。宜昌博物馆肖承云、宜都市博物馆赵平、枝江市博物馆方亚明参加2011年北京数字博物馆研讨会。宜昌博物馆参加了中国博物馆协会举办的学术研讨会，宜昌博物馆、秭归屈原纪念馆的专业人员参加“楚文化研讨会”并发表论文3篇。

中国博物馆协会会员、湖北省书画研究会理事、宜都市博物馆、宜都市杨守敬纪念馆馆长赵平著《杨守敬书法艺术研究》一书由湖北人民出版社出版。

秭归县屈原纪念馆谭家斌编著《屈原祠》一书由湖北人民出版社出版。

由宜昌市博物馆编辑的《宜昌文博》季刊，每期发行量达2000册。远安县博物馆编辑出版《远安文物》一书。宜昌市有4篇论文在省文物局2010-2011年度组织的优秀论文评选中荣获一等奖。在2011年《湖北库区考古报告集》中发表简报17篇。宜昌博物馆完成三峡库区重庆段《2000年奉节县白马墓群发掘简报》、《2001年奉节县白马墓群发掘简报》和《奉节白马》的专题报告，其中白马报告集，字数约60万。

【文化产业】 秭归县屈原纪念馆开发“屈姑”系列食品（包括柑橘、肉制品、饮料系列）、纪念品（文化衫、徽章、镇尺）、相关屈学书籍、工艺品（屈原金像系列、竹简屈原作品、字画）等产品。定价从1元到几千元不等，颇受市场欢迎。三峡步步升布鞋博物馆成立鞋文化产品开发小组，采取委托开发和自主开发相结合的形式，设计开发博物馆系列文化产品，2011年度开发妇女手工艺系列产品50余款，其中三寸金莲珍藏款、虎头鞋旅游款等在市场俏销。兴山民俗博物馆制作炭雕摆件，作为免费开放纪念品；印制兴山民俗博物馆挂历、贺年卡介绍民俗文化。

宜昌市博物馆

Yichang Municipal Museum

宜昌博物馆是宜昌市属的综合性博物馆，一直承担着宜昌市文博事业和考古事业的重点工作，在文物收藏保护、展览陈列、科学研究、社会教育和考古发掘和研究发挥着重要的作用。

2011年是“十二五”的开局之年，宜昌博物馆坚持“以人为本”和“三贴近”的指导思想，不断完善博物馆各项社会服务功能。年接待观众量24万人次，取得了较好的社会效益。

一、行政管理与规划建设

宜昌博物馆隶属于宜昌市文化局，现有馆长、书记1名，副馆长3名，工会主席1名，首席专家1名。下设办公室、财务科、保管部、保卫科、展览部、资料室、考古部、地面文物保护部、《宜昌文博》编辑部等9个部室。核定人员编制数65名。截至2011年12月31日，实有在编人员51名。全馆现有文博专业技术人员44名。2011年，完成了宜昌博物馆库房改造建设项目，申报宜昌市西陵区文明单位，荣获"2010—2011年全省文化遗产日和博物馆日活动优秀组织奖"和"全省文物安全工作先进集体"荣誉称号。在日常的行政管理中，遵循科学管理、民主决策的原则，发挥广大职工的主观能动性，为博物馆建设献计献策，确保各项工作的顺利开展。

宜昌博物馆建成于1993年，馆舍条件、展陈方式已不能满足现代博物馆发展的需要，因此，宜昌市政府将其宜昌博物馆新馆建设纳入宜昌市十二五规划，也进入到国家"十二五"项目库和湖北省文物局重点支持项目之中。

二、藏品管理与保护修复

截至2011年12月31日，宜昌博物馆馆藏文物17035件（套），其中一级文物73件（套），二级文物78件（套），三级文物641件（套）。8月31日，湖北省文物局专家鉴定组一行4人来馆对字画、青铜器、瓷器、陶器等质地文物进行级别鉴定，新增上级文物120件（套）。10月，特邀国家博物馆文保中心主任马清林一行4人来馆对馆藏600余件字画中的精品进行修复前评估，拟启动馆藏字画修复工作。

宜昌博物馆与荆州文保中心合作，启动漆木器修复项目，完成173件漆木器器体尺寸、重量、来源、出土地点、资料照片等前期资料整理并交荆州文保中心编制项目申请报告。荆州文保中心专家认为这批漆木器中有建鼓、罄架及种类繁多的器形，修复后具有很高的文物价值。宜昌博物馆根据工作需要增加1名工作人员管理馆藏书画。在日常工作中，坚持实行总账、分类账、库房钥匙专人管理，并加强出入库房人员的审批和登记。

宜昌博物馆投资3万元，对我市省保单位天然塔一层地面采用钢筋混凝土覆盖的方式进行了固化处理，并用铁皮加固大门，确保了塔体、地宫文物安全。

三、陈列展览与宣教服务

举办"宜昌大地文物荟萃"主题巡展，进入西陵区、伍家岗区30多所小学，有近6万名小学生观看了巡展。

"5·18国际博物馆日"，举办了民间藏品咨询会。咨询团队由15名具有高级职称的文博专家组成，咨询藏品质地涵盖陶瓷、金属、书画、杂项等四大类。参与咨询会的藏友达千人之多，鉴定文物2000余件。

组织"宜昌大地文物荟萃文化遗产保护科普图片展"参加文化遗产日宣传活动，当天有数万观众观看了图片展，发放宣传资料达3000余份，宣传效果明显。

与市青少年宫小小三峡石、小桔灯阶梯、魏老师作文班等培训机构联合举办了"重温地方史，为党庆华诞——纪念宜昌大撤退历史事件"讲座。近千名师生及部分学生家长聆听讲座后认为，对学生加深理解这座城市的过去、现在和未来，很有必要，也必定会让这些孩子们更加热爱家乡。

先后举办了"丹青雅韵——宜昌博物馆提名拟藏本土书画作品展"、"党恩润丹青——宜昌市首届残疾人艺术展"、"文化遗产与美好生活——宜昌市文化遗产日展览"、"宜昌市庆祝中国共产党建党90周年暨第三届美术书法摄影展"、"荆楚英华——全省博物馆馆藏文物精品联展"、"庆祝农行建行60周年李元德、谭晓波绘画作品展"、"第二届湖北美术节"情系三峡"美术作品展"、"宜昌市篆刻作品展"、"山花烂漫——三峡大学教师作品展"、"纪念毛主席诞生日毛体书展"等12个临展。

馆藏30件文物精品参加了由省馆举办、为期半年的庆祝建党90周年“荆楚英华”展。“丹青雅韵——宜昌博物馆提名拟藏本土书画作品展”收藏了本地著名书画家作品16幅。

通过博物馆网站向社会发布各类临展信息，年浏览量达545000次，网站日益成为与观众互动的信息和交流平台。

《宜昌文博》季刊每期发行量达2000册。在《三峡日报》开辟“宜昌文物”专栏，每周一期，2011年刊登36期，定期向社会介绍馆藏文物及相关文物知识，专栏正日益成为市民了解宜昌博物馆的一个重要窗口。积极与新闻媒体合作，加大宜昌博物馆宣传力度，据统计：全年有各类博物馆信息500余条次在报刊、电视、广播及网络传播，提升了博物馆的社会影响力。

四、考古调查与考古发掘

完成了三峡库区消落带秭归下寺堂坪2000平方米墓群田野考古发掘工作和《通心门墓群发掘简报》；完成了三峡库区秭归段消落带文物点调查工作，共发现文物点19处并形成了正式调查报告；配合省考古所完成宜昌至常德宜昌段的文物调查工作；完成城区六处文物点拟申报省级重点文物保护单位的资料整理工作；完成三峡库区重庆段《2000年奉节县白马墓群发掘简报》、《2001年奉节县白马墓群发掘简报》和《奉节白马》的专题报告。

宜昌博物馆负责指导、协调、实施各县市区的文物普查工作，完成宜昌市第三次文物普查数据资料整理等工作，经国家文物局普查办核定，宜昌市登录不可移动文物总量3131处。

五、人才培养与学术研究

面向县市区博物馆、纪念馆相继举办了“馆藏文物保护知识培训班”、“陶器修复技能培训班”、“讲解员培训班”，采取经验介绍、实地讲解、座谈研讨、现场操作、互相评判等方式，将同行们的优秀服务经验、技能进行推广和交流，并结合实际运用到工作中去。

在《楚文化研究论文集》、《海峡两岸关公文化论坛论文集》、《博物馆与城市——2011年湖北省博物馆协会学术研讨会论文集》、《湖北库区考古报告集》（2011年）发表《秭归缆子杆遗址发掘简报》等考古简报17篇，发表《宜昌民办博物馆现状及可持续发展》等论文15篇，《试论楚文化西渐战略的怀柔性》等3篇论文荣获省文物局2010—2011年度优秀论文奖。在《宜昌文博》季刊发表《小巧、美观、牢固、实用的宜昌乡间石桥》等文章26篇，《宜昌文博》为全市文博工作者提供了互相交流学习的平台。

六、安全保卫与后勤保障

宜昌博物馆结合实际制定《安全年实施方案》，细化目标、措施，并按照“一落实、六规范”要求，常抓不懈，确保了全年无重特大事故发生，又创文物安全年。

制定和完善了《宜昌博物馆应急预案》、《宜昌博物馆重、特大安全事故预防措施和应急处理预案》、《安全巡查制度》、《文物安全公告制度》、《安全信息报告制度》等制度。保卫科坚持每月例会制度，严格落实各项规章制度。邀请市公安局消防专家到馆进行消防知识讲座，组织职工进行消防、应急预案演练，以防为主，强化了职工安全意识。

根据省公安厅、省文物局鄂公通[2011]44号文要求，认真排查文物安全隐患，增加与公安系统110连线，安装了一键报警设施，提高了处理突发事件的应变能力，严格执行夜班双人双岗和中心控制室24小时值班制度，领导节假日带班制度。

七、文化产业与产品研发

宜昌博物馆请专业公司制作的附龙玉璧复制品，受到专家好评。

十堰

十堰市博物馆工作概述

2011年,十堰市有各类博物馆、纪念馆11家,其中新建博物馆2家,基本陈列展览37个,2011年共举办临时展览18个。免费接待观众162.5万人次,开放天数共计3253天,社会服务和展示宣传取得显著效果,各项管理保护工作更趋规范和完善,全市取得了又一个馆藏文物安全年。

【博物馆建设】 十堰市共有博物馆(纪念馆)11家,分别是十堰市博物馆、丹江口市博物馆、郧阳博物馆、郧西县博物馆、房县博物馆、武当山旅游经济特区博物馆、竹山县博物馆、竹山县民俗博物馆、竹山县张振武纪念馆、竹山县许明清烈士纪念馆、竹山县施洋烈士纪念馆;全市博物馆在编在岗人员214人。

2011年,新建成的丹江口市博物馆馆址位于右岸新城区水都大道和北京路之间的"中央生态园"内,丹江口市博物馆整体采用仿古园林式建筑格局,在形象设计上依据《中华人民共和国博物馆陈列设计规范》及相关文物法规,充分体现了丹江口历史文化的精髓,具有浓郁地方特色。新馆占地面积15000平方米,建筑面积5300平方米,由主楼一座、报告厅一座、民俗厅一座、历史厅一座、办公用房一座以及休息厅和门卫房等组成。是一座融陈列展览、宣传教育、社会服务、文物收藏与保护、考古发掘与研究等多种功能于一体的地方性综合博物馆。并于2011年12月22日,正式向观众免费开放。

竹山县博物馆位于湖北省竹山县城关镇体育路1号,从2010年8月至2011年4月,筹资200多万元对竹山县博物馆原有文物陈列进行改造提档升级,高标准建起了一个500平方米、安防消防配套、陈列展示水平较高的竹山县历史文物新展厅,陈展水平得到大幅度提高。在2011年"5·18"国际博物馆日,隆重举办了博物馆新馆揭牌暨展厅重新免费对外开放仪式。

【陈列展览】 十堰市各地博物馆(纪念馆)陈列展览共有基本陈列展览37个,2011年共举办临时展览18个。其中:十堰市博物馆基本陈列6个("走进恐龙时代"、"远古人类家园"、"仙山琼阁武当山"、"十堰与水"、"车与十堰"、"南水北调湖北库区出土文物展"),举办临时展览5个("楚风汉韵——荆州出土楚汉文物精品展"、"胡总书记在十堰"、"风展红旗如画——庆祝中国共产党成立九十周年集报展"、"创卫展览"、"晷运时成——古代钟表展");丹江口市博物馆基本陈列7个("楚地古韵展"、"水都和韵展"、"均州神韵展"、"非物质文化展"、"书画展"、"石刻精品展"、

"近现代革命展")、举办临时展览3个("石刻文物精品展"、"丹江口市革命史展"、"文物保护法图片展");郧阳博物馆基本陈列4个("郧阳历史沿革"、"郧县人区"、"仿李泰家族墓"、"杨献珍区")、举办临时展览2个("李勤昌书画展"、"辉煌历程、锦绣前程——郧县回眸十一五展望十二五大型摄影书画展");郧西县博物馆基本陈列1个(郧西天河历史及民俗文化陈列)、临时展览1个("天河七夕文化艺术展");房县博物馆基本陈列2个("房县历史文物展厅"、"房县革命文物展厅");武当山旅游经济特区博物馆基本陈列7个("序厅"、"建筑艺术"、"仙山名人"、"武术养生"、"宫观道乐"、"道教简史"、"武当民俗")、举办临时展览2个("道廉文化展"、"南水北调淹没区考古发掘图片展");竹山县博物馆基本陈列1个("竹山县历史文物基本陈列")、举办临时展览4个("竹山老照片"、"奇石艺术展"、"书画作品展"、"剪纸根雕艺术展");竹山县民俗博物馆基本陈列6个("碑雕石刻展"、"木雕艺术展"、"民俗生活用具展"、"徽章票证钱币展"、"红色文物展"、"民间金属器皿杂宝展");竹山县张振武纪念馆基本陈列1个("张振武生平事迹图片及生前用品陈列");竹山县许明清烈士纪念馆基本陈列1个("许明清烈士生平事迹图片及生前用品陈列");竹山县施洋烈士纪念馆基本陈列1个("施洋烈士革命事迹图片及生平用品陈列")、临时陈列1个("竹山县书法绘画艺术精品展")。

【宣教服务和免费开放】 2011年,十堰市各地博物馆(纪念馆)以博物馆日、文化遗产日、普法日为契机,积极开展形式多样、丰富多彩的社会教育活动,从而更好地发挥了博物馆社会教育职能。其中:十堰市博物馆利用5·18国际博物馆日开展走进中国人民解放军驻十堰某部队活动,把《文物保护法》、博物馆的基本陈列以及文化遗产知识等12块流动展板送到部队,由讲解员现场为广大官兵进行讲解并由业务干部为260名官兵做了一场题为《鄂西北考古发现与研究》的开放性专题学术讲座;武当山旅游经济特区博物馆以6·12世界文化遗产日为平台,把博物馆作为主要阵地,与特区教育局联合开展了"文博知识进校园"活动;竹山县博物馆12月4日法制宣传日组织职工向公众免费发放《中华人民共和国文物保护法》、《公共文化体育设施条例》《古建筑消防管理规则》等法律法规宣传资料8000余份;房县博物馆开展下乡宣传活动,利用展牌向边远山区的群众和青少年展示房县的历史文化和革命历史,发挥了博物馆爱国主义教育基地的作用,把博物馆与青少年思想道德建设活动紧密联系在一起,充分发挥了博物馆精神文明窗口的积极作用。

2011年,十堰市实施免费开放的博物馆共有7家,全年共接待观众162.5万人次,开放天数共计3253天,开展各类教育活动共计113次,截至目前只有茅箭区、竹溪县尚未成立博物馆机构。

【藏品收藏与保护管理】 我市各级各类博物馆(纪念馆)藏品共有97028件(套),珍贵文物数量1337件(套)。其中:十堰市博物馆藏品总数33500件(套),珍贵文物数量134件(套);丹江口市博物馆藏品总数16235件(套),珍贵文物数量168件(套),郧阳博物馆藏品总数30000件(套),珍贵文物数量177件(套);郧西县博物馆藏品总数3132件(套),珍贵文物数量47件(套);房县博物馆藏品总数1040件(套),珍贵文物数量61件(套);武当山旅游经济特区博物馆藏品总数 1161 件（套），珍贵文物数量 674 件（套）；竹山县博物馆藏品总数 485 件（套），珍贵文物数量 76 件（套）；竹山县民俗博物馆藏品总数 10000 件（套）；竹山县张振武纪念馆藏品 420 件（套）；竹山县许明清烈士纪念馆藏品总数 253 件（套）；竹山县施洋烈士纪念馆藏品总数 365 件（套）。

2011 年，十堰市各博物馆（纪念馆）本着“保护为主、抢救第一、合理利用、加强管理”的指导方针开展各项工作，严格按照《藏品管理办法》的各项规定，完善文物保管工作制度，对总账、分类账和保险柜钥匙都实行专人管理，加强了出入库房人员的审批和登记。定期对文物及文物库房进行清洁整理，对文物库房温湿度进行测量并记录。其中：《丹江口市博物馆馆藏青铜器保护修复方案》已通过了国家文物局的方案审批，申请到部分保护修复项目经费。对其他文物藏品的保养维护与修复，由专业技术人员编撰了 14 项维修方案及与此相适应的请示报告；郧西县博物馆完成了“南水北调”中线工程考古发掘出土的 300 余件文物的保护修复，申报了《郧西县博物馆馆藏青铜器修复保护立项请示》的报告。

2011 年，十堰市各博物馆（纪念馆）深刻吸取黄冈市博物馆文物被抢案和故宫博物院文物被盗案教训，牢固树立“确保文物安全无事故”的工作宗旨，将博物馆安全工作纳入长效机制。其中：十堰市博物馆组织安防人员和保安开展了 6 次专项安全学习、检查，送全体消防人员参加消防支队培训；丹江口市博物馆安保部根据工作需要，购置了蓄电池和对讲机，保证了馆区内突发事件时的应急措施，并联系市公安局安装了 110 联网报警系统；郧阳博物馆充实安全值守人员，改夜间单人值守为双人坐班，库房展厅入户门加锁，严格双人开锁门签字制度，并配齐灭火器、电警棍、狼牙棒等防御工具，更换画面不清的监控录像装备和敏感度下降的无线报警探头，延长监控录像存储时间；郧西县博物馆在办公区与公共区之间，又增设了一道安全防护铁门；武当山旅游经济特区博物馆自主研发的“武当博物馆游客智能综合管理分析系统”正式投入使用，针对博物馆实际，编制了“武当博物馆 RFID 综合管理系统”，现已正式上报；房县博物馆自 4 月 15 日开始进行升级装修，库房文物及 3 楼展厅革命文物全部转移到 2 楼值班室集中陈放，同时为保障文物安全增设门锁一道、防盗门一道；竹山县博物馆在房屋前后檐沟的钢筋防盗网进行了整改，在原有防盗网的基础上，按公安机关要求的标准，又分别用 25 厘米的钢筋重新加装了一道防盗网，每根钢筋左右间距 8 厘米，上下间距

■ 选拔小小讲解员

30厘米,使安全更有保障。

【考古调查与发掘】 根据第三次全国文物普查田野调查最新成果,境内共有古遗迹、古墓葬、古建筑、革命旧址等3267处,已公布为文物保护单位464处,其中全国重点文物保护单位8处、省级文物保护单位35处,市县区级保护单位421处。

2011年,十堰市博物馆承担了南水北调中线工程丹江口水库淹没区郧县龚家岗墓地的田野考古发掘,开展了湖北早期长城考古试掘工作和龙背湾水电站田野考古勘探,勘探面积122000平方米,出土的文物有陶器、釉陶器、瓷器、铜钱、陶灶、铜鐏、钱币、耳坠、铁剑等;

2011年,丹江口市博物馆完成考古发掘项目1项,配合进行了金陂墓群、玉皇庙遗址、北泰山庙墓群等南水北调淹没区内文物点的抢救性清理发掘工作;配合全国各地其他有关考古发掘单位在南水北调淹没区内开展的考古发掘项目,共出土各类器物1000余件(套);

2011年,郧阳博物馆参加了十白、郧房、谷竹、郧十高速公路,郧(县)十(堰)一级路、郧阳汉江大桥建设、长岭经济开发区建设前期的文物调查勘探工作。2011年郧阳博物馆承担了安阳镇李营遗址发掘工作勘探面积2000平方米,共清理遗迹单位41个,包括29个灰坑、窑1个、6座墓葬、灰沟4条、房址1处,除6座墓葬、6个灰坑、1条灰沟属晚期遗存外,其他均为二里头时期单位。出土陶片可见器形有陶豆、陶罐、陶鼎、陶盆、陶瓮、陶牛角杯;出土小件有陶罐、陶杯、陶拍、陶纺轮、铜箭镞、水晶石、石斧、石锛、石凿、石核、砺石等共77件。2011年4月13日上午,郧阳博物馆接到电话报告,反映在郧县一中建设工地取土现场发现古墓葬,郧阳博物馆立即派人到现场踏勘,现场确认发现出土古墓3座。此处正是县政府公布的县级文物保护单位。为了做好抢救保护工作,经报有关领导同意,请县城库岸治理项目指挥部支持解决抢救保护调查勘探费,由郧阳博物馆组织考古工作人员对该墓地进行大致清理后,省文物局安排专业考古队对该处墓地进行了考古发掘。

2011年,武当博物馆积极配合湖北省考古研究所和襄阳市考古所做好了田野发掘工作为其提供了文物修复场所及文物库存密集架,确保了修复工作的顺利进行。

2011年,郧西县博物馆配合基本建设开展了田野考古调查工作。11月,博物馆专业人员实地调查发现了一处新的化石点,根据化石标本的特征及石化程度,并结合化石所处地层,初步分析判断:该化石点动物群时代为中更新世时期,距今大约60万年左右。2011年4月,郧西县博物馆围绕文物专题考古调查开展工作,配合省考古所完成了早期长城调查项目郧西白山寨遗址的考古试掘工作,并取得一批有价值的材料,为湖北省长城资源调查顺利通过国家验收提供了详实资料和依据,也为实施全省长城资源保护工程迈出了坚实的第一步。

【人才培养与学术研究】 2011年,十堰博物馆一方面注重引进专业技术人才,择优录用了2名陈列设计专业和英语八级专业的大学生和1名资深考古专家。另一方面加大了在职专业技术人员的培训力度。选派人员参加文物安全、讲解、考古、人事、计生等专业培训,参加了湖北博物馆协会举办的学术研讨会等学术会议。通过这一系列的业务培训和学术交流,学到了新知识,获取了新信息,拓宽了新视野,为更好地开展业务工作和学术研究创造了条件。在省级以上刊物上发表完成考古发掘报告

7 篇、学术论文 15 篇。出版了《你是我眼睛里的海——博物馆征文集》和《鄂西北考古与研究》；编撰完成《十堰市珍贵文物图录》、《十堰考古论文集》。

2011 年，丹江口市博物馆加大在职专业技术人员的培训力度。派遣专业人员参加国家文物局举办的“陶瓷鉴定研修班”、“田野考古工作规程推广培训班”、“考古发掘现场及出土文物保护移动实验室技术推广培训班”，参加了中国博物馆协会、国家博物馆有关业务培训和理论考试活动。开展了“馆藏青铜器修复技术”研究，“文物陈列与文物安全工作理论与实践”研究、“文物在社会主义现代化建设中的地位与作用”研究、“南水北调库区文物保护与专业技术人才培养”研究、“博物馆新馆科学化管理”研究。

2011 年，郧西县博物馆加大了在职专业技术人员的培训力度，采取了请进来，送出去，业务自学与工作实践、重点培训与普遍培训相结合的方式，在加强对干部职工自身政策理论水平和专业知识的提高上狠下工夫，安排相关专业人员参加了省文物局举办的文物行政执法培训班学习。通过多种形式的业务培训，提高了业务能力。为更好地开展业务工作和学术研究创造了条件。

【文化产业】 2011 年，十堰市博物馆完善咖啡厅、茶座，配合我馆陈列展览主题，在增加纪念品服务区添置恐龙模型、文物鉴赏书籍、东风系列车模、十堰绿松石、武当剑等反映我市文化特色的纪念品；丹江口市博物馆在满足观众休闲、娱乐、参观三大要求基础上，建立了综合服务中心，开展若干服务项目。丹江口市博物馆正致力于根据地方特色、利用自身资源自主开发设计具有浓郁地方特色的纪念品，促进文化产业发展；郧西博物馆为社会提供了字画装裱服务项目。为满足观众在博物馆的消费和休闲需求，延伸博物馆服务、增强发展后劲。目前，根据博物馆的特色，正准备利用博物馆的文物资源自主开发具有文化品味的纪念商品，并适时投放市场；武当博物馆根据公务接待及游客的需要，在原有文物复制、仿制的基础上，把具有武当文化特色的旅游纪念品作为主打产品，力求文化产品多元化、个性化。

十堰市博物馆

Shiyan Municipal Museum

2011 年，十堰博物馆以打造全国知名、省内一流博物馆为目标，坚持“服务大局、服务社会”的办馆理念，狠抓行政管理、人才培养和业务工作，改善了基础设施，充实了人才队伍，提升了综合实力，陈列展览、宣传教育、藏品保护、学术研究、社会服务等各项工作迈上了新台阶。被授予“国家 AAAA 级旅游景区”、“全国巾帼文明岗”、首届“十堰名片”和“茅箭区综合治理先进单位”等荣誉称号。

一、行政管理与规划建设

十堰博物馆隶属于十堰市文化体育新闻出版局，现有馆长 1 名，副馆长 3 名。下设办公室、群工部、考古部、陈列部、保管部、消防保卫部 6 个部室。全馆现有职工

76人,在编在岗36人。其中管理人员1人,专业技术人员31人,工勤人员4人,保洁、保安、电工、花卉工等40人。

二、藏品管理与保护修复

截至2011年底,十堰博物馆馆藏文物33069件(套),其中一级文物17件(套),二级文物32件(套),三级文物85件(套)。严格按照《藏品管理办法》的各项规定,完善文物保管工作制度,对总账、分类账和保险柜钥匙都实行专人管理,加强了出入库房人员的审批和登记。修复文物50件。定期对文物及文物库房进行清洁整理,对文物库房温湿度进行测量并记录,对库房门锁、照明灯进行了修理维护,改善了藏品保护环境。

在文物征集方面,接收捐赠、征集有现代收藏品140余件,民俗文物31件。在征集传统文物的同时,还征集一些民俗文物和近现代藏品,包括十堰与各城市、企业之间友好交往的礼品、近代文献资料和中央领导视察十堰时留下的实物等,留住城市记忆,填补馆藏空白。

为摸清民间藏品情况,开展"十堰寻宝"活动。业务干部深入五县一市以及城区开展民间藏品摸底活动。从2000余件(套)民间藏品中筛选登录440件(套),其中有10多件比较有价值的民间藏品。如:铭文青铜鼎、玉带钩等。

三、陈列展览与宣教服务

免费开放以来,十堰博物馆对陈列展览从声光电设施、图片、实物上进行提档升级,赋予新意。对"车与十堰"陈列展览中部分文字介绍,如十堰历届主要领导名录、十堰领导人及东风汽车公司总经理,和对应照片进行更新;新增东风公司新出产车型车模23辆;把展区的文物柜光源改用节能环保冷光灯。此外,定期对展厅设施及展品情况进行检查,清洁除尘,认真填写检查记录。

全年举办了5个临时展览。4月,从荆州市博物馆引进"楚风汉韵——荆州出土楚汉文物精品展"。5月31日胡锦涛总书记来十堰视察后,在不到一个月时间,成功举办了"胡总书记在十堰"特别展和"风展红旗如画——庆祝中国共产党成立九十周年集报展"。8月底配合全市创卫工作,加班加点举办了创卫展览。10月20日,从南京引进"晷运时成——古代钟表展"。此外,还抽调展品参加湖北省博物馆的"荆楚英华展"。

2011年全年接待观众22万余人次,其中未成年人5万人次,完成讲解400余场次。其中中央政治局委员、中央宣传部长刘云山、广州军区空军司令员高守维和中央军委老干部、国家文化部重要领导陆续来馆视察,给予了高度评价。

在宣教服务方面,一是举办了宣传文博纪念日活动。2011年5月18日是第35个国际博物馆日。紧紧围绕"博物馆与记忆"的主题,在国际博物馆日当天开展走进中国人民解放军驻十堰房县部队活动,把《文物保护法》、博物馆的基本陈列以及文化遗产知识等12块流动展板送到部队,由讲解员现场为广大官兵讲解,并由业务干部做了一场题为《鄂西北考古发现与研究》的开放性专题学术讲座,同时与部队开展互动,职工参观了部队训练基地,接受国防教育。

2011年6月11日是我国第6个文化遗产日。当天在博物馆广场免费向过往市民发放文物法律法规知识宣传资料,开展文物咨询和免费鉴定、展出文物展板等。展板以图文并茂的形式较系统地展示了市博物馆在文物收藏、保护、田野考古、展示、宣传教育等方面取得的显著成绩及国家领导人参观博物馆的摄影作品。同时,向参观市民发放十堰博物馆"十大精品文物"调查表,让市民选出自己心目中的博物馆"十大精品文物",让他们亲自参与博物馆建设。以"珍重文化遗产,共筑幸福家园"为主题,通过手机短信、报纸、电视等媒体平台的大力宣传,当天共有16万市民收到信息,有效宣传文化遗产日。

二是举办系列文博知识进校园活动。举办"国旗下的讲话"活动。与市教育局联合下发文件《关于开展"国旗下的讲话——文博知识进校园"专题教育活动的通知》,在周一升旗日,讲解员先后走进重庆路小学、柳林中学、十堰市一中等16所中小学,以"触摸历史文化,感受家乡魅力"为主题,让同学们了解家乡,从而激发其热爱家乡、建设家乡的情感。15255名师生参加了活动。开展"博物馆之窗"活动,为城区学校制作文博知识宣传专栏,安装在校园橱窗,供学生课余学习,在校园内掀起博物馆文化热。举办"我与东风公司参观与征文活动"。10月,联合市教育局东风分局举办"我与东风汽车"主题参观与征文活动,组织东风公司26所中小学师生参观博物馆,使学生们在参观中深入了解十堰与东风公司共生共荣的发展进程,领略父辈在城市创建、发展中的伟大开创精神。

三是开办暑期小小讲解员培训班。来自五堰小学、柳林小学等31名小小讲解员参加活动。培训中,根据儿童的特点,量身定做了讲解礼仪、形体、用气发声、吐字归音等专业训练,传授了本地自然、历史、民俗等方面的知识,培养他们语言表达、与人沟通等方面的综合能力,强化他们热爱家乡、热爱历史文化的意识,为讲解服务工作增添了一道靓丽的风景线。

同时,在媒体宣传方面,通过海报、广告、横幅、标语和发放宣传资料等形式向公众提供更多的文博信息和了解公众的需求情况。特别是利用当地报纸、电视、广播、网络等媒体,以声像方式对展览进行介绍,并在博物馆展览和文化活动展出过程中连续报道。

在博物馆网站建设方面,一是派人参加网站管理操作培训。二是对网站设计改版。开通了博物馆英文网页,页面布局更加清晰简洁,更易让观众接受。三是对网站实行实时更新,增添新的功能和新的网站信息。上传文物信息81条,回答网友提问20余次。制作开设"6·11"文化遗产日宣传活动、清明节专题栏目;增加博物馆宣传视频、陈列展览视频、文物图片和临时展览宣传专栏,增强了网站的实用性、观赏性和趣味性。

四、考古调查与考古发掘

一是承担南水北调中线工程丹江口水库淹没区郧县龚家岗墓地的田野考古发掘。勘探面积达70000平方米。清理墓葬7座,出土陶器1件,釉陶器1件,瓷器4件以及钱币2件,耳坠2件。

二是开展湖北早期长城考古试掘工作。此项试掘涉及竹溪县关垭遗址、竹山县皇城遗址、郧西县白山寨、丹江口市铜锣寨与古寨山遗城。关垭遗址清理探沟两条,试掘面积150平方米。出土遗物有瓷碟、釉陶盆、釉陶罐、瓷碗、釉陶片等。在对蒋家堰镇范围内进行为期一周的普查中,在黄石头村发现汉代砖室墓一座,对墓地进行全面勘探,面积达3000平方米。随后发掘出土遗物10件(套)有铜钱、陶罐、陶灶、铜鐎、铁剑等。

三是开展龙背湾水电站田野考古勘探。承担7处文物点的勘探与发掘工作，其中房县九道乡6处（墓地4处，遗址2处），竹山县柳林乡1处（墓地1处）。总勘探面积达49000平方米。

五、人才培养与学术研究

2011年，十堰博物馆一方面注重引进专业技术人才，择优录用了2名陈列设计专业和英语八级专业的大学生和1名资深考古专家。另一方面加大了在职专业技术人员的培训力度。选派人员参加文物安全、讲解、考古、人事、计生等专业培训，参加了湖北省博物馆协会举办的学术研讨会等学术会议。通过这一系列的业务培训和学术交流，学到了新知识，获取了新信息，拓宽了新视野，为更好地开展业务工作和学术研究创造了条件。

在省级以上刊物上发表考古发掘报告7篇、学术论文15篇。出版了《你是我眼睛里的海—博物馆征文集》和《鄂西北考古与研究》；编撰完成《十堰市珍贵文物图录》、《十堰考古论文集》。

六、安全保卫与后勤保障

一是加强日常安全管理，落实安全制度，制定了消防保卫部《绩效考核制度标准》，提高职工的工作热情和积极性。二是做好24小时监控与定点巡视检查，及时排除隐患，确保安防和消防的双安全。针对监控报警系统出现的情况，对安防系统进行了维护、排查，对受损的设备进行了修理。三是加强安全工作领导，严格执行全馆的每月一次安全、消防设施、设备安全大检查的制度。针对黄冈博物馆、故宫博物院先后发生文物失窃案，组织安防人员和保安开展了6次专项安全学习、检查。四是加大培训、实战演练力度。送全体消防人员参加消防支队培训，全员通过了消防安全重点单位职业资格考试；并结合冬季火灾高发期，主动联系茅箭区消防大队联合举行了一次大型消防灭火实战演练。通过各项有效措施，确保了文物安全万无一失。

七、文化产业与产品研发

完善咖啡厅、茶座，配合陈列展览主题，在游客服务区添置恐龙模型、文物鉴赏书籍、东风系列车模、十堰绿松石、武当剑等具有浓郁地方文化特色的纪念品。

孝　感

孝感市博物馆工作概述

2011年,孝感市各博物馆加强管理,开拓进取,全市博物馆事业在上一年度的基础上,又有新的进步和发展。

【博物馆建设】　孝感全市博物馆、纪念馆有12家,其中,孝感市直文化部门管理的博物馆1家,在岗在编人数15人;县(市、区)文化(物)管理的博物馆7家,纪念馆2家,在岗在编人数计104人;军办博物馆1家,在岗在编人数12人;民营博物馆1家。

2011年,各博物馆纷纷加强馆舍硬件建设:一是改(扩)建一批陈列展览厅;二是改(扩)建一批文物库房;三是建设一批与本馆风险等级相适应的安全和消防系统,孝感各博物馆硬件建设上了一个新台阶。

2011年孝感各地在2010年基础上开始了一轮新馆建设:位于大悟宣化竹竿河西岸的"中原突围纪念馆",其主体建筑已经竣工,占地面积53280平方米,建筑面积2400平方米,展厅面积1800平方米;云梦县新馆"云梦祥山博物馆"也已建成,新馆坐落于云梦城东曲阳河畔,总占地面积22644平方米,建筑面积18000多平方米,主要建筑包括高四层、面积14000多平方米的中心主馆大楼、建筑面积1300平方米的办公管理楼和2000多平方米的附属楼,全部采用仿唐式大屋样式建筑。

孝感市博物馆新馆位于孝感市政府广场前,新馆占地33300平方米,计划投资1.08亿人民币。建筑风格为汉代园林式,总建筑面积15000平方米,其中主体建筑(文物陈列区)10000平方米,配套设施(藏品库房区)5000平方米,陈列区分8个陈列厅。孝感市博物馆新馆将成为展示孝感文化遗产的重要阵地。

【陈列展览】近年来,孝感市各博物馆、纪念馆纷纷结合自身特色,更新理念,推陈出新,不断提高展示宣传和社会服务水平,精心举办更加贴近实际、贴近生活、贴近群众的各种展览,以更好地满足广大人民群众的精神文化需求,获得社会广泛好评。据统计:2011年,全市博物馆、纪念馆共举办陈列展览就达29个,其中,固定陈列20个,临时展览9个。这些展览内容丰富多彩,群众喜闻乐见,较好地满足了不同层次观众的需要。

应城市博物馆积极丰富展览内容,举办"应城历史文化展览",将应城五千年的历史、文化,编辑成系统、生动的大型图版,常年展出。

孝昌县博物馆的"东周兵城"陈列展是孝昌县博物馆精心打造的具有浓郁地域

特色的专题展，它以东周时期的军事城堡草店坊城遗址为材料背景，以草店坊城遗址及其墓葬区武家岗墓群的187件出土文物为展品，并制作沙盘，将草店坊城遗址进行模型复原，直观的展示东周城堡，同时还将《东周兵城》制作成视频，在展厅内的电视上滚动播出。

空降兵军史博物馆的“空降兵军史展”展出珍贵历史照片1300余张，图表100余幅，历史实物1100余件、艺术品50余件。布展设计理念先进，充分运用了声、光、电等高科技展示手段，现代气息浓厚，其中大型景观、幻影成像、触摸电视、虚拟翻书、影视专题片、联动投影、上甘岭战役半景画等具有强烈的视觉冲击力和艺术感染力，大型战斗群雕、硅胶塑像、大型油画、墙面浮雕、子弹壳拼图、伞绳编织画等艺术品，主题鲜明、军味浓郁，使观众在看史、读史和听史中留下深深地思考和启迪。

刚刚落成的大悟县中原突围纪念馆，目前正在由湖北省党史办编写陈列设计方案，设计陈列分八个部分，即序厅、战略坚持、中原突围、撒豆成兵、外线转战、投入反攻、英魂永存和尾厅。展览将再现中原军区这支英雄的人民军队，在解放战争前夕所起到的重大作用和中原突围后建立游击根据地的历史功绩。

孝感市博物馆“5·18”国际博物馆日期间，举办了首届“孝感市民间艺术品收藏展”，展出孝感民间收藏的56件精美瓷器，为孝感市广大收藏爱好者提供了优质信息和服务平台；“文化遗产日”期间推出的“孝感市第三次全国文物普查成果展览”，展出新发现（包括个别以往的发现）具有代表性的古遗址、古墓葬、古建筑、近现代重要史迹及代表性建筑、石刻和其他六大类不可移动文物48处。

7月1日，湖北省博物馆联合省内部分博物馆举办“荆楚英华——湖北全省博物馆馆藏文物精品联展”，孝感市、云梦、安陆等三博物馆送精品参展。孝感市博物馆提供了商代石璋、玉戈、青铜提梁鸮卣、秦石砚、陶量；云梦博物馆提供了秦漆耳杯、漆圆盒、漆圆奁、漆圆盘；安陆博物馆提供了唐青铜双耳葡萄壶、唐金刀、唐波斯银币、宋镂空白瓷枕、裴家花枕、民国时期孙中山先生安葬纪念章等计15件。展期2个月。

【免费开放和宣教服务】 孝感市博物馆为确保免费开放质量，采取从外请专家讲课和将讲解员送出去培训的方法，对负责陈列展览和讲解工作的人员进行专业知识的培训；同时还向孝感学院、孝感职院等大中专院校发出招募书，从百余名应征者中选拔高素质、有敬业精神的志愿者4名，充实博物馆讲解员队伍，大大提高了博物馆免费开放的质量。

孝南区博物馆结合本馆实际情况，制定了免费开放制度，如安全责任制度，工作人员职责、为观众服务及礼貌用语等。并严格按照国家规定，每天免费开放时间8小时，每周开放6天，每年开放300天；还投资15万元对展厅内墙进行了翻新刷白和展柜更新，对展厅窗户进行了加固并安装了新窗帘，使展厅面貌焕然一新，从而提升了服务水平。

汉川市博物馆在免费开放专项经费未到位的情况下，自筹资金13万元，对馆内、馆外重新进行了维修、装饰，为观众提供了一个优雅的环境，成为了全省第二批免费开放的县级博物馆。

新五师纪念馆为做好接待服务工作，不仅为观众设置了储物柜、饮水机，还为团体观众和远地游客设置了招待所，提供会议室、住宿和餐饮，大大提升了服务质量。

2011 年 11 月，中原突围纪念馆列入免费开放名单。

到 2011 年底，孝感 12 座博物馆中，除刚建起的孝感麻糖米酒博物馆外，其余 11 座博物馆、纪念馆全部实行免费开放。据统计，孝感全市 2011 年免费开放接待观众量达到 89.75 万人次。其中，被中宣部授予“全国爱国主义教育示范基地”的新五师纪念馆和中原突围纪念馆参观人数最多，分别达 30 万和 22 万人次，其次是孝感市博物馆、军史博物馆、孝昌县博物馆、大悟县博物馆，年观众量均达 8 万人次以上。

孝感市各博物馆一直十分重视展示宣传和社会服务工作。如孝感市博物馆积极开展大、中、小学校外教育活动，与城区十二所大中小学、职业、技术学校签订“爱国主义教育基地”、“德育教育基地”协议。市文昌中学初中部、市体育艺术学校定期到孝感市博物馆上社会实践课；大悟县四姑中学学生与孝感市中学生选定孝感市博物馆为“手拉手”活动基地。

安陆市博物馆坚持“以人为本”的服务理念，为观众提供优质服务，如为观众提供物品寄存、公共饮水、休息座椅等服务；开通了电话和网上预约业务，以方便观众参观；同时向观众免费发放《安陆市博物馆简介》等宣传品。

大悟县博物馆竭力做好参观接待工作。对于老年人、残疾人、体弱、行动不便的特殊参观人员提供特别服务，如安排专人搀扶，引导参观；对于未成年人除了爱国主义教育宣讲外，还注意培养他们在文明参观的同时，自觉维护地面清洁和参观秩序。增加保洁人员做好展厅环境管理，推行文明服务，加强文明参观意识的宣传。要求全馆人员按照“贴近实际、贴近生活、贴近群众”的原则做好接待服务工作。

中原突围纪念馆采取走出去的方式，向不同的观众群宣讲中原军区部队，为民族为人民利益，勇于牺牲的爱国主义精神；顾全大局，牺牲小我的崇高奉献精神；同心同德、相互合作的团结协作精神；自力更生、艰苦奋斗的开拓创业精神。使广大群众能更多地了解中原军区部队这支英雄的人民军队在解放战争中所起的重大作用。

2011 年，孝感市博物馆荣获“全省文化遗产日和博物馆日活动优秀组织奖”，孝感市博物馆社教部方晖荣获“全省文化遗产日和博物馆日活动先进个人奖”，孝感市博物馆被评为“孝感市 2010—2011 年度市级文明创建先进单位”，大悟县文物局被评为“全国红色旅游先进单位”，新四军第五师纪念馆、中原突围纪念馆荣获“首批湖北省红领巾实践教育基地”称号，新四军第五师纪念馆被评为“湖北省文化系统 2011 年度优质服务窗口”。

【藏品收藏与保护管理】 至 2011 年底，孝感国有博物馆、纪念馆共收藏文物 34731 件套（含空降兵军史馆藏品），其中，一级文物 44 件（套），二级文物 127 件（套），三级文物 540 件（套）。孝感国有博物馆收藏文物来源主要通过征集、考古发掘、接受捐赠、收购等形式获得。

至 2011 年底，全市基本完成了一般文物信息采集工作，从而进一步完善了全市馆藏文物数据库管理，使藏品管理更加规范化、科学化。

为确保文物安全，2011 年度，孝感各博物馆、纪念馆切实加强文物安全工作，把文物安全工作作为各项工作的首要任务来抓，有效地保证了馆藏文物安全。汉川市博物馆建为文物库房配备相应的保护设施，装备了安全可靠的声光联动报警系统，安排专职保卫人员 24 小时值班。孝昌县博物馆在防火防盗上下工夫，在陈列展厅安装了8个视频监控设施和红外线报警设施，在馆院内安装了消防栓，接通了消防水源，添置了消防灭火器材，从而提升了技防、消防水平。孝感市博物馆斥资万余元与110联网，并在二楼、三楼各个展厅重新调整和增装了电子监控系统，添加了消防、安防设备，确保了2011年馆藏文物安全。

【考古调查与发掘】 孝感市辖各博物馆承担着辖区内的第三次全国文物普查任务。

2011年1月，孝感市博物馆联合孝昌县博物馆，对孝昌县邹岗镇石子坡墓地进行抢救性发掘，清理发掘一座同冢异穴的大型三室砖室墓葬，出土瓷炉、瓷砚、瓷碗、瓷灯盏、瓷四系壶、瓷盘口壶、铜镜（明器）等随葬器物，对研究这一地区东汉以来的埋葬习俗乃至社会历史提供了不可多得的实物资料。2011年4月，孝感市博物馆联合孝南区博物馆对孝感市区长征南路墓地进行抢救性清理，清理墓葬共25座，时代上起南北朝，下至明代，出土一批青铜、陶、瓷器。

【人才培养与学术研究】 人才队伍建设是博物馆事业发展的重要基础。2011年，孝感市各博物馆、纪念馆，十分重视人才培养，采取举办培训班、参加学术会议等方法，加强对人才的培训。孝感市博物馆先后派专业技术人员参加了国家文物局举办的“全国数字博物馆建设培训班”、“湖北省博物馆协会学术研讨会年会”、“湘鄂豫皖楚文化研讨会年会”、国家文物局在武汉举办的文物执法培训班等。

5月上旬，孝感市文体新局委托孝感市博物馆举办了为期两天的“第三次全国文物普查工作报告和不可移动文物名录编制培训班”。市直，各县、市（区）博物馆馆长和业务骨干计30余人参加了学习培训。

通过培训，有效拓宽了专业技术人员的视野，提高了专业技术人员的业务素质，促进了博物馆事业的可持续健康发展。

学术研究方面，湖北省考古所和孝感市博物馆合著的《马口窑》完成初稿（约40万字），孝感市博物馆完成了《孝感市志》“文物篇”（近8万字）的修订，孝昌县博物馆参与孝昌县政协出版《观音湖风情》，汉川市博物馆参与汉川市政协出版《文物史迹》，发表了《收与藏：国有地方博物馆的生存与发展》、《试析湖北孝感地区东周墓葬》等论文、简报10余篇。

孝感市博物馆

Xiaogan Municipal Museum

孝感市博物馆坐落于孝感市中心的城站路与文化路交汇处，是一座承担着孝感市文物收藏保护、陈列展览、科学研究、社会教育、考古发掘等任务的地方性综合博物馆。2011年，博物馆以人才立馆、业务兴馆为办馆理念，狠抓行政管理、人才培养和业务工作，加强硬件建设，提高社会服务质量，博物馆的各项工作取得显著成绩。

一、行政管理与规划建设

孝感市博物馆隶属孝感市文化体育新闻出版局，事业单位编制，事业管理体制。2011年，全馆编制人员15人，其中馆长、副馆长各1人；专业技术人员12人，其中高级职称1人，中级职称[illegible]人，初级职称2人。内设办公室、群工部、文物勘探队、文物保护部等部门。

行政管理方面，制定了《孝感市博物馆综合管理制度》、《孝感市博物馆工作人员常规性职责》、《孝感市博物馆2011年岗位责任制度》、《孝感市博物馆指纹打卡管理制度》、《孝感市博物馆考古工地管理制度》、《孝感市博物馆档案管理制度》、《孝感市博物馆资料室管理制度》、《孝感市博物馆岗前培训制度》、《孝感市博物馆2011年学习培训规划》等。

陈列展览方面，制定了《孝感市博物馆陈列展览管理制度》、《孝感市博物馆讲解员工作制度》、《孝感市博物馆展区公共财产管理规定》、《孝感市博物馆门票管理规定》、《孝感市博物馆展厅安全值班交接班管理规定》《孝感市博物馆免费开放接待规定》等。

文物安全管理和保护方面，制定了《孝感市博物馆文物安全领导小组职责》、《孝感市博物馆文物库房安全管理制度》、《孝感市博物馆考古工地文物安全制度》、《孝感市博物馆安全责任分级管理办法》、《孝感市博物馆保安服务守则》、《孝感市博物馆消防制度》、《孝感市博物馆安全检查制度》、《孝感市博物馆监控室管理规定》等。

财务管理方面，制定了《孝感市博物馆财务管理制度》、《孝感市博物馆专项经费管理办法》、《孝感市博物馆财务人员岗位职责》等。

孝感市博物馆建馆之初规模较小，功能落后，早已不能适应广大公众日益增长的精神文化生活需要。为此，孝感市博物馆积极申请硬件建设，于2008年开始申请建新馆，2011年，新馆用地在孝感市政府广场前正式划定，并抽调人员组织博物馆建设专班，正式启动新馆建设。

博物馆新馆建设规划控制用地33300平方米（50亩），计划投资1.08亿元人民币。建筑风格为汉代园林式，建筑功能有陈列展览、藏品库房、文物技术保护、公众服务、办公等。计划建筑占地3966平方米（6亩），总建筑面积15000平方米，其中主体建筑（陈列区）10000平方米，配套设施（藏品库房区等）5000平方米。陈列区分8个陈列厅，包括“叶家庙——孝感新石器时代文化陈列”、“孝感历史文物陈列”、“米酒之都——孝感麻糖米酒”、“孝文化”、“锦绣人生——孝感清代丝织品展”、“中国民窑——马口窑”等6个基本陈列展厅和两个临时展厅。

二、藏品管理与文物保护

截至2011年底，孝感市博物馆馆藏文物17056件（套），其中，一级文物8件（套）、二级文物18件（套）、三级文物88件（套）、一般文物16942件（套）。主要是建馆以来通过征集、考古发掘、接受捐赠、收购等途径获得。

年底基本完成了一般文物信息采集工作，从而进一步完善了馆藏文物数据库管理，使藏品管理更加规范化，科学化。

在馆藏文物保护修复方面，2011年初，孝感市博物馆向国家文物局呈报了《关于申请孝感市博物馆馆藏丝织品保护修复的报告》和《孝感市博物馆馆藏丝织品保护修复方案》。该方案拟对胡鹤山大将军墓和五品夫人墓出土的65件（套）丝织品进行清洗和加固处理。

通过国家文物局2007年审批的《关于申报孝感市博物馆馆藏青铜器文物修复保护方案的请示》项目，亦于2011年10月开始实施。一批珍贵的馆藏青铜器，如商代提梁鸮卣、商代斝、春秋簠等已经进入整理、修复阶段。

三、陈列展览与宣传服务

孝感市博物馆坚持"以人为本,内强素质,外树形象,优质服务"的宗旨,竭诚为广大观众服务,不断调整服务理念和服务方式,努力提升陈列展览水平,倾力打造陈列展览的文化品牌,不断修改、调整和完善已有的"孝感出土文物精品展"、"孝感出土清代丝织品展览"和"中国民窑马口窑"三个基本陈列。与此同时,严格按照免费开放规定,着力打造临时展览,推出了"孝感市首届民间艺术品收藏展"、"第三次全国文物普查成果展"、"纪念建党七十周年图片展"、"第四届中国汉字书写节国际书法名家创作十米长卷书法展"四个临时展览,使该馆陈列常办常新,增强对游客的吸引力。

"5·18"国际博物馆日期间,举办首届"孝感市民间艺术品收藏展",历时一个月,展出了56件精美瓷器。展览本着普及全民收藏知识,交流、研讨中国传统文化和民间收藏经验,为孝感市广大收藏爱好者提供一个集鉴赏藏品、了解收藏资讯、交结藏友等为一体的优质信息和服务平台。

为充分展示孝感市第三次全国文物普查的丰硕成果,孝感市博物馆从全市3885处不可移动文物中,遴选出具有代表性的新发现的不可移动文物(包括个别以往的发现)48处,计图片91幅,于"文化遗产日"推出"孝感市第三次全国文物普查成果展览"。展览按古遗址、古墓葬、古建筑、近现代重要史迹及代表性建筑、石刻和其他等六大类分类排列,同时突出了本次普查发现的新增不可移动文物类别乡土建筑、工业遗产和20世纪遗产。既反映了孝感市普查工作取得的成果,体现了全体普查工作者的辛劳与智慧,更展现了孝感市深厚的文化底蕴和丰富的文化资源。

7月1日,由孝感市文化体育新闻出版局主办,孝感市博物馆承办的"'光辉的历程,伟大的成就——纪念中国共产党成立90周年'大型图片展"隆重开展。此次展出展板66块,精美图片100多幅,展示了中国共产党90年来的伟大历程和改革开放30多年来全国各地所取得的经济社会发展成就。

7月1日,为庆祝中国共产党建党九十周年,湖北省博物馆联合省内部分博物馆举办"荆楚英华——湖北全省博物馆馆藏文物精品联展",孝感市博物馆送精品参展。参展的精品有商代石璋、玉戈、青铜提梁鸮卣、秦石砚、陶量等5件。展期2个月。

11月8日,第四届中国汉字书写节国际书法名家创作十米长卷收藏仪式和"中国硬笔书法获奖作品展"在孝感市博物馆一楼隆重举行。"中国硬笔书法获奖作品展"展出国内外名家及本土书法爱好者书法获奖作品数百件,展览历时一个月,观众赞之为"书法展上闻墨香,博物馆里观神奇。"在宣传服务工作上,一是新印制门票3万张,展览宣传册1万份;二是以5·18"国际博物馆日"和"文化遗产日"等活动为契机,组织青年志愿者,向观众发放调查问卷、"国际博物馆日"、"文化遗产日"小知识宣传册、展览宣传册等多种形式,向市民宣传《文物保护法》、《博物馆管理办法》等法律法规知识;三是情系教育,时刻不忘关心未成年人,与孝感市区12所大、中、小学、职业、技术学校签订了"爱国主义教育基地"、"德育教育基地"协议;孝感市文昌中学初中部、市体育艺术学校楚剧班更是定期到博物馆上社会实践课;大悟县四姑中小学生与孝感市中学生确定孝感市博物馆为“手拉手”活动基地。

市博物馆荣获“全省文化遗产日和博物馆日活动优秀组织奖”，市博物馆社教部方晖荣获“全省文化遗产日和博物馆日活动先进个人奖”，市博物馆被评为“孝感市2010—2011年度市级文明创建先进单位”。

四、考古调查与考古发掘

2011年，孝感市博物馆完成了第三次全国文物普查收尾任务和2项抢救性考古清理。

孝感市博物馆承担着孝感市第三次全国文物普查任务。2011年是普查工作的收官之年，主要任务是编制《孝感市第三次全国文物普查工作报告》和《孝感市第三次全国文物普查不可移动文物名录》。5月8日至9日，孝感市博物馆举办了为期两天的普查工作报告和不可移动文物名录编制培训班。培训结束后，孝感市及各县、市（区）普查工作报告和不可移动文物名录编制工作全面铺开。8月底，《孝感市第三次全国文物普查工作报告》编制基本完成。

在考古发掘方面，1月，孝感市博物馆联合孝昌县博物馆，对孝昌县邹岗镇石子坡墓地进行抢救性考古清理，这是一处延续东汉、南北朝、隋唐、宋、明等多个时代的大型墓地，面积约60000平方米，清理发掘一座同冢异穴的大型三室砖室墓葬，墓葬形制独特，三个墓室随葬器物有瓷炉、瓷砚、瓷碗、瓷灯盏、瓷四系壶、瓷盘口壶、铜镜（明器）等，对研究这一地区东汉以来的埋葬习俗以至于社会历史提供了不可多得的实物资料。2011年4月，孝感市博物馆联合孝南区博物馆对孝感长征南路墓地进行抢救性清理，清理墓葬共25座，时代上起南北朝，下至明代，共出土一批青铜、陶、瓷器。

10月，孝感市博物馆完成了沙洋南北垱遗址考古发掘资料的整理和《沙洋南北垱遗址发掘简报》编写工作。南北垱遗址是南水北调中线引江济汉工程中的一处东周时期遗址，位于沙洋县后港镇。2010年9至12月，孝感市博物馆承担了此遗址的发掘任务，发掘探方27个，发掘面积1465平方米。

五、人才培养和学术研究

孝感市博物馆一直重视人才培养和人才队伍建设。2011年孝感市博物馆采取举办培训班、参加学术会议等方法，加强对人才的培训，先后派专业技术人员参加了国家文物局举办的“全国数字博物馆建设培训班”、“湖北省博物馆协会学术研讨会年会”、“湘鄂豫皖楚文化研讨会年会”等；举办了有30余人参加的“孝感市第三次全国文物普查工作报告和不可移动文物名录编制培训班”、国家文物局在武汉举办的文物执法培训班等。

学术研究方面，湖北省考古所和孝感市博物馆合著的《马口窑》完成初稿（约40万字）；完成了《孝感市志》“文物篇”（近8万字）的修订，发表《收与藏：国有地方博物馆的生存与发展》、《试析湖北孝感地区东周墓葬》等论文以及考古简报、报道等文章10余篇。

六、文物安全和后勤保障

在文物安全保卫工作上进行了一系列改进和加强，一是坚持高标准、严要求、勤检查、常防患，进一步规范领导巡查、保安值班工作；二坚持每月对安保设施和消防器材的检查，发现问题，及时整改；三是增加保安人员，加强保卫巡查力度；四是斥资万余元与110联网，并在二楼、三楼各个展厅重新调整和增装了电子监控系统，添加了消防、安防设备；五是积极开展消防安全培训，制定应急救援管理制度，完善应急预案，组织消防安全应急演练，提高对事故的应急处理能力，确保了2011年馆藏文物安全。

在后勤保障工作方面，为保障各项工作的正常运行，2011年，市博物馆加强了对负责后勤工作的办公室的调整和管理，一是给办公室增加有工作经验的人员1人，加强了后勤管理力量；二是添置了大型复印件1台、添置和更换电脑4台，改善了办公条件；三是对办公室各项管理制度进行了重新修订，从而使后勤管理进一步制度化、科学化，促进了全馆各项工作的顺利开展。

荆门

荆门市博物馆工作概述

2011年,荆门市文物局和全市各级博物馆以丰富群众精神文化生活为第一要务,把握新机遇,创新争优,克难奋进,全市博物馆事业在上一年度基础上,取得了弥足珍贵的进步和发展。2011年全市有博物馆3家,文博工作人员125人,其中荆门市博物馆70人,钟祥市博物馆40人,京山县博物馆15人。博物馆硬件设施有了很大的改善,钟祥市博物馆新馆建设完成。各项管理工作更加完善,考古发掘也有重要发现,免费开放工作有条不紊,免费接待观众22万余人次,其中荆门市博物馆接待观众11万人次;钟祥市博物馆接待观众7万人次;京山县博物馆接待观众3.8万人次,取得了较好的社会效益。

【规划设计与馆舍建设】 2011年,荆门市博物馆维修了陈列展厅和馆区服务设施,新馆建设进展顺利得到有关部门批复立项,外观设计方案已确定,进入到建筑设计程序。规划新馆建筑面积约23000平方米,占地面积约7000平方米,工程投资概算1.8亿元。

钟祥市博物馆新馆建设工程进入完工调试阶段,拟于2012年6月建成开馆。新馆馆址位于郢中街办皇城村,建设用地350亩,整个建设工程分四块进行,即主馆主体工程、陈列布展工程、景观绿化工程和壕沟围墙工程。

京山县博物馆改造了老陈列楼外墙和门房,更换了钢窗,砌筑了安全围墙,使博物馆建筑风格、色调和内部环境进一步协调、美观。

【行政管理与博物馆运行】 荆门市博物馆行政上隶属于荆门市文化体育和新闻出版局,业务上由荆门市文物事业管理局管理和指导。现有馆长1名,副馆长3名,支部副书记1名,工会主席1名。设有办公室、计划财务科、陈列展览部、群众工作部、藏品保管科、保卫科、产业管理科、郭店楚简研究中心、文物考古研究所和城区文物管理所等10个内设科室。钟祥市博物馆隶属于钟祥市文化体育和新闻出版局,现有馆长1名,副馆长3名。内设办公室、考古部、社教部、保管部、保卫科、产业项目部和景点管理部等7个部门。京山县博物馆隶属于京山县文化体育和新闻出版局,现有馆长1名,副馆长1名。下设办公室、保卫科、陈列部、考古部、社教部等5个部门。

为培养人才,拓宽专业人员的视野,各博物馆采取了很多办法。荆门市博物馆选派人员参加国家文物局主办的全国铁质文物保护修复培训班,派出人员参加了湘鄂豫皖楚文化研究会第十二次年会、楚简·楚文化与先秦历史文化国际学术研讨会、全国大遗址保护现场会暨大遗址保护荆州高峰论坛、湖北省博物馆协会2011年年会等学术会议，安排新聘讲解员到河南省博物馆讲解员培训基地培训。京山县博物馆举办了4次专业技术人员培训班，并外聘专家授课，派遣了三批专业人员赴省博物馆、辛亥革命纪念馆、荆州、随州等博物馆和南水北调工地进行考察学习。

2011年，荆门市博物馆引进了硕士研究生2名，钟祥市博物馆公开招聘了5名讲解员。

荆门市各博物馆高度重视安全保卫工作。荆门市博物馆始终坚持预防为主，安全第一的指导方针，制订了一系列安全防范制度、保障制度及应急预案，举办了安防、消防知识培训班，并进行了实战演练。配备了专职保卫人员16人，警犬3条。升级了中心库房弱电延续系统工程，新增了红外彩色摄像机4台、高倍摄像机1台、被动红外探测器2个、振动探测器8个及双鉴探测器1个。每月排查一次电线电路、电器设备，做到了及时发现及时整改。更换了过期灭火器，完善了消防设施。钟祥市博物馆配备专职保卫人员6人，警犬2条，在重点部位安装了安防、消防设备和综合报警监控系统设施。京山县博物馆成立了安全工作领导专班和安全应急行动工作组，增加了保安人员2名，定期检查维护安防设备，升级安防系统。

荆门市博物馆对绿化带进行了维修改造，使参观环境更加优美。

【藏品管理与学术研究】　荆门市是名副其实的文物大市，文物藏品级别高、数量多。有名扬中外的战国女尸、郭店楚简等精品文物。截至2011年底，全市博物馆共有馆藏文物65690件（套），其中一级文物81件（套），二级文物167件（套），三级文物929件（套）。

为做好藏品文物保护工作，全市各博物馆根据《藏品管理办法》，建立了文物藏品保护管理规章制度，做到了编目详尽，账目清楚，对总账、分类账、库房安全门密码、钥匙实行专人分开管理，严格审批出入库房人员。

■ 部队战士参观博物馆

荆门市各博物馆认真做好藏品的修复保护工作。荆门市博物馆组建了青铜器处理实验室；编制了《“十二五”馆藏可移动文物保护项目规划》、《荆门市博物馆馆藏青铜器文物保护修复方案》、《荆门市博物馆馆藏漆木器修复保护方案》、《荆门市博物馆严仓战国车马保护修复方案》；正在修复2010年底国家文物局批准修复的馆藏180件青铜器。

《钟祥市博物馆馆藏古铜器保护修复方案》通过了国家文物局的审批，申请到保护修复项目经费28万元。目前，维修合同已经签订，文物也已开始进行修复。《京山博物馆馆藏青铜器保护修复方案》通过了国家文物局的审批，2011年国家文物局安排保护修复项目经费62万元。

2011年，荆门市博物馆系统学术成果累累。荆门市博物馆成立了学术委员会，编写了《荆门市博物馆“十二五”期间学术研究工作规划要点》，发表了8篇文章：《枝江向家坪墓群发掘简报》、《殷墟遗址保护项目实施之现状及进一步改进之对策分析》、《历史文化名城的延续》、《城市特色视角下的荆门八景重塑构想》、《博物馆与城市的记忆》、《略论我国文化遗产保护事业的成就》、《把握文物保护层次，做好文物保护工作》、《荆门牌坊》，编写的《荆门十大文化品牌解读与利用——郭店楚简》已出版，《荆门市博物馆馆藏文物精品》将由湖北美术出版社出版，已进入印刷阶段。撰写《中国出土铜镜全集》部分条目。钟祥市博物馆在《博物馆与城市化——2011年湖北省博物馆协会学术讨论会论文集》上发表了论文《博物馆与城市化建设》。京山县博物馆完成了《荆门市第三次全国文物普查工作报告》暨《荆门市第三次全国文物普查新发现》京山卷的编制工作。

【陈列展览与宣教服务】 荆门市各博物馆展览内容丰富多彩。荆门市博物馆主要集楚文化精品于一体，向人们展示了绚丽多彩的楚文化；钟祥市博物馆位于明清古建筑群——元佑宫，向人们展示了明清古建筑的风格和特点，同时举办了富有地方特色的历史文物展；京山县博物馆举办了革命人物展览，展现了中国共产党革命斗争历程。

荆门市各博物馆常设展览有9个。荆门市博物馆常设展览有3个：“包山楚墓出土文物专题陈列”、“精品文物展”、“郭店楚简及战国女尸展”；钟祥市博物馆常设展览有3个：“国家历史文化名城——钟祥历史文物陈列”、“清代女尸陈列”、“古代字画陈列”；京山县博物馆常设展览有3个：“张文秋生平业绩展”、“京山县历史文物展”、“京山县革命斗争史展”。

荆门市各博物馆举办的临时展览有14个。荆门市博物馆临时展览有6个：“带着面具起舞——神秘的巫傩文化展”、“泉汇古今——中国钱币文化欣赏”、“荆门红色记忆——纪念中国共产党建党九十周年”、“陶存物象泥塑春秋——汉唐陶俑展”、“‘保护文化遗产守护精神家园’图片展”、“‘博物馆与记忆——爱上博物馆’图片展”；钟祥市博物馆临时展览有3个：“走进清代服饰文化——杨夫人墓丝织品展”、“‘三普’成果专题展”、“镜之美——馆藏铜镜特展”；京山县博物馆临时展览有5个：“京山县非物质文化遗产图片展”、“中共豫鄂边区委员会旧址图片展”、“新四军豫鄂挺进纵队司令部旧址—京山烽火图片展”、“历代钱币展”、“京山人民的好税官—徐金波先进事迹展”。

荆门市博物馆调整和更换了部分陈列展品，完善了馆内标识和参观须知，增设了游客商品中心、自动存包柜、免费饮用水等贴心服务设施，开通了电话和网上预约服务。京山县博物馆重新编写了常设展览的陈列大纲，使陈列展品更加精美，内容更加详实，形式更加新颖。

为提高市民文物保护意识，增强市民爱国热情，荆门市各博物馆都加大了宣传力度。一是设计制作各种宣传册免费向观众发放。荆门市博物馆除制作《荆门博物馆简介》、《荆门市博物馆》、《郭店楚简》、《迎宾出行图》等宣传册外，还配合4个临时展览制作了宣传折页；钟祥博物馆制作了文物保护有关法规宣传册；京山县博物馆制作了海报、宣传折页。二是在各大媒体上进行宣传。荆门市博物馆在报刊上宣传40余次，电视上宣传1次，网络上宣传2次，同时编写《工作简报》14期，制作宣传栏4期；京山县博物馆在湖北日报、京山电视台、荆楚网等媒体上进行宣传，还制作了4期遗产保护专题节目，着重介绍京山的历史和人文景观。三是在网站上进行宣传。荆门市博物馆对自己的网站进行了全面更新和完善，更新后的网页分为本馆概览、陈列展览、藏品精粹、文物保护、学术研究、社会教育、为您服务、文博论坛八个部分，分别从常设展览、临时展览、社会教育活动、藏品精品文物、文物保护和科学研究成果等方面对博物馆工作进行了详细的介绍。四是利用节日开展宣传活动。荆门市博物馆制作内容丰富的展览，以阴历二月十九日纪山庙会、"5·18国际博物馆日"、"重阳节"等为契机，开展送展进乡镇、进校园、进社区活动；利用"三八妇女节"、"六一儿童节"等各种节假日与相关部门联系，组织各类观众参观；在暑期开展关爱留守儿童活动，组织了30多名留守儿童进馆参观。钟祥市博物馆精心组织开展了"5·18国际博物馆日"、传统庙会等宣传活动，向广大市民发放宣传册7000余份，接待参观咨询的市民12000余人次，收到了良好的社会效益。京山县博物馆利用"国际博物馆日"、"中国文化遗产日"开展以"保护文化遗产，传承历史文明"为主题的大型宣传活动，制作展板18块，发放文物保护法宣传资料3000余份，利用社区文化活动平台和乡镇剧团，创作文物保护小节目，宣传京山博物馆及文物保护工作。

荆门市博物馆

Jingmen Municipal Museum

2011年是"十二五"规划的开局之年，荆门市博物馆以实现文化惠民为第一要务，强化陈列展览、宣传教育、学术研究、安全保卫等工作，同时，积极开展地下文物保护工作，改善馆藏文物保护条件，加强地面文物的巡查与修缮，从而促进各项工作迈上了新台阶。

一、行政管理与规划建设

荆门市博物馆行政上隶属于荆门市文化体育和新闻出版局，业务上隶属于荆门市文物事业管理局，现有馆长1名，副馆长3名，支部副书记1名，工会主席1名。设有办公室、计划财务科、陈列展览部、群众工作部、藏品保管科、保卫科、产业管理科、郭店楚简研究中心、文物考古研究所和城区文物管理所等10个科室。现有在编在岗人员70人，其中管理人员9人，专业技术人员61人。

2011年，荆门市博物馆对原有各项管理制度进行了修改、完善，在行政管理方面增加了《荆门市博物馆工作考勤制度》、《荆门市博物馆职工年休假制度》、《荆门市博物馆人才引进制度》等，完善了《荆门市博物馆财务管理办法》、《荆门市博物馆文物保护经费管理办法》等，从职工的工作纪律、财务运行等方面做出了严格规定，并按照荆门市人力资源和社会保障局的要求，以岗位设置工作为契机，开展了中层干部竞聘上岗、工作人员双向选择岗位工作，转换了用人机制，调动了人员的积极性、创造性，推动了各项工作的发展。

荆门市博物馆建馆已近20年，功能设施不全，现有设施老化陈旧，而所处的地理位置又限制了博物馆的发展。为此，中共荆门市委、荆门市政府把荆门市博物馆新馆建设列入了荆门市“十二五”时期重点文化建设项目。项目已经荆门市发改委批复立项，确定了选址和建筑面积，工程投资概算1.8亿元。目前已向社会开征集市博物馆外观设计方案，进入建筑设计程序。

二、藏品管理与保护修复

荆门市博物馆现有馆藏文物60725余件，其中一级文物67件(套)，二级文物96件(套)，三级文物564件(套)。2011年，随着文物保护理念的变化，荆门市博物馆根据工作需要，筹措资金购买文物保护设施设备，组建了青铜器处理实验室，并增加工作人员2名，配合馆藏青铜器保护修复工作。

在馆藏文物修复保护方面，编制了《“十二五”馆藏可移动文物保护项目规划》，拟定了荆门市博物馆“十二五”期间将进行保护修复的馆藏部分金属器、漆木器、石质文物；编写出《荆门市博物馆馆藏青铜器文物保护修复方案》、《荆门市博物馆馆藏漆木器修复保护方案》，拟对馆藏文物中筛选出的60件以东周两汉时期为主、变形、残破的青铜器和2000年在荆门五里左冢墓出土的117件漆木器进行保护、修复。同时，与湖北省文物保护中心、陕西省考古研究院合作，启动了馆藏青铜器文物保护修复工作，正在保护修复2010年底由国家文物局批准修复的馆藏180件青铜器；与陕西省考古研究院合作对后港镇严仓古墓群中整体搬迁回来的战国车马进行保护，编写的《荆门市博物馆严仓战国车马保护修复方案》正在上报。

地面文物保护方面，与湖北省古建筑保护中心联合制作了《升天塔文物保护工程勘查设计文件》，并对升天塔的维修提供技术指导和监管，制作了《洪山古寺维修方案》，并指导东宝区宗教局对其进行了维修，对纪山寺后殿进行了勘测并制作了《沙洋县纪山寺后殿修缮设计方案》。同时，还编制了白云楼、象山四泉、龙泉书院等省级文物保护单位的维修保护方案，对京山县坪坝镇下安寺古建筑群进行了勘测，并完成了相关资料的整理和图纸的绘制工作。

三、陈列展览、宣传和社会服务工作

免费开放以来，荆门市博物馆对“包山楚墓出土文物陈列”、“战国女尸及郭店楚简展览”、“精品文物展览”三个基本陈列进行了局部调整，更换了部分展品，并对馆区服务设施、绿化带等硬件进行维修改造。2011年又更换了馆内陈旧、不清晰、不明确的标志，并对公示的开放时间、参观须知等进行修改完善，增设了游客商品中心、自动存包柜、免费饮用水等服务设施，开通电话和网上预约服务。

临时展览方面，从恩施州引进了“带着面具起舞——神秘的巫傩文化展”；以馆藏的历代古钱币和市藏聚轩收藏品商店提供的古代花钱和民国四大行纸币、边区币、人民币等举办了“泉汇古今——中国钱币文化欣赏”；以馆藏革命文物和档案局收集的文物为主举办了“荆门红色记忆——纪念中国共产党建党九十周年”展览；从陕西省文物考古研究院引进陶俑和馆藏陶俑举办了“陶存物象泥塑春秋——汉唐陶俑展”；配合博物馆日、文化遗产日庆祝活动制作了“爱上博物馆”、“发展中的荆门市博物馆——“十一五”工作回顾”、“保护文化遗产守护精神家园”图片展送入社区、学校、乡镇。

宣传方面的工作，一是设计制作各种宣传册免费向观众发放。全年除制作《荆门博物馆简介》、《荆门市博物馆》、《郭店楚简》、《迎宾出行图》等宣传册外，还配合4个临时展览制作了宣传折页。二是配合展览和社会教育活动在各大媒体进行宣传。全年在报刊上宣传50余次，电视上宣传3次，网络上宣传2次。同时编写《工作简报》14期，制作宣传栏4期。三是聘请专业人员，对博物馆网站进行了全面更新和完善，分为本馆概览、陈列展览、藏品精粹、文物保护、学术研究、社会教育、为您服务、文博论坛八个部分，分别从基本展览、临时展览、社会教育活动、藏品精品文物、文物保护和科学研究成果等方面对博物馆工作进行了详细的介绍。

社会服务方面工作，一是以各种节日为载体开展宣传活动。在阴历二月十九日纪山庙会、“5·18国际博物馆日”“重阳节”等节日制作内容丰富的展览送展进乡镇、进校园、进社区；利用“三八妇女节”、“六一儿童节”等各种节假日与相关部门联系，组织各类观众参观；在暑期开展关爱留守儿童活动，组织留守儿童30多名进馆参观。二是采用举办专题知识讲座、专题报告会、有奖知识竞猜、文艺演出、藏品交流会暨鉴宝活动等方式吸引市民关注博物馆、走进博物馆、了解荆门历史文化。三是与荆门武警支队、荆楚理工学院、荆门教育局协商，共建人文历史教育基地、社会实践基地等，让博物馆的宣传教育活动更广泛，更持久。

2011年，接待国家文物局局长单霁翔、上海金山区区长赵禧福以及郑海林上将一行等重要团体200余批次，共接待观众11万余人次。

四、考古调查与考古发掘

2011年，荆门市博物馆配合湖北省、荆门市文物行政管理部门完成了荆门市第三次全国文物普查的数据库建设工作。配合建设工程完成了沙洋垢冢、荆门斗笠至荆州500千伏线路、团林歆旺液化气站，207国道改扩线路等16个项目的文物调查勘探工作，调查面积约120万平方米，勘探面积30万平方米；配合市内和南水北调中线引江济汉工程建设，完成了叶家湾遗址、麻城周家堰墓地、屈家岭墓地、窑冢墓的考古发掘工作。发掘遗址面积1000平方米，清理墓葬7座；完成了南水北调引江济汉考古工程新城遗址、黄湾墓地、郑家山墓地的资料整理与简报的编写工作；处理了纪山杨家山墓群被盗墓葬事件等破坏文物事件8起。

五、人才培养与学术研究

2011年，为进一步推进博物馆科研工作发展，成立了荆门市博物馆学术委员会，负责荆门市博物馆的科研规划、学术评价等文物科研工作，并编写了《荆门市博物馆“十二五”期间学术研究工作规划要点》。全年共发表专业文章8篇：《枝江向家坪墓群发掘简报》、《殷墟遗址保护项目实施之现状及进一步改进之对策分析》、《历史文化名城的延续》、《城市特色视角下的荆门八景重塑构想》、《博物馆与城市的记忆》、《略论我国文化遗产保护事业的成就》、《把握文物保护层次，做好文物保护工作》、《荆门牌坊》，编写的《荆门十大文化品牌解读与利用——郭店楚简》已出版，《荆门市博物馆馆藏文物精品》一书拟由湖北美术出版社出版，进入印刷阶段。撰写了《中国出土铜镜全集》中部分条目。

为培养人才，拓宽专业人员的视野，荆门市博物馆一方面选派人员参加由国家文物局主办、陕西省考古研究院承办的全国铁质文物保护修复培训班，将新聘讲解员送往河南省博物馆讲解员培训基地参加2011年讲解员培训，组织人员参加了湘鄂豫皖楚文化研究会第十二次年会、楚简·楚文化与先秦历史文化国际学术研讨会、大遗址保护现场会暨大遗址保护荆州高峰论坛、湖北省博物馆协会2011年年会等学术会议。另一方面聘请文博专家对全馆干部职工进行了以解析“郭店楚简”为主要内容业务培训。同时，通过荆门市人力资源和社会保障局公开招考，择优引进了硕士研究生2名。

六、安全保卫与后勤保障

荆门市博物馆始终坚持“预防为主，安全第一”的指导方针，制订了一系列的安全防范制度、保障制度及应急预案，定期举办安防、消防知识培训和实战演练，确保了文物安全、财产安全和人身安全。

2011年加强了安全保卫工作，一是中心库房弱电系统延续工程（文物库房）通过验收，正式投入使用。新增红外彩色摄像机4台、彩色摄像机1台、被动红外探测器2个、振动探测器8个及双鉴探测器1个；二是对聘用的安保人员在工作中不尽职尽责的进行了重新调整，使得安保人员的自身素质和工作能力有了明显提升；三是在实施全天候24小时的监控之外，实行领导值周制、科室负责人查岗查哨制，对城区地面文物每半年进行一次安全检查。赴外地押运文物5次，排除隐患3起，对全馆电器设备、电线、电路每月进行一次排查，对老化线路进行整改，更换部分老化变压器配件，做到了及时发现，及时整改，全力以赴确保文物、人员及公共财产的安全。

消防方面的工作，根据消防部门的“四个能力”建设要求，结合本单位实际状况，认真执行《消防安全管理规定》，配备及完善了部分陈旧消防设施、更换过期灭火瓶、组织实施消防知识讲座和演练，提高了各行动小组应对突发事故的能力。

鄂 州

鄂州市博物馆

Ezhou Municipal Museum

2011年，鄂州市博物馆继续承担着市内文博工作，在考古发掘、文物保护、文物收藏、展览陈列、科学研究、社会教育和文化产业发展等方面发挥着重要的作用，2011年全市发掘古墓葬39座，出土文物198件（套），新设专题陈列展2个，免费接待观众人数首次突破45万人次，完成新馆建设中的土建、外墙等工程，各项管理保护工作也更趋规范和完善。

一、行政管理与规划建设

鄂州市博物馆行政隶属于鄂州市文体局，下设办公室、保卫科、文物考古队、陈列保管修复部、地上文物保护部、怡亭铭观音阁庾亮楼管理处、文物复原复制研究所等9个部门。在职在岗员工53人，大专以上学历32人，其中副研究馆员5人，中级职称20人。

截至2011年底，鄂州市博物馆新馆（三国吴都博物馆）建设完成了2万平方米四栋房屋的土建工程和屋面瓦铺装、外墙及平屋面保温等工程；同时，启动了新馆亮化、通风空调、安全防范、电梯安装、陈列布展、监控室改造装修、入排水地下管网、科研服务楼室内装修、主楼门前平台下部空间改造装修、广场道路硬化等工程项目；并争取到新馆文物库房资金117万元。新博物馆拟于2012年国庆前对外开放。

二、藏品管理与保护修复

至2011年底，鄂州市博物馆共有馆藏文物76858件，其中经国家和省文物专家鉴定为国家珍贵文物的有4768件，包括一级文物79件，二级文物661件，三级文物4028件。藏品主要通过考古发掘、征集、捐赠、收购等途径取得，类别包括陶器、瓷器、铜器、铜镜、铁器、金器、银器、玉器、石器、图书、字画、纸币、玺印、漆木器、纺织品等，其中尤以六朝青瓷器和青铜镜最具特色。

为规范藏品管理，2011年鄂州市博物馆严格按照《博物馆藏品管理办法》的各项规定，进一步建立健全了文物藏品保护管理的各项规章制度，做到了编目详明、账目清楚，对总账、分类账和库房实行专人管理，并加强了对出入库房人员的审批和登记。

为做好藏品的修复保护工作，鄂州市博物馆编写了《关于解决鄂州市博物馆文物库房维修改造专项补助经费的请示》、《关于解决鄂州市博物馆古字画修复装裱专项补助经费的请示》等6项请示报告；完成了馆藏5万余件铜钱的清理分类和编号入账工作；修复馆藏破损青铜器5件，并为陕西历史博物馆复制镇馆之宝——西汉未央宫鎏金银竹节铜熏炉，此举开创了国内银汞齐制作的先河。

三、陈列展览与宣教服务

2008年8月8日免费开放以来，鄂州市博物馆抓住历史发展机遇，大力发展文博事业，做好社会宣教服务工作，充分发挥其作为湖北省爱国主义教育示范基地、湖北省科普基地、湖北省第二批国防教育基地的宣教阵地作用。2011年，鄂州市博物馆通过制作“鄂州铜镜展”、承办“光辉的历程伟大的成就——庆祝中国共产党建党90周年”图片展，参加“荆楚英华—全省馆藏文物精品联展”，举办5·18国际博物馆日、中国第六个文化遗产日等活动，取得了良好的社会效益，并荣获湖北省文物局授予的全省文化遗产日、博物馆日活动优秀组织奖。

同时，鄂州市博物馆配合鄂州电视台《鄂州文化长廊》栏目组拍摄“走进博物馆”系列专题片，全新改版博物馆网站并正式开通，在报纸和网络发表各类信息文章40篇；在陈列大厅内配置液晶电视、座椅、茶几和饮水机等设备，给观众提供一个舒适的参观环境，并设计制作“鄂州市博物馆宣教队伍风采展示”宣传牌，接受大众监督。

2011年，鄂州市博物馆组织接待观众数量继续大幅攀升，不仅再次刷新了日组织接待观众、月组织接待观众的历史记录，而且创造了年组织接待观众首次突破45万人次的历史新高。

四、考古调查和考古发掘

2011年，鄂州市博物馆完成了鄂州市第三次全国文物普查收尾工作，编制完成了《鄂州市第三次全国文物普查不可移动文物名录》、《鄂州市文物地图》、《鄂州市第三次全国文物普查工作报告》，向有关部门推荐了257处县市级文物保护单位名单。

9月23日至25日，鄂州市代表湖北省接受第三次全国文物普查实地文物调查数据误差率抽样检测。通过听汇报、查阅资料及实地复核，“三普”专家组确认湖北省和鄂州市第三次全国文物普查实地文物调查数据误差率抽样检测工作通过验收。

2011年，鄂州市博物馆配合三江工地、梧桐湖新区、司徒翰林苑等市内建设工程，完成了20000平方米的文物勘探及39座古墓的考古发掘工作，共出土文物198件，铜钱2000余枚。其中，在鄂州市西山街办七里界观音垅首次发现初唐大墓1座，墓室

■ 巡展（《民族魂——中华传统美德》）

长约9米,宽约4米,由前堂、过道、棺室、耳室及棺后室等几部分组成,发掘出陶俑、陶马、六系盘口壶以及瓷碗、铜构件等文物。经省文物局专家初步鉴定,陶俑、陶马、六系盘口壶为国家二级文物。

五、人才培养和学术研究

2011年,鄂州市博物馆除继续加强对在职专业技术人员的培训力度外,还派遣人员参加了北京市文物局等单位联合举办的"2011年北京数字博物馆研讨会"等各类学术研讨会。同年,市博物馆副研究员董亚巍受邀到中国科学院研究生院开设《商周青铜器与中国人的规矩》讲座,受邀到中国国家博物馆交流讨论司母戊鼎的范铸工艺技术,受邀到陕西周原博物馆、陕西宝鸡青铜器博物院、陕西历史博物馆等馆指导交流。

9月24日至26日,国家文物局青铜器鉴定研修班一行35人来到鄂州参加为期三天的培训课程,由副研究员董亚巍主讲的青铜范铸知识,并在鄂州市博物馆文物复原复制研究所现场观摩了古代青铜范铸相关工艺。

10月20日—31日,先后接待中国科技大学、北京联合大学、广东省博物馆、安徽省博物馆、浙江省博物馆、三星堆博物馆等单位的专家学者共22人,来鄂州市博物馆考察交流古代青铜范铸工艺。他们参观了铜镜复仿制品的电脑设计、精雕机雕模、制作模具、夯制陶范、烧范、浇铸以及铸后加工等现代科技和传统范铸相结合的工艺流程,现场观摩了古代青铜范铸相关工艺,并进行交流讨论。

2011年,鄂州博物馆在《商周青铜器的陶范铸造技术研究》(文物出版社)、《江汉考古》、《四川文物》等省级以上刊物发表学术论文6篇。

六、安全保卫与后勤保障

安全保卫工作一直是博物馆工作的重中之重,鄂州市博物馆为确保文物安全,采取了"加强组织领导、明确安全责任、建立安全制度、完善安全设施、增加安保力量、保障安全经费、强化安全管理"的办法,既确保老馆安全运行,又重视新馆安全设计和施工,取得连续23个博物馆文物安全年的好成绩。

2011年,鄂州市博物馆认真落实国家文物局、省文物局年初安全检查时提出的整改意见,增加了监控探头并与110指挥中心联网,完成在库房内的8路视频监控系统安装、陈列楼监控室门窗加固、陈列楼楼梯间防盗门安装、办公区防盗门窗安装等。同时,陈列保管修复部调整传统人员值班模式,在大厅,东、西展厅分别安排专人值班,将安全责任落实到人,切实做好库房和展厅的安全防卫工作。

消防方面,积极落实鄂州市消防支队消防安全检查提出的整改意见,联系专业检测部门对市博物馆消防设施设备进行专业检测,更换陈列楼、文物库房等重点防护区域的灭火器20件(套),定期组织保卫人员对全馆进行消防安全检查,督促和落实消防隐患整改,确保了馆区文物和人员的生命财产安全。

综合治理方面,通过开展馆区园林绿化管护、景区环境整洁美化、馆舍墙路维修翻新等系列工作,使得参观环境明显改善,观众满意度明显提高,得到了来访各界人士的一致好评。

七、文化产业与产品研发

2011年,鄂州市博物馆文物复原复制研究所通过加强管理,更新生产设备,研发新产品,拓宽新渠道,降低成本,使青铜器复制品的销售收入逐步增长，销售收入首次突破150万元，再创历史新高。

目前，鄂州市博物馆研发的青铜器复制品已达40余种，其特别之处有二：一是采用古代青铜范铸工艺铸制，主要工艺流程除运用电脑设计产品、使用精雕机雕刻模板外，其他均为手工操作，不仅复原了古代铸镜的工艺技术，而且还复原了铜镜的本来面貌；二是独树一帜的神奇的“透光”技术，即通过阳光或者灯光照射，镜面可将设定的图案和文字透射出来。因其精湛的工艺和深厚的文化底蕴，备受海内外人士喜爱，现已成为鄂州市的一张名片，成为领导出访、商业交往、老人做寿、年轻人婚嫁的一种地方特色礼品，并作为高档礼品远销美国、日本、法国、德国、新加坡、柬埔寨以及港、澳、台等20多个国家和地区。

黄 冈

黄冈市博物馆工作概述

2011年，黄冈市文化局和全市博物馆、纪念馆的文博工作者，团结奋斗、辛勤工作，开拓进取、加强管理，在文物普查、免费开放、文物安全、文物保护及利用等方面做了大量工作，全市的博物馆事业有了新的发展。

截至2011年底，黄冈市共有各类博物馆、纪念馆23家，新增各类文物藏品468件（套），新设专题陈列展览24个，临时展览8个，共接待观众255.2万余人，较上一年增加30余万人，取得较好的社会服务和展示宣传效果；考古发掘也有新的重要发现，各项管理保护工作更趋规范和完善。

【博物馆建设】 全市23家博物馆、纪念馆中，国家三级博物馆3家；由市直文物部门管理的博物馆2家，在编在岗人员46人；由县（市、区）文化（物）部门管理的博物馆13家，纪念馆7家，在编157人，在岗人员269人。

2011年，为迎接川鄂两省“明清移民与社会变迁——麻城孝感乡现象”学术研讨会在麻城召开，麻城市委、市政府研究决定，新建麻城市移民博物馆。移民博物馆设在麻城市博物馆四楼，展示麻城市移民文化史，展出文物400余件，展陈面积1500平方米，于2011年7月23日正式免费对外开放。

今年以来，为提升城市文化品位，完善公共文化基础设施，黄冈市辖各县县委、县政府都将博物馆新建、改扩建列入十二五重点项目，红安、黄梅等县博物馆新馆建设已进入施工阶段。

【陈列展览】 在经济快速发展和文化多元化发展过程中，黄冈市各地博物馆、纪念馆与时俱进，尤其是在博物馆免费开放后，不断调整服务方式和服务理念，努力提升陈列展览水平，倾力打造陈列展览的文化品牌。

黄冈市博物馆新馆即将开放，正举办、制作“黄冈市历史文化陈列”、“黄冈古城展”、“馆藏精品书画展”等基本陈列，及“黄冈市全国第三次文物普查成果展”临时陈列，全面展示黄冈本地历史文化和光荣的革命传统。

红安县文物局利用“董必武书法作品展”、“红安地区民俗文物展”，结合红安县七里坪革命旧址群长胜街红色景区宣传了红安历史文化和民风民俗，使观众了解了红安的民俗文化，收到了较好的社会效益。

黄冈市民俗博物馆制作了“黄冈市民间艺术暨民俗文化展”、“黄冈市书法、美术、摄影名家精品馆”、“黄冈市名人文化展”，以大量的实物、文史信息资料为载体，从不同角度展现了黄冈人民优秀的民俗文化传统。

李时珍纪念馆提升了“李时珍生平纪念展”、“李时珍药物展”，充实实物、图片资料等信息，多角度展示李时珍在我国医药历史上的重要贡献。

李四光纪念馆举办了“庆“五一”暨纪念‘5·18’世界博物馆日书法精品展”、“庆祝国庆暨纪念辛亥革命一百周年黄州老年书画展”、“纪念辛亥革命100周年暨黄冈长江大桥建设楹联书画展”、“海峡两岸杨门五人书画作品联展”等，被黄冈主流媒体多次报道，参观群众络绎不绝，社会反响强烈。

罗田县博物馆举办了“文物法宣传专题展”和“罗田出土文物图片展”、“罗田县“地税杯”庆祝建党九十周年美术、书法、摄影展”，获得社会各界和群众的一致好评。

麻城市博物馆举办了“追寻历史探索文化”——麻城历史与文物陈列，展出文物800余件；“麻城移民文物史料陈列展览”，另设“丁氏红军三兄弟文物陈列展”。乘马会馆纪念馆主要陈列有“麻城革命斗争史”、“麻城籍将军生平事迹简介”；孔庙文物管理所是省级重点文物保护单位，是孔子来麻城讲学的地方，同时是麻城县第一届县委会旧址，雕塑有孔子及四配十二哲像，长年向观众免费开放。

蕲春县博物馆举办了“皇族遗风——荆王府出土文物专题陈列”、“蕲春县教授名人展”、“馆藏古字画精品展”、“蕲春历史名人展”、“墓碑石刻展”等专题展览。2011年6月28日，蕲春县博物馆精心挑选100余件精品文物，参加了“荆楚英华——全省博物馆馆藏文物精品联展”，受到社会各界的广泛关注和好评。

闻一多纪念馆举办了“闻一多生平事迹陈列展”，2011年完成了“闻一多纪念馆展览更新改造内容设计方案”和“闻一多纪念馆展览更新改造工程设计方案”。制作了“诗人、学者、爱国民主战士闻一多图片展”、“闻一多廉政文化专题展”等临时展览，为推进构建社会主义和谐社会发挥了积极作用。

武穴市博物馆举办了“武穴市精品文物陈列展”、“武穴鼓山遗址出土文物展”、“吴楚民间文化图片展”，收到了较好的社会效益。

英山县博物馆（毕昇纪念馆）主要依靠“毕昇文物图片展览”、“英山县革命文物展”，激发广大未成年人爱国主义精神和创新精神。

【免费开放和宣教服务】 黄冈市境内国有博物馆、纪念馆均实施免费开放。免费开放的时间为每周6天。全年共免费接待观众255.2万余人，较上一年增加30余万人，取得较好的展示宣传效果。其中，麻城市革命博物馆、蕲春县博物馆接待观众人数较上一年增幅3万人次以上。

免费开放后，博物馆、纪念馆由于有相应的财政经费保障，人员思想稳定，除馆舍环境、陈列展览时有改善更新外，宣教社会服务工作也不断增强。

“5·18国际博物馆日”的主题是“博物馆与记忆”。为纪念第35个国际博物馆日，大力弘扬中华文化，提高全社会文物保护意识，黄冈市各博物馆、纪念馆均在当日上午举行了大型宣传活动。黄冈市博物馆悬挂横幅“手牵手保护文化遗产心连心构建和谐社会”、发放文物法律法规资料、播放录音、摆放流动展板、邀请媒体诸多报道等形式向广大群众宣传《文物保护法》，介绍黄冈市博物馆免费参观须知、黄冈市博物馆各展厅情况以及国际博物馆日的出来、意义等相关内容。

同时,各地都结合建党 90 周年这一盛典,通过开展各种形式的博物馆“进校园、进社区”活动,更新展览内容,免费送展,将流动展览送到机关、企事业单位,特别是中小学校,加深公众尤其是青少年对民族、地域历史文化和自然环境等的了解、理解和尊重,促进优良历史文化传统的保护与弘扬。

【藏品收藏与保护管理】 至 2011 年底,全市国有博物馆、纪念馆共收藏文物 14 万余件(套),其中三级以上珍贵文物 2129 件(套)。本年度新增各类文物藏品 468 件(套),其中,蕲春县博物馆于年底邀请省文物局安鉴处,新鉴定一批文物,新增一级文物 26 件、二级文物 30 件、三级文物 316 件。藏品除少部分为考古发掘外,大部分为征集的移民文化文物和民俗文物。

为规范藏品管理,2011 年黄冈市各地博物馆、纪念馆严格按照《藏品管理办法》,进一步建立健全了文物藏品保护管理各项规章制度。馆藏文物录入电子表格,做到了编目详尽,账目清楚,对总账、分类账和保险柜实行专人管理,并加强了出入库房人员的审批和登记。

本年度,各博物馆加强了对藏品的修复保护。《黄冈市博物馆馆藏青铜器保护修复方案》通过了国家文物局的方案审批,申请到保护修复项目经费 125 万元。黄冈市博物馆编写了《黄冈市博物馆馆藏珍贵纸质文物保护项目立项的请示》,《黄冈市博物馆柜架囊匣装具配置项目的请示》等请示报告;全年保护修复了馆藏陶器 167 件、铜器 53 件、字画 207 件,铜铁器去锈 46 件,共计对 473 件(套)文物进行了保护修复工作。其他各馆根据自身实际情况,不同程度的对藏品进行了修复保护。

2011 年 1 月 28 日晚,黄冈市博物馆发生一起文物抢劫案,4 名犯罪分子冲进黄冈市博物馆将监控设施线路剪断,持刀砍伤市博物馆值守人员、用胶带封口、捆住手脚后,抢走战国青铜器 3 件和储存监控信息的电脑主机一台。

案件发生后,各级政府文化、公安部门高度重视,黄冈市公安机关 31 小时内迅速侦破此案,犯罪分子全部抓获,被抢文物悉数追回。

黄冈市文化局联合市公安局迅速发文,要求全市各博物馆、纪念馆自查自纠,举一反三,重新制定、健全、落实各项文物安全制度,重新部署文物安全保卫工作,提高干部职工的安全防范意识,做好文物安全工作。

“1·28”案件后,黄冈市博物馆外聘保安公司保安人员 3 名,加强馆内外 24 小时值班巡逻,不定期进行抽查。建立视频监控和红外线报警系统,三道设防,新增中央控制室,增添三个监控电脑主机,录像资料储存进行三套备份,与公安部门联网,对重要部位全方位监控,值班室增设两部报警电话,更新加固门窗、围墙,值班人员配备警棍设备;对院内树木等影响监控视线的障碍物,进行了修整和清除。新增了 19 个灭火器(干粉灭火器 17 个,气体灭火器 2 个),添置消防带、消防斧、防毒面具等设备。完善值班室生活设施,在博物馆值班区新增两处洗手间和一个水池。

红安县文物局投资 26 万元对红安县苏维埃政府旧址和文物库房安装了安防监控设施及消防器材。投资 20 万元完成文物库房的安防监控设施,增添了保险柜,对门窗进行了加固。投资 40 万元为省保以上文物点配置了共计 300 个灭火器、修建了消防沙池 30 个、购置消防水缸 20 口,消防铁锹、桶 150 套。七里坪文管所监控室投入 60 万元,律设安防监控室，达到国家安防标准，配备专职保卫人员 24 小时值班。

麻城博物馆更换了展厅及文物库房部分监控设施设备，馆内外共安装了 16 个监控探头，采取多角度全方位实施全天候监控，并与市公安局 110 联网，同时配备了相应的消防设施设备，确保馆藏文物安全。

闻一多纪念馆新增三个消防栓、十台灭火器材、四条消防水带，保障馆区前院、后院各有两个消防栓，每个展厅及责任区各有二台灭火器；安装一个报警铃，出现火灾、盗、抢，及时按铃报警；对文物库房进行改造，对文物库房门窗对行了防盗门的安装，新增文物存放专柜四个；多次对消防水池进行清理，保障了消防水池的正常使用。

武穴市博物馆新增监控摄像头 8 个，增添监控电脑主机，录像资料储存进行二套备份，全方位监控重要部位，值班室增设两部报警电话，更新加固存在隐患的门窗、围墙，值班人员配备警棍设备。配置新增了 6 个灭火器。

黄冈市各博物馆、纪念馆都制订有《突发事件应急预案》，并不定期开展演习，联合消防部门开展消防演习。

【考古调查与发掘】 2011 年，黄冈市各县全面完成了黄冈市第三次全国文物普查工作。

黄冈市博物馆参与指导了黄州区胜利南村拆迁工程涉及明代黄州城的保护工作、黄州区青砖湖宋城遗址勘探、发掘及论证工作；2011 年 6 月，黄冈市博物馆对罗田迎宾大道工程涉及的明墓进行了抢救性发掘，共清理明清时期墓葬 10 座，出土文物陶器、瓷器共 30 件。

黄州区博物馆文物调查勘探工作队配合市政府老年大学基建工地，进行了抢救性文物保护工作。受湖北省文物局委托，对黄鄂高速团风段沿线地段进行文物调查。受黄冈市政府、黄州区政府委托，为城区胜利南村旧城改造工程提供技术支持。7 月，在陶店乡茶园村抢救性发掘了南北朝古墓一座，出土珍贵文物十余件。受湖北省文物局、黄冈市文化局委托，参与了青砖湖宋城遗址的考古调查勘探发掘工作，确定了黄州宋城遗址。红安县文物局为配合县南经济开发区、省道阳福线红安绕城公路、天台山 35 千伏变电站等工程，完成了文物勘探工作。麻城市革命博物馆先后到阎田河镇柏子塔、鼓楼办事处尉家咀遗址、盐田河镇海翁塔墓地的调查工作以及木子店细石岭村古墓葬、鼓楼办事处古孝感乡都建设工地古墓葬发掘清理工作，配合中一镇变电站选址地面考古踏勘等。罗田县博物馆对北丰变电站拟建地址进行文物遗存勘探，发现 3 处古墓葬。6 月初，配合省考古所对麻阳高速公路罗田段 A 线、B 线进行了文物调查勘探，协助省考古队整理出完备的记录资料。配合黄冈市博物馆对罗田迎宾大道工程涉及的明墓进行了抢救性发掘。7 月 14 日，根据群众举报，在胜利派出所和文化站的配合下，依法及时收回了胜利大竹园村农民在房屋基建中发现出土的 3 件文物。10 月份，对薄刀峰——将军山 220 千伏线路进行了是否经过文物遗址遗迹的审核以及对薄刀峰旅游综合开发项目建设的文物勘察工作。武穴市博物馆对途径境内的麻阳线高速公路工程线路文物调查和勘探工作、南昌—武汉高压线工程武穴段等工程，进行了文物调查和勘探工作；对四望镇泰盛广场工程涉及的古墓进行了抢救性发掘工作。黄梅县博物馆对 G105 黄梅县境烟铺至濯港关山段绕城公路沿线、黄梅停前 110 千伏变电站站址和进站道路沿线文物调查勘探，并写出了文物部门对这两处工程的意见函。2011

年10月21日,县文化局接到举报电话大河镇杨卤村挖掘了一座墓葬,黄梅县博物馆业务人员及时前往事发地点进行了抢救性清理和发掘,做好了现场文字记录、照相、测量等工作。

【人才培养与学术研究】 2011年,黄冈市博物馆因新馆开馆工作需要,市文化局向市编办申报了《关于增加黄冈市博物馆人员编制问题的报告》,后经市编办研究决定,同意增编8人,分别为博物馆学、考古与文物保护3人,文物安全2人,讲解员3人。黄冈市博物馆将根据审批情况面向社会进行公开招考。为进一步提高讲解员的业务素质和专业技术水平,黄冈市博物馆聘请了市教育局语音教研室专家对陈列部讲解员进行了普通话培训,4名讲解员均通过湖北省普通话水平能力测试。

李四光纪念馆加大了对讲解人员的培养力度,配合市、区政府开展的建国90周年的系统庆典活动,参加市、区青工委主办的《把一切献给党》专题征文与演讲比赛活动中,获得优异成绩。红安县博物馆制定奖励政策鼓励积极自学,每年举办讲解员综合能力考试,采取现场讲解、点评和笔试相结合的办法,在讲解员队伍中掀起了创先争优的良好风气。派员参加了国家文物局在中央文化管理干部学院举办的"第三期全国县级文物行政部门负责人培训班"。还组织一线讲解员到国家博物馆、故宫、江西井冈山、瑞金参观学习,派干部参加县委党校、县人事局举办的"中青干部培训班"。麻城市革命博物馆加大了对专业技术人员的培训力度,制定人才培训计划,带着课题和项目进行学习。2011年7月,副馆长戴青松参加了黄冈市博物馆组织的"三普"工作报告编制培训班,利用博物馆的专家讲授专业知识,开展普通话、考古等专业知识的培训,使专业技术人员的业务工作能力有了较快的提高。英山县博物馆采取"走出去请进来"的方法,外请专家来馆讲课培训,进行普通话培训和专业知识培训,规范讲解词,并积极参加市文化局组织的各类讲解员培训班和比赛,提高服务质量。罗田县博物馆采取派遣3名专业人员参加"2011年度全国文物行政执法人员轮训班"、参加市县联合考古发掘、赴邻县业务取经等不同形式,加大了在职专业技术人员的培训力度。闻一多纪念馆先后派员参加了在北京召开的"携手共进、创新发展"为主题的数字博物馆研讨会,在安徽岳西县举行的"大别山红色旅游区管理人员培训班"和在宜城市召开的"全省中小城市博物馆建设暨陈列展览提工作座谈会"等。积极参加全市旅游导游员培训班学习和全县普通话考级培训班学习等。李时珍纪念馆多次邀请研究李时珍生平的专家来馆上课,指导全馆职工学习李时珍相关的知识;结合本馆工作实际,积极选派相关人员参加各级各部门组织的学习培训。黄梅县博物馆因工作需要,增加了讲解员和安全保卫人员各一名,对两人进行业务培训。

黄梅县博物馆协助中国社会科学院考古研究所编著的田野考古报告集《黄梅塞墩》一书,在中国文物出版社正式出版。罗田县博物馆撰写了《罗田历史纪实歌》、《十二生肖与罗田》、《人杰地灵、人文荟萃》等文章在有关刊物上发表。闻一多纪念馆出版了《弘扬一多精神·传承廉洁文化》宣传图册、《民盟浠水60年》、《红烛书画选萃》,参与了《闻一多国际学术研讨会》、《闻一多纪念馆展览更新改造内容设计方案》、"闻一多廉洁文化杯"书画摄影比赛、"闻一多文化艺术节"的筹备等工作,提交论文2篇,发表通讯、散文、小说10余篇。李时珍纪念馆撰写的《本草纲目记载的古人生活》收入“第十六届全国药学史暨本草学术会议论文集”；《李时珍传》、《李时珍和蕲州》、《本草纲目》中的医药故事、《本草纲目》中的咏药诗歌、《本草纲目》中的民谣谚语、《本草纲目》中的述药美文、《本草纲目》中的生活常识、永恒的纪念等多部专著已定稿，目前正积极筹划出版。部分县、市（区）博物馆在《博物馆与城市化——2011年湖北省博物馆协会学术研讨会论文集》上发表了论文。

【文化产业】 2011年，红安县文物局在七里坪革命旧址群长胜街红色景区，引进民间大量商铺、作坊，街内居民自发开门店，对游客出售地方土特产品，如红安大布、红安绣花鞋垫等。为进一步营造景区复旧复古氛围，查访大量历史信息，对长胜街600米街道分别恢复老字牌标志15个；老字号店铺木匾8块；幌子18条；大红灯笼20盏；以及设置艺人打鼓说书、铁匠铺、纺织作坊、油炸铺、打酒店铺等。目前整条街内参观环境优适，商铺店号经营有序。据统计，2011年七里坪革命旧址群共接待游客达40万人次，景区内相关文化产业销售额达18万元。英山县博物馆依托毕昇是世界级的名人的优势，先后制作了毕昇头像胸章、泥质头像、泥活字模型等一系列文化产品。罗田县博物馆计划开发“十二生肖”与“生肖俑”等工艺品，开展字画装裱业务，筹办文物商店，利用文化遗址、名人文化开发文化产业。蕲春县博物馆内设了装裱室对外服务，同时外售文房四宝。李时珍纪念馆开发了李时珍铜像，铜像高30厘米，青铜铸造，配高档皮盒，计划全球限量发行5000尊，以此纪念李时珍诞辰500周年。此铜像原型为李时珍纪念馆中李时珍全身青铜像（全国首尊全身铜像）缩小版。同时，李时珍系列特色纪念品、李时珍及《本草纲目》相关的书籍、李时珍系列医药保健品、李时珍家乡土特产等还有待进一步开发。

黄冈市博物馆

Huanggang Municipal Museum

黄冈市博物馆位于黄冈市公园路7号，是一座综合性博物馆。其前身为“黄冈专区农业展馆”，1957年兴建，占地面积21亩，建筑面积3000多平方米。一直以来，承担着黄冈市境内的文博业务指导工作，在文物收藏与保护、展览陈列、社会教育、考古发掘与研究等方面发挥着重要作用。

一、行政管理与规划建设

黄冈市博物馆隶属于黄冈市文化局，现有馆长1名，书记1名，副馆长2名。下设办公室、考古部、陈列部、安全保卫部、文物征集办，核定人员编制数30人。现馆址为四合院结构，对外开放有东、西两个展厅，面积800平方米，2008年正式对社会免费开放。

黄冈市博物馆新馆位于黄冈市东方广场西侧，建筑面积1.2万平方米，主楼为四层，层高32米，由陈列展区、藏品库区、技术和学术研究区、办公区及观众服务区等组成。于2010年11月28日封顶，完成主体建筑工程，同时启动装修与展陈设计、制作工作。2011年4月成立了黄冈市博物馆陈展工程建设指挥部。8月，陈展大纲在黄冈、武汉、北京等地，经过专家研讨，市博物馆新馆陈展大纲基本定型。12 月底，开始陈列布展工作。

二、藏品管理与保护修复

截至 2011 年底，黄冈市博物馆馆藏文物 18450 件（套），其中一级文物 19 件（套），二级文物 19 件（套），三级文物 144 件（套）。为了规范藏品的管理，黄冈市博物馆进一步完善了文物保管工作制度，根据新馆陈展工作需要，对库房文物和待展文物进行了清理，制作了文物电子信息档案，文物账本和库房钥匙实行专人管理，严格执行《黄冈市博物馆文物库房管理制度》，履行出入库房人员登记手续。

在藏品保护修复方面，《黄冈市博物馆馆藏青铜器保护修复方案》通过了国家文物局的方案审批，申请到保护修复项目经费 125 万元。编写了《黄冈市博物馆馆藏珍贵纸质文物保护项目立项的请示》、《黄冈市博物馆柜架囊匣装具配置项目的请示》等请示报告。

因陈展工作需要，全年保护修复了馆藏陶器 167 件，铜器 53 件，字画 207 件，铜铁器去锈 46 件，共计 473 件（套）文物。

三、陈列展览与宣教服务

在新馆未建成情况下，黄冈市博物馆利用免费开放专项经费对现馆舍进行了维修和改造，横换、添置了设施、设备，通过固定陈列展览——“黄冈市历史文物展”和“纪念改革开放三十年成果展”，宣传了黄冈历史文化和改革开放三十年来，黄冈地区发生的巨大变化，使观众借古鉴今，珍惜现在的美好生活；配合大别山旅游节举办了临时展览——“东坡遗韵—全国书法名家书画展”，陶冶情操，提升文化品位，接待观众 10 万人次，提高了社会公众对文化及文物工作的了解，收到了较好的社会效益。

与此同时，黄冈市博物馆新馆陈展工程也有条不紊地展开。新馆计划举办、制作“黄冈市历史文化陈列”、“黄冈古城展”、“馆藏精品书画展”等基本陈列，及“黄冈市全国第三次文物普查成果展”临时陈列，全面展示黄冈本地历史文化和光荣的革命传统。

2011 年“5 · 18 国际博物馆日”的主题是“博物馆与记忆”。为纪念第 35 个国际博物馆日，大力弘扬中华文化，提高全社会文物保护意识，黄冈市博物馆于当日上午举行了大型宣传活动。在馆舍两侧分别采取悬挂横幅“手牵手保护文化遗产心连心构建和谐社会”、发放文物法律法规资料、播放录音、摆放流动展板、邀请媒体诸多报道等形式向广大群众宣传《文物保护法》，介绍黄冈市博物馆免费参观须知、黄冈市博物馆各展厅情况以及国际博物馆日的由来、意义等相关内容。

同时，结合建党 90 周年这一盛典，黄冈市博物馆开展各种形式的博物馆“进校园、进社区”活动，更新展览内容，免费送展，将流动展览送到机关、企事业单位，特别是中小学校，加深公众特别是青少年对民族、地域历史文化和自然环境等的了解、理解和尊重，促进优良历史文化传统的保护与弘扬。

四、考古调查与考古发掘

为配合经济建设的需要，2011 年 4 月至 8 月，黄冈市博物馆参与了黄州区胜利南村拆迁工程涉及明代黄州城的保护工作、黄州区青砖湖宋城遗址勘探、发掘及论证工作；2011 年 6 月，黄冈市博物馆对罗田迎宾大道工程涉及的明墓进行了抢救性发掘，共清理明清时期墓葬 10 座，出土陶器、瓷器共 30 件。

五、人才培养与学术研究

2011年，由于新馆开馆工作需要，市编办同意增编8人，分别为博物馆学、考古与文物保护3人，文物安全2人，讲解员3人。黄冈市博物馆将面向社会进行公开招考。

为进一步提高讲解员的业务素质和专业技术水平，黄冈市博物馆聘请了市教育局语音教研室专家对陈列部讲解员进行了普通话培训，4名讲解员均通过湖北省普通话水平能力测试。

六、安全保卫与后勤保障

文物安全工作一直是博物馆日常工作的重中之重。2011年1月28日晚，黄冈市博物馆发生一起文物抢劫案，4名犯罪分子冲进黄冈市博物馆将监控设施线路剪断，持刀砍伤市博物馆值守人员、用胶带封口、捆住手脚后，抢走战国青铜器3件和储存监控信息的电脑主机一台。

案件发生后，黄冈市公安机关31小时内迅速侦破此案，犯罪分子全部抓获，被抢文物悉数追回。

黄冈市博物馆举一反三，领导班子多次召开文物安全专题会议，重新制定、完善、健全、落实文物安全制度，加大力度重新部署文物安全保卫工作，增强、提高干部职工的安全防范意识。

1. 在新馆未落成的情况下，充实值班力量。全馆干部职工参加值班，实行领导带班，继续执行五班（上午班、中午班、下午班、晚班、夜班）轮换值班机制，每班2人，夜班值班人员不少于4人，严格执行交接班手续。同时，通过市公安局联系外聘保安公司保安人员3名，加强馆内外24小时值班巡逻，确保24小时不断人、不断岗，不定期进行抽查。

2. 进一步加强物防、技防措施，建立视频监控和红外线报警系统，三道设防，新增监控摄像与主控机组成的中央控制室，增添三个监控电脑主机，录像资料储存进行三套备份，与公安部门联网，对文物库房、展厅、文物标本室、资料档案室等重要部位全方位监控，值班室增设两部报警电话，对有隐患的门窗、围墙进行了更新加固，值班人员配备警棍设备，对院内树木等影响监控视线的障碍物，进行了修整和清除。

3. 进一步加强和完善消防安全工作。在原有消防设施的基础上，配置新增了19个灭火器，其中干粉灭火器17个，气体灭火器2个，添置消防带、消防斧、防毒面具等设备，计划配置喷淋消防系统和修建避雷塔等设施设备。

4. 完善值班室生活设施，在博物馆值班区新增两处洗手间和一个水池。

咸 宁

咸宁市博物馆工作概述

咸宁市共辖咸安区、通山县、崇阳县、通城县、赤壁市、嘉鱼县等六县(市、区)。全市有七个公共博物馆,三个文管所(李自成陵墓文管所、赤壁古战场遗址文管所、北伐汀泗桥战役遗址文管所)。2011年底咸宁市博物馆新馆建设工程竣工,正处于展厅布展及设备调试阶段,通城县将原体委大楼改建成博物馆,开展了陈列展览工作,嘉鱼、通山、崇阳县已规划筹备建设新博物馆。境内分布各类文物点2300余处,馆藏文物40000余件。2011年全市各类博物馆、纪念馆免费接待观众22.5万余人,其中学生占较大比例。

【博物馆建设与管理】 2011年,咸宁市博物馆、纪念馆在编在岗人员57人。全市现有国保单位6处,省保单位53处,县市级文物保护单位237处。

咸安区博物馆下辖北伐汀泗桥战役遗址文管所,在岗职工10人。全区内有全国重点文物保护单位1处:北伐汀泗桥战役遗址;湖北省重点文物保护单位9处:向阳湖文化名人旧址、钱亦石故居、何功伟烈士故居、咸安三一八惨案丛葬坑、咸安古桥、刘家桥民居、孙郭胡城址、庙山遗址、沈鸿宾故居;市保单位17处。

通山县博物馆下辖李自成陵墓文管所,在岗职工12人。全县有各类文物点505处,其中全国重点文物保护单位1处:李自成陵墓;湖北省重点文物保护单位7处,市保单位85处。

崇阳县博物馆与县文化馆合体办公,现有职工4人。全县有各类文物点410余处,其中湖北省重点文物保护单位5处,县级文物保护单位39处。

通城县博物馆现有职工4人。全县有各类文物点360余处,其中湖北省重点文物保护单位6处,县级文物保护单位28处。

赤壁市博物馆下辖赤壁古战场遗址文管所,现有职工10人。赤壁市内有湖北省重点文物保护单位12处,市保单位8处。

嘉鱼县博物馆现有职工2人。全县有各类文物点120余处,其中湖北省重点文物保护单位3处,县级文物保护单位6处。

【陈列展览】 咸宁市各县(市)博物馆纪念馆以本地出土的历史文物、民俗文物、历史人物、重大历史事件为主题,集中展示和宣传本地丰富多彩的文化遗产,充分体现了鄂东南的文化特色,对弘扬优秀历史文化、促进文化发展、丰富人民群众的文化生活,推进鄂南经济强市建设,起到了十分重要的作用。

咸宁市博物馆新馆在未正式对外开放

的情况下，5至10月份接待团体观众4000余人次。

通山县博物馆基本陈列有“历史文物陈列”、“民俗文物陈列”、“抗战史实陈列”。2011年参观人数达6.5万人次。

崇阳县博物馆举办的展览有“出土文物展”、“崇阳县部分革命文物展”，“革命传统教育展”，“崇阳县书画、摄影展”等。

通城县博物馆基本陈列有“历史文物陈列”、“民俗文物陈列”、“通城县抗战史陈列”等。

赤壁市博物馆基本陈列、精品陈列和临时展览。基本陈列有“赤壁鏖战浮雕展”和“历史文物精品展”。精品陈列为“千古风流——赤壁之战历史展”。2011年参观人数达4万人数。

嘉鱼县博物馆展览有“以史为镜，爱我中华，振兴嘉鱼”、“肖烈炎个人书画展”，“簰洲湾九八抗洪纪念”等。2011年参观人数达2000人次。

咸安区博物馆2011年参观人数达18万人次。

咸宁市博物馆

Xianning Municipal Museum

咸宁市博物馆于1976年成立，主要职责是宣传教育、社会服务、文物收藏与保护、考古发掘与研究。经过多年的征集和考古发掘工作，目前馆内收藏有数量众多的历史文物、民俗文物，这些精美的文物代表了鄂东南地方文化特点和多元化的民俗风格。

2011年，咸宁市博物馆借助鄂南经济快速发展的契机，以科学发展观为指导，坚持“以人为本”，狠抓思想政治建设、人才培养和业务工作，不断充实人才队伍，提升博物馆综合实力，为以后各项工作的开展打下了坚实的基础。

一、行政管理与规划建设

咸宁市博物馆隶属于咸宁市文化体育新闻出版局，实行馆长负责制，现有馆长1名，副馆长2名，工会主席1名。下设办公室、保管部、陈列部、社教部、考古部、安保部6个部门。2011年市编委下达的在编人员21人，以钱养事人员2人。其中专业技术人员17人，讲解员2人，行政后勤人员4名。截至2011年底，有副高职称3人，中级职称5人，助理职称7人。

咸宁市博物馆为上世纪80年代建筑，已不能满足城市化发展及现代博物馆发展的需要，也限制了博物馆各项功能的充分发挥。随着咸宁市社会经济的快速发展，为满足人民群众不断增长的文化需求，在市委、市政府的高度重视下，2008年9月咸宁市博物馆新馆正式奠基，2011年底竣工。新馆占地30.53亩，建筑面积9887平方米。展厅面积3200平方米，总投资1.2亿元。咸宁市博物馆整个建筑贯穿了“天圆地方”和“楚泉润玉”设计理念，以现代风格为主，同时融入鲜明的咸宁地方文化特色。

咸宁市博物馆新馆主要功能分区包括展示陈列区、保管收藏区、公共服务区和办公区。

博物馆新馆建成后，将更好地承担全市文博事业发展的重任，在文物收藏保护、陈列展览、科学研究、社会教育等方面发挥更加重要的作用。

二、藏品管理与保护

截至2011年底，咸宁市博物馆馆藏文物20000余件(套)，其中一、二、三级文物300余件。新征集民俗类文物200多件。在藏品管理方面，建立了完善的业务档案，制订了各种类藏品管理制度，严格文物库房安全管理责任制，消防安全责任制，文物安全24小时值班制度，做到制度上墙，责任到人，随时巡查，定期检查，认真排除安全隐患。文物按类别归档上架，一、二、三级文物设立保险柜单独保管，总账、分类账和保险柜钥匙由2人管理，并加强了出入库房人员的审批和登记。

文物保护修复方面，2011年修复考古发掘文物600余件。其中，修复完成南水北调引江济汉工程荆州拍马遗址出土文物200多件，修复完成南水北调工程丹江水库库区郧县一中汉墓群考古发掘出土文物400余件。对修复完成的各类文物及时建档建卡，妥善保管。

三、陈列展览与宣教服务

由于馆舍条件限制，没有陈列展览，但仍积极开展各种文物及文物保护的法律宣传活动。积极组织和参加社会服务活动。2011年，全馆职工在馆领导的带领下，在市中心花坛举办文物保护法的宣传活动，与观众互动，进行有奖问答，取得了较好的社会效果。在“世界文化遗产日”，市博物馆和市群艺馆在咸宁市温泉购物街联合举办了物质文化遗产和非物质文化遗产的大型图片展览活动，吸引了大批市民前来观展。图片展览介绍了咸宁的物质文化遗产和非物质文化遗产的精品，目的是为了展示咸宁、介绍咸宁、宣传咸宁的文化特色，对保护咸宁的文化遗产起到了很好的作用。在考古发掘工地适时对群众宣传文物保护法，在乡镇、村落张贴文物保护法的宣传单。鼓励群众举报文物犯罪活动，打击盗掘古墓，破坏文物的犯罪行为。

四、考古调查与考古发掘

■ 咸宁市新馆落成典礼

2011年，咸宁市博物馆完成多项考古调查和考古发掘项目。

完成武汉—深圳高速公路咸宁段的文物调查勘探工作，发现文物点20多处。

完成南水北调工程丹江水库库区郧县一中汉墓群考古发掘的文物调查、文物勘探、考古发掘工作。完成勘探面积20000平方米，发掘面积3000平方米，发掘古墓葬70多座，出土文物500余件，并修复出土文物400余件。

完成南水北调考古项目荆州万场庙遗址的考古发掘工作，完成勘探面积10000平方米，发掘面积1000平方米，发掘古墓葬10多座，出土文物200余件。

完成南水北调引江济汉工程荆州拍马遗址出土文物的修复与整理工作。

配合省文物行政管理部门完成第三次全国文物普查资料数据库建设及文本资料的汇编工作。登录不可移动文物2503处，其中新发现文物点1845处，复查文物点658处（其中消失文物点113处）。其中古遗址269处，古墓葬823处，古建筑1077处，石窟寺及石刻31处，近现代重要史迹及代表性建筑180处，其他10处。

五、人才培养与学术研究

2011年，咸宁市博物馆十分注重考古专业人才的培养，积极鼓励业务人员加强业务学习，不断提高业务技能。现有职工大部分达到初、中级专业技术水平。在人员聘用方面，注重吸纳各类贤才，并加强在岗职工的培训，不断提高员工的素质，以适应现代博物馆发展的要求。博物馆领导班子不但注重本馆专业人员的培养，而且高度重视各县市博物馆专业人员的培养，加强同县市博物馆的业务交流，并积极帮助他们进行人才培养，每到一个发掘工地，都会带上几个县（市）博物馆的年轻人员到工地学习，给予技术指导，帮助他们提高业务水平。经过多年的努力，各县（市）博物馆人员的业务能力都得到了很大提高，为县（市）博物馆的发展奠定了基础，培养了后备力量。

2011年，咸宁市博物馆出版了长江三峡工程文物保护考古学术报告《秭归陶家坡》。在《江汉考古》等专业期刊上发表了多篇考古发掘简报。完成省博物馆协会布置的县市博物馆年鉴的编辑工作。编辑出版了《咸宁文物精粹》大型图册，多篇考古发掘简报、报告等仍在编辑和整理中。

六、安全保卫与后勤保障

安全保卫工作一直是博物馆工作中的重中之重，咸宁市博物馆始终坚持“预防为主，安全第一”的方针，制定了一系列安全防范制度、保障制度和应急预案，确保了文物安全、财产安全和人身安全。年初博物馆的领导班子对文物保护和安全消防工作做了认真的部署和安排，严格文物库房安全管理责任制，文物安全24小时值班制度，责任到人，随时巡查，定期检查，对检查中发现的问题及时解决，认真排除安全隐患。节假日领导带头值班，带队巡查，确保文物安全。安全消防方面，文物库房及每层楼面均安装了灭火栓、灭火器，并定时检查和更换。认真学习《消防法》，严格按照消防部门的要求进行检查和整改，结合本单位消防工作现状，制定规章制度，增强消防安全意识，落实消防安全岗位责任制，全面保证消防器材的配置和更换。全年没有发生任何安全责任事故，创建了第三十五个文物安全年。

2011年，咸宁市博物馆在认真完成各项业务工作的同时，努力做好后勤保障工作。首先，对职工宿舍楼进行了全面的维修改造，完善了供水供电设备，解除了职工的后顾之忧。其次，开展文化娱乐活动，组织多项体育比赛，提高职工的健康水平。

随 州

随州市博物馆工作概述

2011年,随州市各级各类博物馆、纪念馆,加强管理；高度重视藏品收藏、保管与保护；全力做好陈列展览与宣传服务；积极配合地方经济建设,科学进行考古调查与发掘；注重人才培养与学术研究；文化产业与产品研发均有较大发展；后勤保障有力,确保了全年文物、人员及财产绝对安全。

【博物馆建设】 随州市各类博物馆、纪念馆3家,分别是随州市博物馆(国家二级博物馆)、广水市博物馆、随州市曾都区九口堰五师旧址纪念馆。3家博物馆、纪念馆占地面积80758平方米、建筑面积13378平方米、展览面积6160平方米。截至2011年底,3家博物馆、纪念馆核准编制人员39人,实际在册在岗人员122人,其中大专以上学历77人,专业技术人员70人。

为了科学、及时、有效地保护研究好随州叶家山西周早期墓地出土的珍贵文物,随州市文化体育新闻出版局、随州市博物馆积极向随州市政府申报文物专项保护经费,全力支持配合湖北省文物考古研究所建设"随州叶家山西周墓地出土文物整理基地"。基地共占地4600平方米,计划投资240万余元。该基地一期工程已于2011年5月28日正式交付使用,二期工程将于2012年7月30日交付使用。

【陈列展览】 随州市博物馆、纪念馆常设陈列展览分别是：随州市博物馆展览主题为"汉东大国",分"炎帝神农故里"、"曾国迷踪"、"曾侯乙墓"、"擂鼓墩二号墓"、"汉风唐韵"5个常设陈列展览；广水市博物馆展览主题为"鄂北重镇——广水",分"史前文明"、"青铜礼器"、"金戈铁马"3个常设陈列展览；随州市曾都区九口堰五师旧址纪念馆包括新四军第五师司令部政治部、随南军政联合办事处、抗大十分校、13旅部、边区建设银行、挺进报社、印刷厂、兵工厂、战地医院、被服厂10处革命旧址,其中九口堰文物处现有4个展览区：新四军第五师司令部政治部革命旧址纪念馆、李先念铜像、革命英雄纪念碑、黄春庭烈士墓。在新四军第五师司令部政治部革命旧址纪念馆中,常设陈列展览6个：司令部会议室、展览厅2个、沙盘厅、战斗厅、书画厅、实物厅。

2011年,随州市博物馆、纪念馆除常设陈列展览外,随州市博物馆还举办临时展览7个,分别为"炎帝故里廉政书法展"、"北京书画家炎帝故里行书法展"、"荆楚英华——湖北全省博物馆馆藏文物精品联展"、"随州市卫生系统健康杯廉政书画展"、"纪念中国共产党建党90周年图片展览”、“先秦曾国青铜用品展”、“法治与责任——全国检察机关惩治和预防渎职侵权犯罪展览湖北巡展”。

【免费开放与宣教服务】 随州市实施免费开放的博物馆、纪念馆共有3家：随州市博物馆、广水市博物馆、曾都区九口堰五师旧址纪念馆。年、周、日免费开放时间分别为300天、6天、8小时，每周星期二至星期日9：00—17：00为免费开放时间，星期一闭馆（国家法定节假日除外）。2011年共免费接待观众77.8万余人，其中随州市博物馆接待观众50万余人，比上年度减少10万余人；广水市博物馆接待观众7.8万余人，比上年度增加3.8万余人；随州市曾都区九口堰五师旧址纪念馆接待观众20万余人，比上年度减少5万余人。

财政支持全市博物馆、纪念馆免费开放经费比上一年度均有增加，博物馆、纪念馆除继续完善硬件基础设施外，进一步增强宣教服务工作。博物馆、纪念馆在全力做好陈列展览同时，随州市博物馆紧扣展览主题，制作海报、折页，充分利用博物馆网站、电视、报纸等媒体进行宣传；5·18国际博物馆日紧紧围绕“博物馆与记忆”主题，组织观众免费听文物讲解、看编钟演奏；制作宣传手册，让文物知识进社区、进校园；全年文物讲解1600余场次，馆内编钟演奏1500余场次；在2011年第三届世界华人炎帝故里寻根节期间，圆满完成接待海内外重要嘉宾的任务。广水市博物馆在“5·18国际博物馆日”和“中国文化遗产日”，组织市区内8所中、小学学生，广泛开展宣传服务活动；全年文物讲解720余场次。随州市曾都区九口堰五师旧址纪念馆为加强对广大青少年的革命传统教育和爱国主义教育，4月份与随州市各学校共同举办“追寻名人光辉足迹，弘扬爱国主义精神”主题活动；印制宣传品，宣扬红色文化；全年讲解200余场次，免费播放电教录像片100场次；圆满完成接待湖北省新四军研究协会第七次会员代表大会的领导、专家、学者。

【藏品收藏与保护管理】 截至2011年底，随州市博物馆、纪念馆共有馆藏文物18366件（套），其中一级文物43件（套）、二级文物246件（套）、三级文物543件（套）。本年度新增馆藏文物12件（套），来源为随州市公安局追缴移交文物。博物馆、纪念馆藏品类别丰富，其中尤以青铜器、革命文物为馆藏文物最具特色的藏品。

为规范藏品管理，随州市各博物馆、纪念馆严格遵守执行《藏品管理办法》，藏品管理工作切实做到了制度健全、账目清楚、鉴定确切、编目详明、保管妥善、查用方便，并加强了出入库房人员的审批和登记。2011年，随州市博物馆正加紧制作《随州市博物馆馆藏青铜器保护修复方案》，复制曾侯乙编钟1套，修复青铜器19件（套）、陶器151件，装裱字画8幅。广水市博物馆修复破损藏品文物5件，更换了一批安全可靠的文物保管柜。随州市曾都区九口堰五师旧址纪念馆对展厅、库房文物保护，进行了科学的全方位的环境监测，如对展厅空气状况进行监测并做好详细记录，确保文物不受损害。

为确保馆藏文物绝对安全，2011年，随州市各博物馆、纪念馆进一步加强了人防、物防、技防管理工作。随州市博物馆加强安保队伍建设，注重队员自身修养、知识学习和技能体能训练；维修、购置安防、消防设备；组织全馆干部职工进行消防知识培训、消防应急灭火疏散演练及突发事件应急预案演练；加强安保巡逻和联动。广水市博物馆紧紧围绕“预防为主，确保重点，打击犯罪，保障安全”的方针，制定了一系列安全防范制度、保障制度和应急预案；举办安防、消防知识培训和实战演练；加强安保巡查力度，完善巡查方法；先后投入2万余元资金，对安防、消防设备进行了整改。随州市曾都区九口堰五师旧址纪念馆进一步完善了安保制度和应急预案；定期举办安防、消防知识培训及演练；与洛阳镇公安派出所联防，加强安保力量，加大节假日巡查力度和馆舍安防经费投入。

【考古调查与发掘】 2011年，随州市博物馆、随县考古队、广水市博物馆、曾都区考古队联合组队，配合省、市文物部门圆满完成了随州市第三次全国文物普查的数据库建设。为配合随县炎帝大道工程建设，随州市博物馆与随县考古队联合组队，抢救发掘了簸箕湾墓地，发掘六朝时期墓葬21座、明代墓葬4座，出土文物19件；抢救发掘了随州经济开放区寨湾村糖行湾唐代开元年间砖室墓1座，出土文物10件；配合随州季梁文化生态公园建设工程，抢救发掘了汉、宋、明墓葬16座，发掘300平方米春秋时期古文化遗址1处，出土文物50件；协助湖北省文物考古研究所发掘叶家山西周早期曾侯墓地，揭露面积达3700平方米，出土陶、铜、瓷、漆木、玉石等各类质的文物共达739件（套），其中青铜器多达325件（套），该墓地被评为2011年中国十大考古发现之首。广水市博物馆配合湖北省文物考古研究所，完成了"西油东输"成品油管道广水段沿线的"武胜关古城址"、"下徐家湾冶炼遗址"、"下徐家湾墓地"、"老观庙墓地"、"岗子山墓地"、"严家田墓地"、"詹家湾墓地"7处文物点考古调查工作。

【人才培养与学术研究】 2011年，随州市博物馆新聘专业人员4名。先后派遣在职专业人员参加了"2011年导游人员培训班"、"事业单位人事管理政策培训班"、《1953—2010湖北省博物馆年鉴》编撰工作研讨会、"档案业务研讨班"、在北京科技活动中心召开的以"携手共进，创新发展"为主题的"2011年北京数字博物馆研讨会"、中国博物馆协会第五届第二次代表大会暨博物馆与记忆学术研讨会、"世界文化遗产地安全管理培训班"、"事业单位管理专用软件运用知识培训班"、"社会治安综合治理干部培训班"的学习，加大了在职专业技术人员的培训力度。广水市博物馆选派年轻的专业人员，参加了随州市叶家山西周早期曾侯墓地的发掘工作。随州市曾都区九口堰五师旧址纪念馆新聘2名专业人员；派遣专业人员参加大别山红色旅游区举办的红色文化交流会。

2011年，随州市博物馆在《文物》、《江汉考古》、《湖北库区考古报告集》、《荆楚文化与长江文明》、《博物馆与城市化——2011年湖北省博物馆协会学术研讨会论文集》等省级以上专业刊物上发表简报4篇、论文4篇；参与撰写《随州导游》一书。随州市曾都区九口堰五师旧址纪念馆主要围绕新四军第五师抗日根据地历史资料，开展研究工作、学术资料收集整理工作和对外学术交流工作。

【文化产业】 2011年，随州市博物馆高度重视文化产业与产品研发。出售介绍随州悠久历史文化的书籍、音响视频资料和各类丰富多彩的随州农副土特产。创新研发炎帝神农系列和编钟系列纪念章以及编钟乐和炎帝神曲系列酒。精心复制具有浓厚随州地方文化特色的旅游产品，如编钟系列、鹿角立鹤系列等精美工艺品。曾侯乙编钟乐团加大专业人才引进聘用力度，充实了节目主持、弦乐、舞蹈等演出人员，除保留传统演出节目外，新增演出节目3个。随州生产的彩绘蟠龙漆卮、彩绘龙凤纹漆盘、曾侯乙盖豆等漆木工艺品，深受广大游客喜爱。广水市博物馆充分利用魁星楼文化资源，拓展文化产业经营渠道，收到良好社会效益和经济效益。

随州市博物馆

Suizhou Municipal Museum

随州市博物馆位于国家历史文化名城随州溮水河畔，是一座集文物收藏、科学研究、宣传教育、文物考古及编钟演奏于一体的地方综合性博物馆。现馆藏文物6550件（件）套，其中一、二、三级珍贵文物620件（套）。尤以商周青铜器为最，被文物专家誉为“青铜器王国”，两周曾国铜器群、西周鄂国铜器群为镇馆之宝。随州市博物馆是为国家二级博物馆。

一、行政管理与规划建设

随州市博物馆隶属于随州市文化体育新闻出版局，是社会公益性质的全民文化事业单位。经费来源主要为地方财政拨款与中央财政补贴。内设办公室、财务科、保卫科、保管部、考古队、游客服务中心、宣教部、曾侯乙编钟乐团、文化产业部、后勤部共10个部门。截至2011年底，现有在册在编人员105人，其中核定编制30人。党支部书记、馆长1名，副馆长3名。大专以上学历70人。专业技术人员58人，其中研究馆员1名、副研究馆员2人、馆员31人、助理馆员6人；技师4人、高级工7人、中级工4人、初级工3人。2011年，为加强博物馆管理，对行政管理、社会治安综合治理、计划生育、办公室、公务车辆、文书打复印、档案图书、财务管理、游客服务、宣教、文物考古、文物保管与保护、编钟外演与文物外展、水电、保安保洁、安防消防等规章制度，进行了完善并狠抓落实。随州市博物馆先后被随州市外事侨务旅游局、随州日报社、随州市旅游协会授予“随州市首届十佳旅游服务单位”、湖北省文物局授予“全省博物馆、纪念馆优秀陈列展最佳内容设计奖”、中共南郊瓜园社区委员会、南郊瓜园社区居民委员会授予“2011年度计划生育先进单位”。

2011年上半年，湖北省文物考古研究所与随州市博物馆对叶家山西周墓地进行了一期发掘。为了科学、及时、有效地保护研究好739件（套）珍贵文物，随州市博物馆克服一切困难，全力支持配合省考古所建设“随州叶家山西周墓地出土文物整

■ 廉政文化教育基地揭牌仪式

理基地”。基地工程分一、二期,其中占地1400平方米、投资30万余元的一期工程已于2011年5月28日正式交付使用;占地3200平方米、计划投资210万元的二期工程将于2012年7月30日交付使用。

二、藏品管理与保护修复

截至2011年12月31日,随州市博物馆馆藏文物6550件(套),其中一级文物37件(套)、二级文物218件(套)、三级文物365件(套)。本年度新增藏品12件(套),均为随州市公安局追缴移交文物。现代名人名家捐赠的书法作品8幅。为进一步完善藏品管理制度,严格遵守执行《文物工作人员守则》、《博物馆藏品管理办法》和《随州市博物馆库房管理细则》,认真做好藏品征集、鉴定、定名、定级、登记、编目和管理工作。文物数据库管理系统建设项目工作不断加强和完备。随州市博物馆复制曾侯乙编钟1套,修复青铜器19件(套)、陶器151件,装裱字画8幅。

三、陈列展览与宣教服务

随州市博物馆展览主题为“汉东大国”,分“炎帝神农故里”、“曾国迷踪”、“曾侯乙墓”、“擂鼓墩二号墓”、“汉风唐韵”5个常设展览。为进一步做好免费开放工作,常设展览增加辅助展板11块,更换说明牌552个,调整说明文字3处,更换展览照明灯498台,维修中央空调8处,对编钟互动区、幻影成像、LED显示屏、电子触摸屏及影视播放设备等进行了全面检修和保养。2011年举办临时展览7个,分别为“炎帝故里廉政书法展”、“北京书画家炎帝故里行书法展”、“荆楚英华——湖北全省博物馆馆藏文物精品联展”、“随州市卫生系统健康杯廉政书画展”、“纪念中国共产党建党90周年图片展览”、“先秦帝王青铜用具展”、“法治与责任——全国检察机关惩治和预防渎职侵权犯罪展览湖北巡展”。

在精心组织陈列展览同时,积极做好宣教服务。紧扣展览主题,制作海报、折页,充分利用博物馆网站、电视、报纸等媒体进行宣传。利用随州电视台“家在随州”栏目,介绍随州优秀的历史文化。5·18国际博物馆日紧紧围绕“博物馆与记忆”主题,组织观众免费听文物讲解、看编钟演奏;制作宣传手册,让文物知识进社区、进校园。曾侯乙编钟乐团应中共湖北省委、湖北省人民政府、随州市人民政府邀请,先后参加了2011年世界华人炎帝故里寻根节活动、湖北粮油交易会活动以及由随州市经济开发区科技园举办的招商引资活动。全年接待观众50余万人次,文物讲解1600余场次,馆内编钟演奏1500余场次。先后接待来馆重要嘉宾有:中共湖北省委副书记杨松、中组部副部长赵宗鼐、广州军区副司令员刑书成、中国消费者协会会长王众孚、台湾诗人郑愁予、日本著名书学专家西林昭一、英国牛津大学前副校长罗森教授、尼泊尔驻华大使坦卡·普拉萨德·卡乐基、参加楚简·楚文化与先秦历史文化国际学术研讨会的国内外百余位史学专家学者、国务院副秘书长兼国务院机关事务管理局局长焦焕成、中纪委办公厅监察专员李建一、湖北省常务副省长李宪生、广东省文物局局长苏桂芬、国家文物局副局长顾玉才。

四、考古调查与考古发掘

2011年,随州市博物馆完成考古项目4项。为配合随县炎帝大道工程建设,随州市博物馆与随县考古队联合组队,抢救发掘了簸箕湾墓地,发掘六朝时期墓葬21座、明代墓葬4座,出土文物19件。在随州经济开放区淅河村塘竹湾，抢救发掘了唐代开元年间砖室墓1座，出土了三彩瓷壶、白瓷壶、青瓷笔洗、银针、钱币等10件文物。配合随州季梁文化生态公园建设工程，抢救发掘了汉、宋、明墓葬16座，发掘300平方米春秋时期古文化遗址1处，出土文物50件。协助湖北省文物考古研究所发掘叶家山西周早期曾侯墓地，揭露面积达3700平方米，共揭露出墓葬65座和1座马坑，由于受现代民房影响，实际发掘了63座墓葬和1座马坑，出土陶、铜、瓷、漆木、玉石等各类质的文物共达739件（套），其中青铜器多达325件（套），部分青铜器铸有铭文，有的铜器上铭“曾侯”或“曾侯谏”，该墓地被评为2011年中国十大考古发现之首。

五、人才培养与学术研究

2011年，随州市博物馆进一步完善了《专业技术人员招聘方案》，新聘专业人才：曾侯乙编钟乐团2名、宣教部2名。先后派遣专业人员参加随州市外事侨务旅游局举办的“2011年导游人员培训班”、随州市人力资源和社会保障局举办的“事业单位人事管理政策培训班”、湖北省博物馆协会举办的《1953—2010湖北省博物馆年鉴》编撰工作研讨会、随州市档案局举办的“档案业务研讨班”、在北京科技活动中心召开的以“携手共进，创新发展”为主题的“2011年北京数字博物馆研讨会”、在西安召开的“中国博物馆协会第五届第二次代表大会暨‘博物馆与记忆’学术研讨会、武汉大学举办的“世界文化遗产地安全管理培训班”、随州市人力资源和社会保障局举办的“事业单位管理专用软件运用知识培训班”和曾都区南郊综治委举办的“社会治安综合治理干部培训班”的学习，加大了在职专业技术人员的培训力度。随州市博物馆张平同志在“万名干部进万村入万户”活动中被随州市委、市政府评为“先进个人”。

2011年，随州市博物馆及工作人员在《文物》、《江汉考古》、《湖北库区考古报告集》、《荆楚文化与长江文明》、《博物馆与城市化——2011年湖北省博物馆协会学术研讨会论文集》上，分别发表了《湖北随州叶家山西周墓发掘简报》（与湖北省文物考古研究所合著）、《湖北随州叶家山M65发掘简报》（与湖北省文物考古研究所合著）、《湖北随州市王家台遗址发掘简报》、《巴东云盘遗址考古发掘简报》、《随州安居遗址的再认识》《让博物馆成为现代城市的灵魂——博物馆免费开放与城市化进程的几点思考》、《关于城市化进程中提升博物馆质量的几点认识》、《保护与融合传承与创新——关于21世纪区域型博物馆生存与发展方式的思考》共4篇简报和4篇论文。随州市博物馆全力投入随州市第三次全国文物普查资料整理汇编，成为此项工作的主力军。

六、安全保卫与后勤保障

安全责任重于泰山，年初将安全保卫工作列为博物馆工作重中之重。进一步完善安全保卫制度，目标任务责任明确，奖罚分明，落实到位。加强安保队伍建设，严把进人关，政审、年龄要求及综合素质合格，平时注重队员自身修养、知识学习和技能体能训练，关心队员生活困难和个人合理需求。坚持“预防为主，安全第一”的方针，对人防、物防、技防作了优化调整。安防巡查白班不少于8次、夜班不少于18次，分时段、区域责任到人，并严格做好交接班手续和记录。防火巡查各岗位每天1次、各部门每周1次、单位每月1次。完成消防“四个能力”

建设任务和要求，全年组织消防知识培训2次、消防应急灭火疏散演练2次。春节、世界华人炎帝故里寻根节、五一、十一等重大节假日，制定了详细可行的应急预案和措施，加强巡逻和联动。全年安检免费参观人员50余万人、车辆10余万次，负责文物安全押运3次，行程3500公里，确保了人员、文物和财产的绝对安全。

加强后勤保障。2011年，不断完善后勤保障制度。建成300余平方米的后勤专用库房。全年巡回检修水电、中央空调等免费开放公共设施设备18次。维修安防设备摄像机7台、报警器41个、显示屏6台、发电机1台、电动卷闸门2次。更换全馆电缆线12条计1300米、配电室消防强切设备10个、消防灭火器55个及消防控制主机备用电源。制作消防"四个能力"建设宣传牌3组12块、灭火器及消防栓使用方法图标50个。增添强光LED应急灯8台、高压电击棍3根、摄像机6台、报警设备12套。购置办公家具和设备。曾侯乙编钟乐团演职人员、宣教部讲解员分别添制演出服装和工作服。随州市博物馆铁围栏内增加绿化回填土3200立方米，植草坪8000平方米，栽樟树、桂花树、松树、柏树、铁树、棕树、朴树、红枫树、竹子等400余棵，种茶花、紫薇、月季、腊梅、白玉兰等3000余株，实现了"春有花、夏有荫、秋有色、冬有绿"的绿化目标。

七、文化产业与产品研发

2011年，随州市博物馆高度重视文化产业与产品研发。曾侯乙编钟乐团加大专业人才引进聘用力度，充实了节目主持、弦乐、舞蹈等演出人员，除保留传统演出节目外，新增演出节目3个。出售介绍随州悠久历史文化的书籍、音响视频资料和各类丰富多彩的随州农副土特产。创新研发炎帝神农系列和编钟系列纪念章、编钟乐和炎帝神曲系列酒。精心复制具有浓厚随州地方文化特色的旅游产品，如编钟系列、鹿角立鹤系列等精美工艺品。

恩 施

恩施土家族苗族自治州博物馆工作概述

2011年全州有各类博物馆、纪念馆、文物管理局（所）8家，免费接待观众24.34万余人次，文物调查勘探及发掘工作成果显著，各项管理保护工作更趋规范和完善，全州取得了又一个馆藏文物安全年。

【博物馆建设】 全州4家博物馆、纪念馆、文物管理所中，国家三级馆1家；由州直文物部门管理的博物馆1家，在编在岗人员16人；由县（市）文体（物）部门管理的博物馆2家、纪念馆1家、文物管理局（所）4家，在编在岗人员45人。

2011年6月，作为恩施州建州30周年的重点工程的恩施州文化中心正式动工，恩施州博物馆新馆建设项目位于文化中心内，占地5113.09平方米，陈列面积近6000平方米，总投资2亿。同时在年内完成陈列概念性设计方案招标工作。

鹤峰县博物馆湘鄂边苏区革命文物和民族文物陈列改造升级工程11月初正式开工，主要是改造所有的基础设施，更新陈列布展及消防安防设施。

【陈列展览】 全州有3个博物馆、1个纪念馆常年对外开放。

恩施州博物馆除常设展览“巴风土韵”外，还举办了“恩施记忆专题展”、““晷运时成”古代钟表展”等。其中，“恩施记忆专题展”共展出了辛亥革命、土地革命、抗日战争、解放战争等各个时期的文物71件，“晷运时成”古代钟表展共展出各类钟表210件（套）、展板26块。

恩施市文物局除常设展览“叶挺将军囚居旧址”外，还新办有“恩施历史文化名城展”、“三普成果展”。

巴东县博物馆除常设展览“巴东历史文物及三峡出土文物展”、“巴东旧县坪遗址出土文物展”、“巴东土家族民族民俗文物展”、“巴东革命斗争史和贺龙率领红三军在巴东县的革命斗争史专题”、“巴东旧县坪宋江代县城风彩幻影成像及沙盘”外，还新办了“巴东三普成果展”、“巴东历史文化遗产保护成果展”。

鹤峰县博物馆除常设展览“湘鄂边苏区革命文物陈列”、“民族文物陈列”、“民族碑林”外，还新办了“博物馆与记忆”、“文化遗产与美好生活”、“建党90周年图片展——红色记忆”、“文博之窗”等临时展览。

【免费开放和宣教服务】 恩施州实施免费开放的博物馆、纪念馆共有4家，其中，州直博物馆1家，市（县）博物馆2家，纪念馆1家，巴东县为2011年新增免费开放单位。免费开放的时间为每周6天，全年共免费接待观众24.34万余人。其中，恩施州博物馆以免费开放工作为重点，以提升服务为目标，取得可喜成绩。全年接待观众4.38万人，讲解81场，义务讲解48场，发放宣传资料3万余份。8月，恩施州博物馆被共青团湖北省委命名为首批“湖北省红领巾实践教育基地”。

恩施市叶挺将军囚居旧址纪念馆免费开放以来，社会效益十分显著，州武警支队、州消防支队等单位在此挂牌，结对共建“爱国教育基地”，全年接待观众1.86万人。

巴东县博物馆不断充实文物完善展出内容，博物馆文物展厅与民族文化公园免费开放，2011年共接待观众和游客7.8万人。

鹤峰县博物馆免费开放以来，观众骤增，好评如潮，社会效益明显提高，为全面提升鹤峰县公益文化事业服务水平树立了窗口形象，2011年接待省内外观众2.5万人。

“5·18国际博物馆日”和“文化遗产日”成为博物馆对外宣传的良好契机。恩施州各博物馆、纪念馆积极利用各种文物资源，组织宣传教育活动。

恩施州博物馆在文化遗产宣传活动中推出一系列举措：在《恩施日报》、《恩施晚报》上登载新闻报道13篇，在电视播放报道3则，以“恩施记忆”为主题的“流动博物馆”系全省首创，在2011年全省文物局长会议上，作为工作亮点被通报表扬。4月“流动博物馆”车先后在恩施市一中、七里坪小学展出，全年累计接待观众1.42万人，发放宣传资料5000余份。12月，被湖北省文物局授予“中国文化遗产日与博物馆日活动优秀组织奖”。

恩施市文物局利用“5·18”国际博物馆日及文化遗产日，大力宣传《文物保护法》及有关条例，投入近万元资金印制《中华人民共和国文物保护法》、《恩施州文化遗产保护条例》等资料，制作宣传展板4块、宣传横幅6条，全年在《恩施日报》、《恩施晚报》、硒都网等发表文章10篇，较好地完成宣传任务。

鹤峰县博物馆在“5·18”国际博物馆日、中国文化遗产日期间，举办“博物馆与记忆”、“文化遗产与美好生活”等大型图片展，在县城及部分乡镇巡展，通过对辖区内的文物资源、文物法律法规、文物知识进行宣传，提高了群众对文化遗产的认识和文物保护意识。

利川文物局配合中央电视台《凤舞神州》、《论点支持》等栏目摄制组完成鱼木寨外景拍摄，利川文物旅游资源知名度得到进一步提高。

来凤文物局与来凤县文化馆、电视台合作拍摄的《延续文脉、传承瑰宝》民族文

■ 恩施州文化中心开工庆典仪式

化保护工作中视专题片在县电视台连续播出，全方位展示来凤县物质与非物质文化遗产。在“文化遗产日”期间先后4次组织宣传车，到县城街道及乡镇宣传文物法规及文物保护知识，利用广播、广告、发放资料、深入农家、学校宣讲等各种形式普及文物知识；6月1日，以“寻找的不仅是记忆，发现的不仅是历史”为主题，与来凤文化馆联合举办广场宣传活动，共展出展板10块，展出内容为来凤县第三次全国文物普查成果及非物质文化遗产申报成果。

【藏品收藏与保护管理】　至2011年底，全州博物馆、纪念馆共有馆藏文物131997件（套）。其中，一级文物70件（套），二级文物158件（套），三级文物357件（套）。

为规范藏品管理，2011年全州各博物馆、纪念馆严格按照《藏品管理办法》，进一步建立健全了文物藏品保护管理各项规章制度。恩施州博物馆在2010年投资十余万元添置文物柜，在2011年完成文物库房内文物整理入柜。在整理入柜过程中，对七万余件文物逐件拍照、登记、分类。

为了确保馆藏文物安全，本年度各博物馆进一步加强了安全管理工作。恩施州博物馆在2010年的基础上，进一步完善夜间值班制度，电话回访制度，治安巡视制度，上下班交接制度等，确定文物陈列室、文物库房、档案室、资料室等为重点要害防护部位，切实加强安全防范工作。监控室每天24小时轮流值班，一年来坚持每天电话回访，回访次数510次，现场检查174次。同时，每天晚上安排专门人员通宵巡查，为值班人员配备了电警棒及对讲机，做到人防、物防和技防相结合，有效地预防和控制突发事件的发生，实现了又一个安全年。

恩施市文物局加大安全经费的投入，更新安防设备。在文昌阁古建筑群、叶挺将军囚居旧址纪念馆安装了红外监控报警系统、连珠塔安装了红外监控报警系统。目前，监控探头达20个，监控录像达2000GB，通过人防、物防、技防三位一体的防卫体系，确保了文物库房和文物点的安全。

鹤峰县文物管理所对全县所有文物点的木质有形建筑进行了一次全面的安全检查，及时发现安全隐患，及时整改，确保无文物安全事故发生。同时，与各旧址住户签订《文物保护单位安全保护管理责任书》并给私有产权旧址户发放2010年度文物保护单位看护费。

巴东县博物馆为抓好馆藏文物的安全工作，保管保卫部根据年初省里验收组的要求，完善了相关的制度，落实了责任人，添置了消防设备。在春秋两季对安全报警设施和消防设施进行了检查和操作培训。发现隐患及时处理。继续发扬“死看硬守”精神，全年馆藏文物安全无事故。

【考古调查与发掘】　恩施州博物馆积极争取文物调查勘探项目，完成了恩来、恩黔高速公路，恩施—奉节、恩施—鹤峰高速公路，巴东三峡工程库区清库文物调查，共发现文物点4处，并对高罗红军墙进行了整体搬迁，现存放恩施州博物馆，准备在新馆进行复原展示。

恩施州博物馆同时结合文物调查勘探，安排专人赴巴东进行了五里堆、雷家坪、焦家湾、镇江寺的考古发掘，共清理六朝至明清时期墓葬17座，出土了瓷器、陶器、铁器等文物30余件（套）。完成了恩来高速公路来凤后坪遗址发掘和宣恩高罗清代墓群的资料留取工作，并参与配合省考古所在咸丰唐崖土司遗址、容美土司遗址的考古发掘。

【人才培养与学术研究】 恩施州博物馆为进一步提高职工业务水平，馆长胡家豪、副馆长王晓宁及业务部主任朱世学多次讲授陈列设计、田野考古发掘、考古学通论等理论和实践知识，并适时安排讲解员、陈列设计人员参加省内外学习培训。

恩施州博物馆还参与了“中国博物馆协会民族博物馆专业委员会2011年年会及学术研讨会”、“湖北省博物馆协会2011年年会暨学术研讨会”、第一届“中国土司制度与民族文化”学术研讨会、“中国民族建筑传承与创新论坛学术研讨会”等7次国内学术研讨会。另外，馆长胡家豪应谷口满先生邀请赴日本讲授中国少数民族土家族传统歌舞文化，与东北学院大学师生交流。

2011年，恩施州博物馆职工在各种刊物发表论文50余篇，国内外大会交流论文3篇，省级以上刊物发表15篇，出版专著2部：《巴文化考古发现与探索》（朱世学著），并与荆州博物馆联合编纂了《东方巫傩与恩施傩文化》，完成了内部刊物《文博之友》第四期、第五期的组稿编辑工作。

【文化产业】 2011年，恩施州博物馆与恩施州博艺文化发展有限公司签订合作协议，以恩施州少数民族文化特色为元素，开发出了一系列围巾、丝巾、领带等礼品，取得了良好的社会效益、经济效益。

恩施土家族苗族自治州博物馆

The Museum of Enshi Autonomous Prefecture of Tujia & Miao Nationalities

2011年，恩施土家族苗族自治州博物馆（以下简称恩施州博物馆）紧紧抓住建党90周年和“十二五”开局之年的发展机遇，在上级主管部门领导和社会各界的关心支持下，围绕打造武陵地区特色民族博物馆的目标，认真做好博物馆的各项工作，取得了显著成绩。

一、行政管理与规划建设

恩施州博物馆隶属于恩施州文体局，2011年有馆长1名，副馆长3名。下设办公室、社教部、业务部、陈列部、保管部、保卫科、文物调查勘探部等七个部门。在编16人，编外人员16人。2011年，恩施州博物馆完成了“湖北省红领巾实践教育基地”申报和2010年度免费开放汇报工作，并申报成功恩施州州级文明单位。在日常的行政管理中，恩施州博物馆一直以文明创建、平安创建活动为契机，以党员和干部的带头为推动力，狠抓政治业务学习和思想教育，在决策和管理上做到“以人为本”，提高了管理效率和管理质量，确保了各项工作扎实有效。

2011年6月，作为恩施州建州30周年的重点工程的恩施州文化中心正式动工，恩施州博物馆新馆建设项目位于文化中心内，占地5113.09平方米，陈列面积近6000平方米。恩施州人民政府确立将恩施州博物馆打造成“国内一流、省内领先”的建设目标，总投资2亿。为使恩施州博物馆新馆陈列设计更加科学化，更加符合恩施州对外宣传窗口和博物馆工作职能的需要，2011年11月12日至19日，由恩施州副州长曹毅带队，恩施州文化体育局和恩施州博物馆一行六人对省内外各级博物馆进行了认真、详细的考察。本次考察了2007—2008年建成开放的深圳市博物馆新馆、广东省博物馆新馆、广西民族博物馆、随州博物馆和十堰博物馆等三个省的五个博物馆。考察内容除陈列设计、经费投入等主要工作外,还考察了现代化博物馆内部管理、对外宣传、发展规划等各方面情况。并根据考察情况制定新馆工作计划,同时在年内完成了陈列概念性设计方案招标工作。

二、藏品管理与保护修复

截至 2011 年底,恩施州博物馆馆藏文物 227 件(套),其中一级 45 件(套),二级 76 件(套),三级 106 件(套)。本年度新增藏品 153 件(套),皆为征集文物。为了进一步完善文物保管工作制度,保管部按照历年专家鉴定的结果,将馆内三级以上文物进行了重新清查盘底。

三、陈列展览与宣教服务

2011 年,恩施州博物馆成立“陈列部”,由陈列部负责所有展览的陈列设计工作。

在临时展览方面,引进了“古代钟表展”,共展出各类钟表 210 件(套)、展板 26 块;开展了“恩施记忆专题展”,展出了辛亥革命、土地革命、抗日战争、解放战争等各个时期的文物 71 件。同时与荆门市博物馆、黄石市博物馆达成协议,推出“傩文化展”与“野生动植物标本展”。另外,“流动博物馆”自 2010 年启动以来,成效显著,又系全省首创。在 2011 年全省文物局长会议上,作为工作亮点、典型通报表扬。2011 年“流动博物馆”车分别走进恩施市一中、七里坪小学,开展红色教育进校园活动,另外以“5·18 国际博物馆日”、“中国文化遗产日”为契机,开展巡回展览,累计接待观众 14181 人,发放宣传资料 5000 余份。

四、考古调查与考古发掘

恩施州博物馆完成了恩来、恩黔高速公路、恩施—奉节、恩施—鹤峰高速公路以及巴东三峡工程库区清库文物调查,共发现文物点 4 处,并对高罗红军墙进行了整体搬迁,现存放博物馆,准备在新馆进行复原展示。

另外,结合文物调查勘探,安排专人赴巴东进行了五里堆、雷家坪、焦家湾、镇江寺的考古发掘,共清理六朝至明清时期墓葬 17 座,出土了瓷器、陶器、铁器等文物 30 余件(套)。还完成了恩来高速公路来凤后坪遗址发掘和宣恩高罗清代墓群的资料留取工作,参与了省考古所咸丰唐崖土司遗址的考古发掘。

五、人才培养与学术研究

为进一步提高职工业务水平,恩施州博物馆馆长胡家豪、副馆长王晓宁及业务部主任朱世学多次讲授陈列设计、田野考古发掘、考古学通论等理论实践知识,并适时安排讲解员、陈列设计人员参加省内外学习培训。

在加强馆内职工学习的基础上,恩施州博物馆还参与了“中国博物馆协会民族博物馆专业委员会 2011 年年会及学术研讨会”、“湖北省博物馆协会 2011 年年会暨学术研讨会”、第一届“中国土司制度与民族文化”学术研讨会、“中国民族建筑传承与创新论坛学术研讨会”等 7 次国内学术研讨会。另外,馆长胡家豪应谷口满先生邀请赴日本讲授中国少数民族土家族传统歌舞文化,与东北学院大学师生交流,取得了良好反响。

2011 年,恩施州博物馆在各种刊物发表论文 50 余篇,国内外学术会议交流论文 3 篇,省级以上刊物发表 15 篇,出版专著

2部:《巴文化考古发现与探索》(朱世学著),并与荆州博物馆联合编纂了《东方巫傩与恩施傩文化》,完成了内部刊物《文博之友》第四期、第五期的组稿编辑工作。

六、安全保卫与后勤保障

恩施州博物馆在2010年的基础上,进一步完善夜间值班制度,电话回访制度,治安巡视制度,上下班交接制度等,确定文物陈列室、文物库房、档案室、资料室等为重点防护部位,切实加强安全防范工作。监控室每天24小时轮流值班,一年来坚持每天电话回访,回访次数510次,现场检查174次。同时,每天晚上安排专门人员通宵巡夜巡查,为夜班人员配备了电警棒及对讲机,做到人防、物防和技防相结合,有效地预防和控制突发事件的发生,实现了又一个安全年的良好局面。

七、文化产业与产品研发

2011年,恩施州博物馆与恩施州博艺文化发展有限公司签订合作协议,以恩施州少数民族文化特色为元素,开发出了一系列围巾、丝巾、领带等礼品。这些产品面世后,取得了良好的社会效益。

仙　桃

仙桃市博物馆工作概述

2011年，仙桃市文广新局和各博物馆认真贯彻湖北省文物安全工作会议精神，加强管理，规范制度，促进了文博事业的健康发展。2011年全市有2家博物馆，免费接待观众5万余人次。

【博物馆建设】　2011年，全市2家博物馆中，国有博物馆1家，在编10人，在岗13人；民办博物馆1家。

仙桃市博物馆新馆项目正在筹备之中。新馆位于仙南大道南侧、致富南路西侧，与市规划展示馆、市人防应急指挥中心采取综合馆的形式一并建设。综合馆项目规划总用地面积50.24亩，净用地面积30.03亩，总建筑面积12599平方米，概算总投资1.2亿元。两馆一中心项目已先后完成了项目建议书编制、规划选址、用地预审、市发改委立项、办理规划许可证、涵管埋设、主便道修筑、场地平整、排灌沟、围墙砌筑、建筑设计方案招投标等工作。新馆项目将于2012年开工，工期两年。建设工作由市政府统筹实施，完工后整体移交。

【陈列展览】　仙桃市博物馆和民办的华芳名酒博物馆均有常设的陈列展览，全年对外免费开放。

仙桃市博物馆常年举办“仙桃历史五千年”陈列，展品以越舟湖遗址和排湖沿岸出土的新石器时代磨制石器及三国至隋朝的青瓷器最具代表性。该馆在2011年先后举办了“仙桃市首届民间收藏展”、“汪祖典书法展”、“纪念建党90周年图片展”、“纪念辛亥革命100周年·仙桃辛亥人物展”等临时展览，均免费对外开放，使博物馆真正成为了广大市民和青少年参观学习的第二课堂。

华芳名酒博物馆对外预约开放。除春节外，全年免费接待。全国各地只要打电话来的访客，都可以安排参观。华芳名酒博物馆成立的消息自见报后，在国内引起了很大反响，慕名而来的参观者络绎不绝。由于展馆面积不能满足藏品展出要求，有些藏品只能存放在仓库。为了发挥藏品最大社会效益，该馆于2011年6月正式开通网上博物馆，注册域名为“中国名酒收藏酒文化博物馆”。至2011年底，累计点击量达126万次，平均日点击量过万次。目前国内外网友不出家门，就可参观浏览馆内藏品，使馆内藏品取得了很大的社会效益。

【免费开放和宣教服务】　仙桃市实施免费开放的博物馆共有2家，其中，仙桃市博物馆免费开放的时间为每周6天。全年共免费接待观众4万余人次；民办华芳名酒博物馆除春节外，全年对外接待，全年接待观众1万余人次。

免费开放后的仙桃市博物馆得到了省、市相应的专项经费保障，人员思想稳定，除馆舍环境、办公条件得到一定的改善外，对陈列展览的文物也进行了部分更新。仙桃市博物馆在“5·18”国际博物馆日和6月11日的“中国文化遗产日”活动中，采取“走出去”、“请进来”等多种方式广泛开展宣传服务活动。

【藏品收藏与保护管理】 至2011年底，仙桃市博物馆馆藏文物10500件（套），其中，一级文物2件（套），二级文物4（套），三级文物110件（套）。博物馆藏品类别比较丰富，新石器时代的磨制石器、六朝青瓷器、铜镜系列等为馆藏文物最具特色的藏品。华芳名酒博物馆馆藏中国名酒2514种，其中比较珍贵的名酒达600余瓶。

为规范藏品管理，2011年各博物馆严格按照《藏品管理办法》，进一步健全了藏品管理的规章制度，加强了出入库房的人员及藏品的审批和登记。

12月7日，市政府发布《市人民政府关于在全市范围内征集文物的通告》（仙政发［2011］22号），以充实仙桃市博物馆新馆馆藏。征集方式主要是有偿收购。

为了贯彻落实全省文物安全工作会议精神，2011年仙桃市博物馆进一步加强了防火、防盗安全管理工作，对馆内的安防消防设施进行了全面的检查维修，加固了防盗网、防盗门，更新了部分视频监控设备和红外线探测设备，更新了干粉灭火器，定期与110报警中心进行联网测试。在强化技防的同时，该馆严格落实安全保卫责任制度，实行馆领导带班值班制度，加强人防措施，配备专职的保卫人员负责安全工作，确保馆藏文物安全。华芳名酒博物馆配备了基本的消防及防盗设施，确保藏品及观众的安全。

【考古调查与发掘】 2011年，仙桃市博物馆全面完成了仙桃市第三次全国文物普查数据库建设，撰写了文物普查工作报告。仙桃市博物馆还完成了位于陈场镇的安能热电集团仙桃生物质热电工程项目的文物调查工作。

【人才培养与学术研究】 2011年，仙桃市博物馆组织本馆人员参加文博专业知识学习，安排2名专业人员参加了省文物局举办的文物行政执法培训。

【文化产业】 2011年，华芳名酒博物馆开发了“博大精深”收藏类名酒产品，并在国家工商总局注册了“博大精深”商标。该产品拟于2012年正式生产并投放市场。

仙桃市博物馆

Xiantao Municipal Museum

仙桃市博物馆位于仙桃市仙桃大道中段南侧，是一座融陈列展览、宣传教育、社会服务、文物收藏与保护、考古发掘与研究等多种功能于一体的地方性综合博物馆。馆藏文物1万余件（套），其中一、二、三级珍贵文物100余件（套）。从越舟湖、沙湖出土的新石器时代的磨制石器，排湖一带出土的六朝时期青瓷器，汉至清代的铜镜等尤具特色。

一、行政管理与规划建设

仙桃市博物馆隶属于仙桃市文化广播电视新闻出版局，现有馆长1名，副馆长2

构，下设办公室（含工会、妇联、共青团、财务室）、保卫科、业务部、文物勘探稽查队等4个部门。在编10人，在岗13人，其中管理人员3名，专业技术人员6名，工勤人员4名。

仙桃市博物馆新馆项目正在筹备之中。新馆位于仙南大道南侧、致富南路西侧，与市规划展示馆、市人防应急指挥中心采取综合馆的形式一并建设。综合馆项目规划总用地面积50.24亩，净用地面积30.03亩，总建筑面积12599平方米，概算总投资1.2亿元。市博物馆新馆建筑面积6553平方米，包括陈列区、学术研究室、配套设施、藏品库区、办公区等，其中五个展厅3217平方米，配套及公共服务区2107平方米，学术交流区面积506平方米，库房488平方米，办公区235平方米。博物馆、规划展示馆、人防应急指挥中心相对独立，单独设立进出通道。两馆一中心项目已先后完成了项目建议书编制、规划选址、用地预审、市发改委立项、办理规划许可证、涵管埋设、主便道修筑、场地平整、排灌沟、围墙砌筑、建筑设计方案招投标等工作。新馆项目将于2012年开工，工期两年。建设工作由市政府统筹实施，完工后整体移交。

二、藏品管理与保护修复

截至2011年底，仙桃市博物馆馆藏文物10500件（套），其中一级文物2件（套），二级文物4件（套），三级文物110件（套）。

三、陈列展览与宣教服务

免费开放以来，仙桃市博物馆对陈列展览进行了升级改造。现常年举办“仙桃历史五千年”陈列，展品以越舟湖遗址和排湖沿岸出土的新石器时代磨制石器及三国至隋朝的青瓷器最具代表性。为了弥补基本陈列展出文物数量不多，文物信息不够丰富的不足，该馆在2011年先后举办了“仙桃市首届民间收藏展”、“汪祖典书法展”、“纪念建党90周年图片展”、“纪念辛亥革命100周年·仙桃辛亥人物展”等临时展览，免费对外开放，使博物馆真正成为了广大市民和青少年参观学习的第二课堂。

■ 汪祖典书法展

为了更好地发挥社会教育功能，博物馆应克服服务方面的困难，如思想观念的转变和财力不足等因素，主动创造有利条件，加大投入，进一步提高面向社会的公共文化服务水平，不断强化服务意识，改进服务方式，创新服务措施，努力发挥好文化窗口的功能。博物馆的社会服务工作只有面向基层，主动融入社会，主动为群众着想，才能拉近与群众的距离，成为社会公众精神文化生活不可或缺的内容，在更深层次上惠及人民群众，为博物馆争取更为广阔

的生存与发展间。

四、考古调查与考古发掘

2011 年，仙桃市博物馆全面完成了仙桃市第三次全国文物普查数据库建设，撰写了文物普查工作报告。仙桃市博物馆还完成了位于陈场镇的安能热电集团仙桃生物质热电工程项目的文物调查工作。

五、人才培养与学术研究

2011 年，仙桃市博物馆组织本馆人员参加文博专业知识学习，安排 2 名专业人员参加了省文物局举办的文物行政执法培训。

六、安全保卫与后勤保障

2011 年仙桃市博物馆进一步加强了防火、防盗安全管理工作，对馆内的安防消防设施进行了全面的检查维修，加固了防盗网、防盗门，更新了部分视频监控设备和红外线探测设备，更新了干粉灭火器，定期与 110 报警中心进行联网测试。在强化技防的同时，该馆严格落实安全保卫责任制度，实行馆领导带班值班制度，加强人防措施，配备专职的保卫人员负责安全工作，确保馆藏文物安全。

天门

天门市博物馆（陆羽纪念馆）

Tianmen Municipal Museum（Luyu Memorial Hall）

天门市博物馆与陆羽纪念馆两馆合一，坐落在竟陵西湖之滨，是天门市唯一的文物保护和展览机构。1988年开馆以来，共接待国内外参观团体1400多个，中外游客及中小学生107万人次，1998年被湖北省人民政府授予“省级爱国主义教育示范基地”。2009年被中宣部授予“全国爱国主义教育基地”，2011年，被团省委、省少工委批准为首批湖北省“红领巾实践教育基地”。

一、行政管理与规划建设

2011年，天门市博物馆（陆羽纪念馆）岗位设置领导班子4人，内设机构5个，分别是：办公室4人；财务部2人；保管（卫）部2人；陈列部5人；考古部5人。现有在职工作人员22人，其中管理人员2人，专业技术人员19人，工勤技能人员1人。

2011年，天门市博物馆与上级主管部门签订了各种责任状，如党风廉政建设、计划生育、机关效能建设、社会治安综合治理、信访稳定工作、安全生产、“门前四包”和义务劳动、调研信息工作目标责任书、责任状等年终奖惩兑现，确保全年博物馆工作的顺利进行。

2011年，天门市博物馆（陆羽纪念馆）为配合“陆羽故里园”的西湖建设，按照规划拆迁了办公楼、门面。同时完成了“十二五”地市级博物馆建设项目的申报工作，并积极申请新馆建设用地。6月，市委市政府根据国家有关地市级博物馆建设标准和天门市的实际，批复新址新建“天门市博物馆”，规划馆址面积50亩，总建筑面积12000平方米。

二、藏品管理与保护修复

2011年，天门市博物馆（陆羽纪念馆）按照省文物局要求，对馆藏文物1万余册古籍进行了清理。截至年底，天门博物馆共有馆藏文物13000多件（套），其中一级文物3件（套），二级文物9件（套），三级文物152件（套）。

为抓好馆藏文物的安全工作，博物馆（陆羽纪念馆）始终坚持把文物安全工作放在首位，对库房内的文物做到常防患、勤检查，坚持24小时值班巡查制、文物出入库登记制、交接班签字制。主要领导和分管领导不定期进行巡查，组织内保干部进行系统培训，不断提高他们的思想素质、安全防范意识，人人掌握“三防知识”。对文物进行定期查看、保管，保证文物不受潮，无虫蛀，避免自然损害，达到了科学管理的要求，确保了馆藏文物的安全。到2011年,博物馆迎来了第十六个馆藏文物安全年。

三、陈列展览与宣教服务

2011年,天门市博物馆(陆羽纪念馆)除办好"陆羽生平"基本陈列之外,还举办了"天门民俗"展、"陆羽书画"展、"庆祝建党九十周年书画摄影作品"展、"天门市非物质文化遗产名录掠影"展等临时展览。全年共免费接待中外游客及中小学生8万余人次,茶艺表演60余场次。

天门市博物馆在5·18国际博物馆日和中国文化遗产日,采取街头设点、流动下乡、报刊登载等多种形式,宣传《文物保护法》,介绍文化遗产和保护知识,激发公众热爱祖国优秀传统文化的热情,发挥舆论监督作用,在全社会形成保护文化遗产的良好氛围。

配合完成了宣传系统大活动的接待工作,如配合接待了中央候补委员、国资委监事主席石大华;韩国释龙云法师所率茶学调研团;"送欢乐下基层走进天门"活动;央视"荆楚记忆"、"走进湖北"摄制组等。

四、考古调查与考古发掘

通过第三次文物普查,天门市共有文物点389处。其中古遗址171处,古墓葬178处,古石刻1处,古建筑15处,近现代重要史迹及代表性建筑24处。2011年,天门市博物馆(陆羽纪念馆)加大文物保护、管理、普查、宣传等各项工作力度,使文物保护事业得到健康有序的发展。

1. 按省文物局鄂文物综[2011]42号文件精神,为了做好"三普"资料整理汇总工作,博物馆派选一名同志于2011年3月30日—4月6日到省文物局进行了为期一周的统一培训,对天门"三普"数据中存在的问题进行了修改,8月19日—9月28日再次赴省参加"三普"数据修改,现389处文物点数据已全部由省文物局认定合格,并完成了《天门市第三次全国文物普查工作报告》。

2. 2011年10月份,向天门市政府申请公布了共67处第二批天门市文物保护单位,并向湖北省文物局申报了龙咀遗址、雁桥、襄河襄北地委旧址等11处文物点为第六批湖北省文物保护单位。

3. 2011年3—4月,天门市博物馆(陆羽纪念馆)配合湖北省文物考古研究所和北京大学考古文博学院对石家河遗址进行小规模发掘,发掘面积200平方米,得到了比较重要的收获和发现,为石家河遗址保护提供了更加准确的基础资料。

五、大遗址保护

石家河遗址位于天门市石河镇,是我国长江中游地区迄今发现分布面积最大,保存最完整的新石器时代聚落遗址,1996年11月由国务院公布为第四批重点文物保护单位。2001年3月,被国家评为"中国20世纪100项考古重大发现"之一。2004年11月对遗址进行现场调研,编制了《规划》立项报告,2005年,国家文物局将石家河遗址作为全国30处大遗址之一,列入国家保护"十一五"计划,2006年天门市博物馆(陆羽纪念馆)和中国文物研究所,北京建筑工程学院城市研究所鉴定了《石家河遗址保护规划》编制合同,2008年完成编制工作,2009年通过了国家评审,2011年,编制了《石家河考古遗址公园》总体规划。

六、人才培养与学术研究

为了更好地为观光旅游者提供优质服务,2011年,博物馆(陆羽纪念馆)多次对讲解员进行严格的培训,从礼节、言行举止、业务素质上下工夫。3月份组织全体讲解员到恩施、宜昌、荆州等地学习参观。

2011年8月,按照湖北省博物馆协会的要求,完成了《湖北博物馆年鉴2010》中的天门市1953—2010年博物馆年鉴编撰工作。

七、安全保卫和后勤保障

2011年,天门市博物馆(陆羽纪念馆)认真贯彻执行"保护为主,抢救第一,合理利用,加强管理"的文物工作方针。从加强制度建设,规范行业管理入手,强化文物法规宣传,加大文物安全隐患整治力度,建立了有效地文物安全和执法体制,使文物安全工作逐步走向制度化、规范化。

1. 进一步完善博物馆各项管理制度,如交接班制度、展室安全制度、景区车辆管理制度。

2. 严格落实安全值班制度。严格值班纪律,明确岗位责任,认真落实库房领导带班和24小时值班制度,要求值班人员保证24小时通信联络畅通。进一步充实保卫一线力量,严格履行报告制度,遇突发情况及时报告、及时处理。

3. 定期巡查全市文物消防安全重点单位。一查执行消防法规和安全管理操作规程的情况;二查重点部位有无安全记录和灭火疏散预案;三查员工消防安全防范意识和反应能力;四查灭火器、水枪、电源、线路和维修工程中的防火材料是否完好;五查安全出口、疏散通道是否畅通、疏散指示标志是否明显。

4. 文物库房实行封闭管理。对库房报警器进行了系统升级,全年没有发生一起馆藏文物安全事故。

5. 选派两名同志参加了在武汉举办的2011年度全国文物行政执法人员(湖北片区)轮训班。

6. 根据湖北省文化厅鄂文化文【2011】381号文件精神,建立了天门市文物安全工作联席会议制度,强化了部门间的协调配合,为切实加强文物安全工作、坚决打击文物违法犯罪,建立了文物安全监督长效机制。

潜 江

潜江市博物馆工作概述

2011年，潜江市各博物馆在打造曹禺文化品牌、建文化名市的气候大背景下，紧紧围绕“外树形象，内抓业务”这一工作重心，注重人才培养和业务工作，改善基础设施，充实人才队伍，提升综合实力。全市有博物馆、纪念馆3家，新增各类文物藏品268件，接待观众28.5万余人次，社会服务和展示宣传取得显著效果。

【博物馆建设】 全市3家博物馆、纪念馆中，由市直文物部门管理的博物馆2家，纪念馆1家，在编在岗人员51人。

曹禺纪念馆完成了五项小型工程：一是小型维修装饰工程，主要项目包括隔断修建工作人员更衣室、隔断修建工作人员沐浴间、隔断并简装四间办公室、制作多媒体展示厅木地台等；二是网络维护改造工程，新增网络机柜、交换机及网络接口，购置电脑2台；三是多媒体展示厅设施建设工程，购置投影仪、功放、音箱、无线话筒、中控台等会议设施及主席台、演讲台、80座会议桌椅、茶水柜等；四是在馆北大门及多媒体展示厅安装了电子显示屏；五是更新、增加了馆内服务导引指示牌。以上工程的完工，进一步增强了曹禺纪念馆的服务功能和办公功能。

【陈列展览】 全市各博物馆、纪念馆均有常设的陈列展览。

曹禺纪念馆常设展览：序厅、杰出的戏剧家曹禺（一馆、二馆两个展厅）、名人颂曹禺书画展、杂货铺复原陈列（当代曹禺研究作品及相关出版物展）。2011年，主要对“杰出的戏剧家曹禺”和“杂货铺”进行了展陈提升，“杰出的戏剧家曹禺”增加了中国话剧百年等图片展，调整增加了曹禺百年诞辰纪念活动暨第二届中国（潜江）曹禺文化周图片展，“杂货铺复原陈列”增加了《永生雷雨》、《第二届中国（潜江）曹禺文化周曹禺国际学术研讨会论文集》、《曹禺研究》（第8辑，潜江市曹禺研究会编辑出版）、《北京人艺》期刊等当代曹禺研究作品及相关出版物、画册。举办临时展览10个，其中在馆内举办的有2个：非物质文化遗产展、海洋生物科普展；在馆外举办的有8个：“曹禺纪念馆陈列展示”移民新村展、“文物保护法法律法规”移民新村展、“曹禺百年”移民新村展、“第二届中国（潜江）曹禺文化周成果”移民新村展、“5·18国际博物馆日”南门河游园展、“首个中国旅游日”南门河游园展、“中国文化遗产日”南门河游园展、“杰出的戏剧家曹禺”曹禺中学展。

曹禺祖居博物馆设有序厅、美德贞操、博我以文、重振家声、藩威将军、老人房、书房、德馨堂、经纬天下、灶房等 10 个常设展厅。

4 月，潜江市博物馆与广西海洋生物馆联合举办海洋生物科普展，两天共接待观众 3.5 万人次。

【免费开放和宣教服务】 2011 年，潜江市实施免费开放的博物馆、纪念馆共有 3 家。开放时间为每周 6 天。全年共接待观众 28.5 万余人次，其中，潜江市博物馆接待观众 7.5 万余人次，创开馆以来年接待参观人次最高纪录；曹禺祖居博物馆接待观众 15 万余人次；曹禺纪念馆接待观众 6 万余人次。

免费开放后的博物馆、纪念馆由于有相应的财政经费保障，人员思想稳定，除馆舍环境、陈列展览时有改善更新外，宣教社会服务工作也不断增强。

"5 · 18 国际博物馆日"，潜江市博物馆组织市内 1200 多名小学生参观，并举办了热爱家乡、知我潜江知识有奖答题比赛，市电视台对学生代表进行了采访，发挥了博物馆的爱国主义教育基地的作用；开展了"博物馆进社区"的活动，邀请 14 个社区负责人进馆座谈，开展共建和谐社区活动；在市南门河游园广场举办《第三次文物普查成果展》和文物法规的宣传、普及文物知识，增加广大人民群众的文物保护意识。

曹禺祖居博物馆除制作宣传册、折页外，还利用报纸、刊物进行宣传。通过"国际博物馆日"、"非物质文化遗产日"开展传统文化教育活动，组织全市大、中、小学生来祖居参观，举办征文活动。

曹禺纪念馆加强了宣传社教工作，一是配合馆内陈列展览进行推广宣传。馆内大门处设两个小型多层报架，一个摆放曹禺研究作品、文物保护法等出版物和摆放曹禺纪念馆彩色宣传折页。二是在国际博物馆日、中国文化遗产日里，设计制作 32 块流动展牌用于现场展示，设计制作折页用于现场免费发放。配合潜江市移民工作，把展览办到移民新村，为移民了解潜江文化、早日融入当地生活做出贡献。《潜江日报》及时报道了《曹禺纪念馆走进移民新村》等重要宣传活动。三是切实做好免费开放工作，全年接待游客 6 万余人次。四是做好社会教育工作。积极组织中小学生、武警官兵到馆开展主题实践活动，2011 年挂牌成为"武警荆州支队人文历史教育基地"。

【藏品收藏与保护管理】 截至 2011 年底，全市博物馆、纪念馆共有馆藏文物 15395 件（套），其中，三级以上文物 300 余件（套）。本年度新增馆藏文物 268 件。新增藏品除少部分为社会知名人士捐赠书画外，大部分为龙湾古湖台发掘出土的文物。

■ 讲解员为学生讲解潜江历史

为规范藏品管理，各类博物馆、纪念馆严格按照《藏品管理办法》，进一步建立健全了文物藏品保护管理各项规章制度。馆藏文物录入电子表格，做到了编目详尽，账目清楚，对总账、分类账和保险柜实行专人管理，并加强了出入库房人员的审批和登记。

为了确保馆藏文物安全，本年度各博物馆进一步加强了防火、防盗安全管理工作。各博物馆除了有专职安保人员外，还配备狼犬，安装有视频监控摄像头、消防栓、烟感器和楼道消防警铃。

【考古调查与发掘】 随着国家经济的大发展，国家重点建设项目日益增多，工程建设与文物保护的矛盾也日益突出，为了贯彻国家“两重两利”的文保方针，考古队工作人员克服诸多困难，完成了对兴隆200千伏输电变电线路径、汉宜铁路十号湖火车站、油田矿区、引江济汉河线等工程的文物调查与勘探，有力地配合了国家工程建设和境内工农业生产，有效地保护了全市地下古文化遗存。

【人才培养与学术研究】 潜江市博物馆加大在职专业人员培训和人才培养的力度，规范陈列部讲解员的“品德、环境、仪表、行为、语言”，坚持免费开放的服务质量标准，全体人员统一着装上岗。同时，利用各种演讲比赛的契机，开展讲解员大练兵、大比武，强化训练，提高讲解队伍的整体素质和讲解服务水平。员工在各类报刊上发表《陈家庄遗址与偃月城》、《话说潜江的古代寺庙遗址》、《浅谈潜江城市化与博物馆建设》、《浅谈博物馆如何发挥教育功能及拓展社会服务功能》、《积极建设龙湾遗址考古遗址公园发展我市旅游事业》、《正确处理“四种关系”构建和谐博物馆》、《市博物馆珍藏文物精品——玉带钩》、《改革与创新博物馆体制需要解决的几个问题》等多篇论文。完成了全市第三次文物普查资料、整理、编写、校对，并由长江出版社出版。完成了南水北调工程荆门钟桥遗址的发掘资料的整理工作。

曹禺祖居博物馆通过潜江市人社局面向社会公开招考，择优录用了5名大学生。选派了讲解员荣蓉参加全省的讲解员大赛，获得了三等奖。曹禺祖居博物馆作为曹禺研究会会员单位，全年参加曹研会学术活动3次。曹禺研究会每年推出一辑《曹禺研究》，2011年出版了《曹禺研究》第七辑，参与了《潜江文博》杂志的编辑工作，于年底正式出版了创刊号。

曹禺纪念馆针对馆内缺乏专业人才、讲解员的现状，聘任潜江日报社原社长傅海棠为名誉馆长，主要从事展览规划设计、参与重大活动决策等工作，通过潜江市劳动就业管理局以劳务派遣方式聘用了2名讲解员。

曹禺纪念馆完成了2010年第二届中国（潜江）曹禺文化周曹禺国际学术研讨会学术论文集《永生雷雨》的出版发行工作；与潜江市曹禺研究会紧密配合，编辑出版了《曹禺研究》（第8辑），成功举办了“纪念曹禺处女作《今宵酒醒何处》发表85周年座谈会”；为《潜江文博》（2011年创刊号）撰写了《试析曹禺纪念馆进一步提升展览的时机、内容和手段》、《博物馆讲解员如何提高讲解水平探索》、《市曹禺纪念馆注重两个结合，积极开展“5·18国际博物馆日”宣传活动》、《潜江市曹禺纪念馆简介》等四篇专栏文章。曹禺纪念馆将《永生雷雨》、《曹禺研究》（第8辑）等曹禺研究新成果及时寄送给世界各地曹禺研究专家学者、曹禺亲属及国内20余个省市文联，国内部分曹禺研究专家学者也将自己的曹禺研究成果和论文邮寄给曹禺纪念馆，促进了国内、国际文化交流。

潜江市博物馆

Qianjiang Municipal Museum

一、行政管理与规划建设

潜江市博物馆隶属于潜江市文物事业管理局，现有馆长1名、书记1名、副馆长3名，下设办公室、财务室、陈列部、考古部共5个部门。在编在岗员工41人。其中管理人员5名、专业技术人员33人、工勤人员3人。为更好地进行日常行政管理，建立健全了各部门的职业道德规范，完善了内部各项管理制度和监督制约机制，实现了制度管理、全程管理。

二、藏品管理与保护修复

截至2011年底，潜江博物馆藏品总数12345件（套），其中一、二、三级文物共300余件（套）；新增藏品213件，其中：历史文物增加197件（龙湾古湖台发掘出土）、书画增加了16幅（社会知名人士捐赠）。为了规范藏品的管理，潜江市博物馆进一步完善了《文物藏品管理制度》、《文物库房管理制度》、《博物馆展览接待工作制度》等各项工作制度，馆领导与各层负责人签订了责任状，确保馆藏文物的规范管理。

三、陈列展览与宣传

充分发挥博物馆宣传和传播历史文化的重要作用，加强公共文化服务体系建设和公民思想道德建设，积极落实文博单位向社会免费开放工作。对展厅一楼、楼梯、卫生间进行维修改造，对博物馆庭院绿化、亮化工程进行安装和布置。

4月，与广西海洋生物馆联合举办海洋生物科普展，两天共接待观众3.5万人次。5月18日，市博物馆组织市内小学的1200多名学生参观，并举办了“热爱家乡、知我潜江”知识有奖抢答比赛，市电视台对学生代表进行了采访；开展了“博物馆进社区”的活动，邀请14个社区负责人进馆座谈，开展共建和谐社区活动；在市南门河游园广场举办“第三次文物普查成果展”和文物法规的宣传，普及文物知识，增加广大人民群众的文物保护意识。市博物馆接待参观人数达7.5万人次，创开馆以来年接待参观人次最高纪录。

四、考古调查与考古发掘

随着国家经济的大发展，国家重点建设项目日益增多，工程建设与文物保护的矛盾日益突出。为了贯彻国家“两重两利”的文保方针，考古队工作人员克服诸多困难，完成了对兴隆200千伏输电变电线路经、汉宜铁路十号湖火车站、油田矿区、引江济汉河线等工程的文物调查与勘探，有力地配合了国家工程建设和境内工农业生产，有效地保护了全市地下古文化遗存。

五、人才培养与学术研究

加大在职专业人员培训和人才培养的力度，规范陈列部讲解员的“品德、环境、仪表、行为、语言”，坚持免费开放的服务质量标准，全体人员统一着装上岗。同时，利用各种演讲比赛的契机，开展讲解员大练兵、大比武，强化训练，提高讲解队伍的整体素质和讲解服务水平。员工在各类报刊上发表《陈家庄遗址与偃月城》、《话说潜江的古代寺庙遗址》、《浅谈潜江城市化与博物馆建设》、《浅谈博物馆如何发挥教育功能及拓展社会服务功能》、《积极建设龙湾遗址考古遗址公园发展我市旅游事业》、《正确处理“四种关系”构建和谐博物馆》、《市博物馆珍藏文物精品——玉带钩》、《改革与创新博物馆体制需要解决的几个问题》等多篇论文。完成了全市第三次文物普查资料、整理、编写、校对,并由长江出版社出版。完成了南水北调工程荆门钟桥遗址的发掘资料的整理工作。

六、安全保卫与后勤保障

全面加强和改进了文物安全工作。馆藏文物无安全事故发生,野外文物安全形势基本平稳。

博物馆与保卫部门多次召开安全会议,安排部署了当前和今后一段时间文物安全工作,制订了安全措施和管理办法,层层签订了文物安全责任状。

文物安全防范设施建设进一步加强,设置了全天候电视监控室,24小时专人负责监控。加大了安全防范日常管理力度,对出现的安全隐患及时整改。制定了市博物馆城市管理工作实施方案,成立了环境综合整治领导小组,按照省文物局安全检查要求,该馆实行双人双岗及领导带班值班制度。

消防安全设施方面,对馆内的灭火器和消火栓等消防设施每季度进行一次检查。指派专人对每个消防灭火器进行药剂更换。此外,还组织馆员学习使用灭火器,完善了《消防安全管理制度》和《灭火和应急疏散预案》,预防博物馆消防安全事故的发生和发生后的应急。

神农架

神农架自然博物馆

Shennongjia Museum of Natural History

神农架自然博物馆是神农架林区唯一的一家博物馆，现有职工12名，2011年免费接待中外游客达18万人次；充分发挥了宣传、教育和展示主阵地的作用，综合管理和业务工作更趋规范和完善，2011年取得了又一个安全年。

一、管理与运行

神农架自然博物馆隶属林区文化体育局，现有馆长1名（副局长兼任），副馆长1名，职工11名。设有办公室、财务科、后勤科、安保科。博物馆免费开放后，博物馆原有的工作内容和工作重点发生了变化，为适应博物馆工作重心向公益性服务的转变，相关的工作制度和日常管理进行了调整。2011年博物馆召开职工大会，讨论日常管理、奖惩条例管理细则，并印发成册，规范各项工作流程；免费开放后面向社会公开招聘了1名讲解员，请林区高级中学旅游班老师给职工上礼仪、汉语、区情课；与林区消防中队共同开展火灾消防演习，引导职工正确疏散观众，火灾自救，对原消防管道进行了维修和改装，加固安全防盗网。2011年博物馆无安全事故发生，被评为“优秀平安单位”。同时增加了公共绿地面积，按照林区政府提出建设绿色生态小城镇总体目标，出资3万元购买了20棵珍稀树种移栽到博物馆院内，其中包括鹅掌楸、香樟树、银杏、野生紫薇等国家二级保护树种。

二、免费开放与宣教服务

2011年免费向社会公众开放累计开放天数达365天，接待海内外游客达18万人次，其中未成年人约6万人次，与未免费开放之前相比人数增加近10倍，为游客讲解2579次，举办各类临时展览6场次。为迎接“世界博物馆日”的到来，组织开展“博物馆一日游”活动，通过制作展牌、文字、视频资料及实物模型向游客介绍了神农架自然博物馆的发展历程、神农架的发展史、动植物物种及地质变迁过程。6月份组织全区小学生参观博物馆，开展有奖征文活动，获奖作文16篇，并分期在神农架报纸刊登获奖作品。9月份全国科普日与林区科协共同举办“科技活动周”，送科技进校园，进社区，进乡村，使全区80%的市民、中小学生接受了区情教育。

三、藏品收藏与保护管理

神农架自然博物馆馆藏内容分为四大类：动物、植物、化石文物、奇石根艺；陈列兽类标本41种98号，鸟类标本207种402

号,蝴蝶标本178种289号,鱼类标本17种27号,两栖类标本8种11号。其中国家一级保护动物7种,国家二级保护动物47种,展品占林区动物种类的65%。出土化石文物207件,植物标本2018种,12000号,34000份,占全区高等植物总数的79.2%。标本的养护、馆藏安全是博物馆的一项重要日常工作。2011年博物馆、纪念馆严格按照《藏品管理办法》,进一步建立健全展品保护管理各项规章制度。馆藏展品录入电子表格,做到了编目详尽,账目清楚,专人管理。2011年政府划拨3万元标本养护经费,增加了2台除湿机,组织工作人员每月对标本进行一次防潮、防腐、防虫处理,确保标本储藏安全。

四、文化产业

博物馆旅游服务部结合神农架旅游特色,开发出绿色土特产、天然奇石、自然根艺三大旅游产品系列,其中有5件奇石,在2011年湖北省奇石珠宝博览会上分别获得二等奖和三等奖,深受社会各界人士的好评,取得了良好的社会效益和经济效益。

新增博物馆

辛亥革命博物馆

The Revolution of 1911 Museum

馆　　长　姚明修
地　　址　武汉市武昌区彭刘杨路258号
邮政编码　430060
电　　话　027—88311720
参观预约　027—88051911
传　　真　027—88311722
性　　质　国有
隶属关系　武汉市文化局
创建时间　2011年
开放时间　9：00—17：00，周一闭馆
占地面积　7678平方米
建筑面积　22142平方米
展览面积　6892平方米

辛亥革命博物馆，是湖北省委省政府、武汉市委市政府为纪念辛亥革命·武昌首义100周年而兴建的重点项目，是集辛亥革命历史展示、文物收藏、学术交流、科研办公等功能于一体的专题博物馆。馆体建设和陈列展览被列为湖北省、武汉市纪念辛亥革命100周年重要活动。馆体于2009年动工修建，2011年竣工使用。

辛亥革命博物馆位于武汉市武昌区阅马场首义广场南侧，北临彭刘杨路，南抵紫阳路，东邻楚善街，西靠体育街，与鄂军都督府（红楼）、孙中山铜像、拜将台、三烈祠牌坊等著名辛亥革命建筑构成首义广场的中轴线，是首义文化区的核心建筑。辛亥革命博物馆的外形设计融合了中国传统建筑特色和现代手法，个性鲜明。几何形向上斜出的外墙含有“破土而出”的意象，颂扬了敢为人先的首义精神；三角形的建筑母题，赋予建筑向上、进取的意味，寓意武昌首义胜利和武汉腾飞。石质外墙以肃穆凝重的“楚国红”为主色调，古朴厚重，与周边蛇山、红楼及武昌老城区景观协调共存。

2011年，辛亥革命博物馆切实履行博物馆的宣传教育、科学研究以及文物收藏等职能，积极配合武汉市“文化五城”建设，力争博物馆各项工作再上新台阶。

一、行政管理与规划建设

辛亥革命博物馆为武汉市文化局所属正处级事业单位，市财政全额预算拨款单位。现有副书记暨馆长1名，副馆长2名，工会主席1名。部门设置为“一室七部”：办公室、宣教部、陈列部、科研部、保管部、设备部、开发部和保卫部。

为加强民主集中议事，辛亥革命博物馆根据工作实际，通过制定《中共辛亥革命博物馆委员会会议议事规则》、《辛亥革命博

物馆馆长办公会议议事规则》等制度，建立健全馆党委会、馆长办公会议事制度。每半月召开一次馆长会，总结阶段性工作，规范内部管理，制定工作计划。每月召开一次委员会，加强党政领导班子建设，贯彻落实党委路线、方针、政策。

辛亥革命博物馆制定了《辛亥革命博物馆制度汇编》，涉及全馆规章制度，部门岗位职责，工作规范等，形成了一套规范的规章制度体系，同时在工作过程中不断完善相关工作流程，实事求是，使制度规范具有指导性和可操作性。

通过加强各方面的建设，辛亥革命博物馆文明服务水平和班子领导水平不断提升。2011 年 10 月，辛亥革命博物馆被武汉市授予“纪念辛亥革命武昌首义 100 周年工作先进单位”；2011 年 12 月，基本陈列展“共和之基——辛亥革命历史陈列”被授予湖北省博物馆、纪念馆“优秀陈列奖精品奖”。

二、藏品管理与文物征集

辛亥革命博物馆的藏品主要通过社会购买、辛亥革命志士后裔捐赠两种方式取得。目前我馆馆藏文物资料 2172 件（套），藏品类别以纸质品为主，另有纺织品、象牙制品、瓷器、金属、玻璃、石器等。其中辛亥革命《李次生高擎义旗图》的字画，魏宸组任外史时的礼服、委任状及勋章等都是首次亮相的珍贵文物。

辛亥革命博物馆拥有金属库房，漆木、竹器库房，玻璃库房，瓷器库房，皮革、毛骨库房，纸质、丝质库房六个库房。特别针对纸质、丝质库房，皮革、毛骨库房配有恒温恒湿设备。

辛亥革命博物馆藏品建立了完善的总账和分类账以及详细的藏品档案，实行分类专人管理制度。制定了出入库房人员的审批和登记制度，同时还制定了展厅巡查制度。藏品保护根据不同的质地采取了不同的管理办法。对于在展厅展出的藏品配备了恒温恒湿展柜，每天专人进行巡查，对展板和展柜的文物情况进行记录，而存放于库房中的藏品配备专用的抽湿机和恒温恒湿机，采取专人定期查看霉潮情况。如展出和存放环境有问题、温湿度不达标的情况立即上报并做处理。

■ 辛亥革命博物馆

在藏品安全方面，辛亥革命博物馆所有库房都装有报警器、喷淋头、摄像头和监控设备，库房的走廊上还配有烟雾报警等安全预防设施。库房门口配有 24 小时的监控系统，为藏品提供了安全保障。

辛亥革命博物馆自 2009 年筹备期就开始面向海内外征集文物，通过捐赠、借展、购买等征集方式，共征集到文物 434 件（套）、资料 1738 件（套），这些文物及资料极大地丰富了馆藏，如台湾李志新先生收藏辛亥文物、比利时魏崇明先生收藏的魏宸组外交文物、台湾向楠锋先生家传的[illegible]保存下来的塘角恺字营照片等等。这珍贵的辛亥文物和资料不仅满足了辛亥革命博物馆的基本陈列需求也填补了辛亥革命研究和展示的空白。辛亥革命博物馆将力争成为辛亥文物收藏、研究和展示中心，更好地服务社会公众。

三、陈列展览与宣教服务

自2011年10月开馆以来，辛亥革命博物馆展出了基本陈列“共和之基——辛亥革命历史陈列”，引进了众多临时展览。博物馆现有序厅1个，常设展厅5个，多功能展厅1个，用于基本陈列和临时展览。

基本陈列“共和之基——辛亥革命历史陈列”位于序厅、一至五展厅，将百年前的辛亥革命深刻地改变了中国历史的进程展现在观众面前。展览聚焦于晚清至民国建立这一时段，以重大历史事件、重要人物为支撑，文物与场景并重，以精巧的场景重现历史过程，以丰富的文物展品见证历史细节，达到“史料真实，展品真物，感受真切，精神真传”的目标。序厅位于首层下沉式展厅，“共和之基”主雕以浮雕、圆雕结合的艺术方式，表现了起义背景、武昌起义和走向共和的主要内容，拉开了展览的序幕。整个展览分为五个部分，分别为晚清中国、革命原起、武昌首义、创建共和、辛亥百年，用七百余件珍贵文物、七百余幅历史照片，运用陈列展示技术和艺术语言，结合现代技术手段制作了“武昌首义”等逼真场景及艺术品，多角度、深层次地展现了辛亥革命这一历史变革和中国“共和”之基的开创伟业。

在临时展览方面，充分利用多功能展厅、缅怀厅等场所，自办或引进了多种多样的临时展览。2011年10月9日至10月19日，引进了“辛亥首义百年祭”；10月10日至10月22日，引进了“纪念辛亥首义100周年书画作品展”；10月10日，自办了“首批入藏辛亥革命博物馆当代书画作品展”；10月11日，引进了“孙中山·梅屋庄吉与长崎”展览。丰富多彩的临时展览充实了辛亥革命博物馆的展览内容，增加了馆际间的交流，满足了各个层面观众的精神文化需求，锻炼了博物馆的业务能力，提升了博物馆的社会效益。

博物馆是普及教育、启迪民智的知识体系中重要的一环，也是一个城市的文化符号。自10月15日对外开放以来，参观群众络绎不绝。开馆首日接待观众5500人次，其中11月13日接待观众6797人次，创下市级博物馆单日接待观众人数之最。为推进“博物馆之城”建设，辛亥革命博物馆依托博物馆社会教育职能，成功组织了“5·18国际博物馆日”、“辛亥革命知识竞赛”、“文化遗产日”、“弘扬首义精神，牢记我军历史”等大型活动十余次，受到社会各界的大力支持和一致好评，产生了强烈的社会反响。此外，辛亥革命博物馆还组织全省百余所中小学校学生进馆参观，先后举行了“博古通今，走进历史”、“纪念辛亥百年，弘扬爱国精神”等多项活动。为了扩大教育阵地，博物馆先后与多所学校签订了共建爱国主义教育基地协议书，与十多所学（院）校、单位和部队保持长期的共建活动。在重大节日、纪念日等，组织机关、团体、学校、部队、企事业单位等在馆内举行入队、入团、入党、新兵入伍学习等形式多样的共建活动，不断丰富爱国主义教育内容。

2011年正值辛亥革命百年纪念，博物馆借助大众传媒的强力造势，使展馆成为2011年武汉市的公共文化事件，为辛亥革命博物馆积聚了极高的人气，获得良好的社会效益。据不完全统计，中央电视台、湖北电视台、江苏电视台、武汉电视台、日本NHK电视台、长崎电视台等电视媒体，《长江日报》、《湖北日报》、《武汉晚报》、《楚天都市报》、《武汉晨报》、《长江商报》等报刊媒体，人民网、新浪网、腾讯网、搜狐网、荆楚网、凤凰网等数十家网络媒体对辛亥革命博物馆开馆、展览及宣传活动做了大量报道。

作为沟通文化的桥梁，辛亥革命博物馆开馆后受到了社会各界的高度关注。自2011年10月开馆以来，圆满完成了多次的重要领导和海内外嘉宾的接待任务，其中包括原中共中央政治局常委、国务院副总理李岚清，原国务院副总理吴仪，公安部部长孟建柱，民政部部长李立国，中共中央台办、国务台办主任王毅，第十届全国政协副主席、中国工程院主席团名誉主席徐匡迪，原中共中央委员新华社社长、党组书记田聪明，广州军区司令员徐粉林上将，广州军区政治委员张阳上将，国台办副主任郑立中，交通运输部副部长徐远祖等。截至12月底，辛亥革命博物馆已接待观众20余万人次，日均接待观众3500余人次，是市级博物馆接待观众之最。

四、人才培养与学术研究

辛亥革命博物馆注重专业人才的引进与培养。现有工作人员41人，其中研究生以上学历6人，本科学历20人，专科学历10人，占全馆职工人数的97%。这些高学历、高素质的专业人才，充实了博物馆职工队伍，保证了各项工作高效、有序地开展。

辛亥革命博物馆专门从高校邀请专业礼仪、人力资源教师以及博物馆资深讲解专家对讲解员进行系统培训，包括规章制度、历史文化、讲解技巧、优质服务、消防安全等内容，经考核合格后方能上岗。

学术研究方面，辛亥革命博物馆制定了学术研究规划及馆级学术研究课题申报办法，鼓励研究人员进行辛亥革命历史和文物研究，并且与日本长崎历史文化博物馆建立了学术交流长效机制，加入了孙宋联谊会，参加其每年组织的学术交流活动。辛亥革命博物馆还组织专业人员参加了“纪念辛亥革命100周年国际学术研讨会”等学术座谈和馆际交流活动，发表了《论民国时期的双旗图案》等学术论文。馆内学术氛围浓郁，科学研究工作稳步开展。

五、安全保卫与后勤保障

辛亥革命博物馆2011年10月开馆以来，始终坚持以“预防为主，安全第一”的方针，把安全保卫工作作为所有工作的重中之重，并针对这项工作制定了一系列安全防范制度、保障制度和应急预案，每月定期举办安防、消防知识培训和实战演练，为确保文物安全、财产安全和人身安全进行演练。

辛亥革命博物馆保安工作是委托顺城物业公司协助、本馆内保为主要负责的方式进行的。该公司对博物馆的安保人员和组织结构进行精心部署和调整，在白班范围内划定责任区，落实安保人员的职责范围，在全天二十四小时内范围内，除利用监控系统控制各片区的工作情况外，夜间还安排查岗查哨人员流动巡查，保证随时有效地掌握馆区及办公区域的活动情况。

保卫部及时制订应急预案和措施，在参观高峰期，成立安全应急行动工作组，协助其他部门做好巡逻检查工作，全力以赴保证各人员、公共财产和文物的安全。

消防方面，辛亥革命博物馆根据消防部门的“四个能力”建设要求，结合本单位消防工作现状，认真执行《企业、事业、机关团体消防安全管理规定》，顺利地完成了本年展消防安全宣传月活动，落实了三级责任人和消防安全岗位责任制。保证了各消防安全通道指示标志的完整性，保证各主要安全出口、疏散通道的畅通；保证了灭火器材的配置使用在有效期范围内；建立健全消防档案，完善消防安全制度，并按照消防安全重点单位的工作要点，定期组织消防专职管理人员对全馆进行消防安全自查，督促和落实消防隐患整改。

自2011年10月开馆以来，保卫部检查外来观众人员近21万人次。共6人荣获“武昌区内保治安先进个人”荣誉称号，确保了博物馆全年的各项工作安全有序。对馆内花木进行精心养护，培育了大量时令花卉，使辛亥革命博物馆环境得到了进一步美化和提升。

六、文化产业与产品研发

辛亥革命博物馆自2011年10月开馆以来，高度重视有关辛亥革命题材的旅游纪念品、礼品的研发工作。

博物馆是一个地域、一个国家、一个民族不可多得的宝贵财富。旅游离不开文化，同样，文化也离不开旅游。随着人们生活水平的提高，很多人已不满足于游山玩水，而要追求文化内涵丰富的旅游产品。为此，我馆制定了相应的文化产品开发计划。

（一）近期对以下产品进行设计制作：

1. 邮品系列（纪念首日封、明信片、镇纸、邮册等）；

2. 骨雕系列（要反映出辛亥首义场景）；

3. 文化、生活用品系列（本子、笔、钥匙扣、火机等，可使用辛亥馆标或其他图案）；

4. 水晶系列（笔筒、激光内雕博物馆图案等）。

（二）研发的产品要达到以下要求：

1. 有统一、美观的包装；

2. 保证质量，不得生产劣质产品；

3. 与辛亥革命或者博物馆主题相贴近；

4. 开发的纪念品要符合市场需求，让游客满意。

（三）纪念品超市计划于2012年5月对外正式开放。

荆州市荆楚民俗博物馆

Jingzhou City Jingchu Folk Custom Museum

馆　　长　王盛汉
地　　址　荆州市沙市区杨林堤路12号
邮政编码　434000
电　　话　0716—8211144
网　　址　msbwg2008@yahoo.cn
性　　质　民办
隶属关系　荆州文化局、文物局、民政局登记
创建时间　1999年4月19日，荆州市文物局批准建立
交通状况　市内乘37路公交车在肉联路站下后东走100米即到
占地面积　500平方米
建筑面积　400平方米
绿化面积　300平方米
展览面积　400平方米

荆楚民俗博物馆主体建筑系民国大法台湾资政张知本荆州江陵故居，抗战时将北京朝阳政法学院临时搬迁至故居，主体建筑系砖混木，二层古建。其雕花门窗、木刻、石刻，为当时荆州楚文化的一绝，别具特色。当时拆迁时，王盛汉看到了民工们的野蛮破坏，为之震惊，当即买下这些精美雕花、门窗、门楣、栋梁、柱橙、石刻、砖花，满满地装了一车，运回家后院。梦想易地而建，恢复原样。在文化局、文物局各级领导的帮助下，终于使即将失去的这些古建回到原来的家。1999年4月19日，荆州市文物局批准成立了荆楚民俗博物馆，成为湖北省首家民办民俗博物馆，13年免费接待了数十万中外观众及学者、专家，特别是台湾江陵同乡会的创始人张知本也派来了会长钱江潮、李大俊亲临我馆参观，并题写了“蒐集荆楚文物，发扬历史光辉”作为纪念。2005年，应台湾中国文化统一促进会长的邀请，该馆组团访问了台湾，会见了荆州老乡。荆州电视台、湖北电视台等众多媒体多有报道，特别是中央一台、四台对此作了专题报道。

荆楚民俗博物馆除免票参观展览外，还附设荆楚民俗博物馆手工业品作坊，负责收藏、修复整理破损的文物。本着保护第一，修旧如旧，原样保存的原则，完善加固，使濒临失传的文物有个家。

空降兵军史馆

Hall of the History of Airborne Troops

馆　　长　汪建
地　　址　孝感市城站路33号95829部队营区
邮政编码　432100
电　　话　0712—2952381
参观预约　0712—2952693
传　　真　0712—2952381
电子邮箱　Kjb95829jsg@163.com
性　　质　国有
隶属关系　中国人民解放军95829部队
创建时间　2010年
开放时间　周二—周日9：00—17：00
交通状况　市内乘1、2、5路公交车人民广场站下车
占地面积　20000平方米
建筑面积　8400平方米
绿化面积　10000平方米
展览面积　4000平方米

空降兵军史馆坐落在湖北省孝感市城站路33号95829部队司政大院营区内，是空降兵部队为了培育当代革命军人核心价值观，大力弘扬“英勇顽强、艰苦奋斗、团结友爱、好学上进、严守纪律”的优良传统和上甘岭黄继光精神，自筹经费建设军事历史博物馆。原军史陈列馆创建于上世纪80年代初，新军史馆筹建于2009年5月，2010年9月落成开馆，是一座融陈列展览、宣传教育、军史研究、社会服务、文物收藏与保护等多功能于一体的现代化军事博物馆，也是目前中国人民解放军军级单位中建设规模最大、布展理念最新、展陈手段最全、文物藏品最丰富的军史馆，更是华中地区一流的、向社会免费开放的爱国主义和国防教育基地。该馆现有馆藏文物1990件，历史照片10万余幅，手绘作战地图100余份，艺术品50多件。已展出历史照片1300余幅、图表100余幅、文物1100余件。

军史馆主体为一座高台回廊、立柱飞檐的中式风格建筑，银灰色花岗岩与深蓝色玻璃幕墙相嵌的外立面简洁大气，屋顶飞檐和高台基座花岗岩围栏上的降落伞浮雕图案突显空降兵兵种特色。该馆主体建筑占地面积2697平方米，楼高33米，总建筑面积8400平方米，共分五层。其中，一层为办公仓储区和机动车库，设有2个办公室、1个会议室、2个文物仓库、1个文献资料室、1个监控值班室；二、三、四层为军史展区，展览面积3543平方米，分为序厅、参加抗日战争、参加解放战争、参加抗美援朝、空降兵建设与发展时期、专题展厅六大部分；五层为预备展厅（暂做多功能报告厅，主要有视频教学、学术交流、会议保障、影视播放、贵宾接待等功能）。馆前东侧铜像为志愿军第15军45师135团2营6连班长，特等功臣、特级英雄黄继光，西侧铜像为志愿军第15军29师87团3营9连战士，特等功臣、一级英雄邱少云；每尊铜像高8米、重约3吨，由沈阳鲁迅美术学院雕塑系原主任、著名雕塑家孙家彬教授亲自创作完成。

军史馆布展工程由北京清尚建筑装饰工程有限公司承建，其布展理念先进，展陈手段丰富，施工工艺精湛，特别是大型多媒体景观、复原场景、幻影成像、虚拟翻书、多通道全息投影、上甘岭坑道等高科技展项具有强烈的视觉冲击力；《天地雄师》空降战

斗群组雕、《雄风长存》墙面浮雕、高仿真硅胶塑像、大幅油画、子弹壳拼图、伞绳编织画等艺术品充满浓郁的伞兵韵味。同时，由沈阳鲁迅美术学院承建的上甘岭半景画馆，运用声、光、电等高科技展示手段充分展示了上甘岭战役的艰苦惨烈，使整个参观过程既能移步易景、身临其境，又能感悟历史、深受启迪。

空降兵军史馆自 2010 年 9 月 17 日开馆以来，按照“高起点进入、高标准建设、高质量服务”的总体要求，牢固确立“面向部队、面向社会、面向未来，始终为弘扬军队光荣传统和优良作风服务、为宣传空降兵建设发展成就服务、为巩固和提高部队战斗力服务”的建馆办馆指导思想，认真探索军史展陈、文物研发和博物馆管理维护等专业领域知识，细心揣摩参观接待、会议保障和安全保卫等工作特点规律，推动军史馆各项建设走上了管理正规化、工作制度化、服务标准化、交流常态化的科学运行轨道。截至 2011 年 12 月为止，该馆已接待军地高层领导、党政机关、企事业单位、社会团体、大专院校、地方群众和部队官兵约 1200 余批 13 万余人次的参观指导，其中有 200 余批次是中共湖北省委、湖北省政府和军内各大单位、各军兵种安排的参观见学，较好地发挥了军史馆在弘扬部队优良传统上凝魂聚气、在增强全民国防意识上辐射驻地、在宣传部队建设成就上展示形象的教育基地和形象窗口作用。

一、行政管理与基础设施建设

空降兵军史馆管理办公室是在空降兵部队政治部编成内专门成立的一个管理机构，归政治部秘书处建制领导。全馆编有 12 名现役军人，其中 3 名军官、5 名男兵、4 名女兵，下设办公室、陈列部、宣教部、保卫科等四个部门。

2011 年，加强办公生活区基础设施建设，初步完成了办公室、网络资料室、监控值班室、文物仓库、零配件仓库、男兵宿舍和地下车库的整体规划。同时，还先后完成了馆前花坛绿化改造、车库规划、序厅邱少云浮雕创作和安装值班门禁系统、防盗报警系统、钢化玻璃武器展柜等 8 项配套建设。

二、藏品管理

截至 2011 年底，空降兵军史馆共有馆藏实物 1990 件（套），2011 年度新增藏品 36 件（套），所有藏品均未定级。为了规范藏品的管理，陈列部主任龙国军利用技术专长开发编写了《空降兵军史馆管理系统》软件，实现了文物登记、库房管理、参观接待、联络方式等数据的汇总、分析、更新、查询工作的信息化管理。

三、陈列展览与宣教服务

空降兵军史馆的常设展览为中国空降兵及其前身部队军史陈列展。常用展具主要有展柜、展台、展板、通柜、雕塑、油画、景观、硅胶像等，辅助陈列设施有灯光、电脑、触摸屏、液晶电视、硬盘播放机、投影仪等。展柜为高透度、全钢化、双层夹胶玻璃，一体化全钢底座、液压开启、双侧锁闭式展柜；展台为优质实木底座、抗氧化树脂漆、全钢化玻璃封闭式展台；展板为轻钢龙骨结构、高密度防火背板、高分子油画布底图、拉米纳冷裱相纸展板；通柜为高透度、全钢化、大面积玻璃，内嵌图片展板和实物摆台。空降兵军史馆的辅助陈列设施全部采用目前国内最先进的中央控制系统，通过手持触摸式终端遥控操作，可实现一键开（闭）馆和局部多媒体的播放、暂停、重播等操作。

空降兵军史馆始终把每一次参观接待

当成是擦亮空降兵“名片”的重要任务来对待，先后制定了《讲解员日常行为规范》、《讲解引导中常见问题处置方法》、《技术保障流程》和《贵宾室保障工作实施细则》等10多项职责规定，严格规范参观接待和贵宾保障活动的每一个环节、每一个动作、每一项内容，实现了接待高标准、服务高质量、保障上水平。2010年以来，还先后给南京渡江胜利纪念馆、四川中江黄继光纪念馆、重庆铜梁邱少云纪念馆、哈尔滨三五味业国防教育基地、合肥渡江战役纪念馆、重庆市教育电视台等单位提供了文献史料，用于丰富相关馆室的展览或联办军史展，为进一步宣传推广空降兵、服务社会国防教育，摸索出了军民融合、互促发展的路子。

四、人才培养

2011年，空降兵军史馆从思想、组织、制度、业务和场所设施五项建设入手，按照“出思想、出人才、出成果”的思路，打牢发展基础，实现全面过硬。对全馆人员严格管理教育，狠抓作风养成，全年未发生一起违纪违规问题；坚持依靠组织管权、管事、管人，单位风清气正，大家心齐力聚；研究制订了1个《实施办法》、7类《工作职责》和11项《管理规定》，工作规范有序；狠抓政治学习和业务提高，2名讲解员在女兵中分别以军校统考和士官考学第一名的成绩被第四军医大学和白求恩医务士官学校录取。

五、安全保卫

空降兵军史馆始终把加强安全保卫工作作为规范管理使用、推动建设发展的基础性工程来认识和对待，坚持把人工防护与技术防护相结合，严格制定和落实管理安全规定，确保安全工作万无一失。在消防安全方面，成立防火安全工作领导小组，成员由馆长、分管的馆长助理和陈列、宣教、保卫部门负责人组成；拟制了消防预案，培养了消防骨干，定期组织消防安全教育和演练，使全馆人员强化消防安全意识，熟悉火警信号，懂得灭火知识，熟练掌握防火器材性能和使用方法；严禁任何人随意挪用或损坏防火报警设施、设备，确保管理和使用责任落实到人；严格落实24小时监控值班制度，认真履行交接班手续，做到情况不清楚不交班，交班不清楚不接班。在工程质量方面，盯着问题抓整改，立足配套抓完善，先后4次指导各项目的承建单位对强弱电线路、屋面和空调系统漏水、消防系统、电梯运行故障等问题进行整改完善。

目前，空降兵军史馆已在湖北省文物局注册登记为法定博物馆，并被湖北省博物馆协会吸收为理事单位，现正由中共湖北省委宣传部国防教育办公室向中宣部申报“国家国防教育示范基地”。

袁裕校家庭博物馆

Yuan Yuxiao Family Museum

馆　　长　袁裕校
地　　址　宜昌市点军区五龙村五龙河街10号
邮政编码　443004
电　　话　13972596999
电子邮箱　176256979@qq.com
隶属关系　宜昌市文化局
性　　质　民办
经费来源　自筹资金
建筑性质　近现代历史建筑
建筑面积　4500平方米
展厅面积　2500平方米
占地面积　20000平方米

袁裕校家庭博物馆坐落于宜昌市点军区夷陵长江大桥左侧风景秀丽的五龙山上，与宜昌市著名的休闲度假胜地磨基山毗邻。

2007年1月，袁裕校家庭博物馆正式立项，成立袁裕校家庭博物馆筹备处。2009年3月，袁裕校家庭博物馆正式兴建。2011年2月，袁裕校家庭博物馆建设完成，正式注册。2011年9月，袁裕校家庭博物馆正式对外开放。

袁裕校家庭博物馆是全国首家平民家庭博物馆，集民俗文物家庭收藏交流、藏品展示、教育研究、展览、旅游休闲、艺术博览、影视拍摄于一体，是一座综合性、地方性博物馆。袁裕校家庭博物馆占地20000平方米，总建筑面积4500平方米，展厅区2500平方米，库房区300平方米，总投资650万元。

馆展内容涵盖了袁裕校家庭自19世纪末至21世纪初的一百余年历史，为社会保留了一批不可再生的宝贵的不同时期文化遗物和文字资料。博物馆被授予“宜昌市知识产权保护单位”、“湖北省家庭档案示范点”“湖北省情市情教育基地”、“宜昌市爱国主义教育基地”、“宜昌市国防教育基地”、“宜昌市青少年校外活动教育基地”、“三峡技术职院教学实习基地”、“宜昌市知识产权局保护单位”。

一、博物馆建设与管理

袁裕校家庭博物馆隶属于宜昌市文化局，是民办非企业单位，内设办公室、财务部、安保部等部门。行政管理实行馆长负责制。全馆现有正式工作人员3人，大专以上学历2人。其中专业技术人员2人，专职安保人员1人。

袁裕校家庭博物馆自建馆伊始，严格按照《博物馆管理办法》、《中华人民共和国文物保护法》、《袁裕校家庭博物馆工作人员岗位职责》等国家法规、部门规章和内部制度进行科学、规范、有效的内部管理，制定和不断补充完善各项规章制度及管理规定，博物馆各项工作有序、正常运转。

二、陈列展览

袁裕校家庭博物馆以家庭物质文化展览及家庭生活档案展览为主线，展览区域由“百年遗韵”、“岁月光影”、“山楂树之恋影视基地”3个部分组成，分类布展展厅16个。

博物馆布展将民间艺术、风土民情、衣食住行、生产生活等综合起来，突破了传统的、枯燥的展陈模式，突出"以人为本"的理念，以专业化、开放式、亲切化为基本特色，运用展板展示、文物展陈、数字影片、模仿体验、动手制作、传统游戏等形式多样的表现形式和手段，营造不同类别的陈列氛围，给观众以体验式的参观经历，极具知识性、趣味性、互动性。

三、藏品征集、管理和保护

袁裕校家庭博物馆藏品来源主要家庭三代人收藏。馆藏文物2122件（套），包括名人类字画56件，民间艺术类藏品1550件，民风民俗类416件，家志档案150余卷（逾200万字，近20000件图片、文字史料、实物）。

丰富的藏品生动、真实地再现了自袁裕校家庭始祖1461年从河南迁徙到兴山定居至今500余年间以袁氏家族为代表的三峡地区民间家庭生活的发展承续和源远流长、古蕴深厚的地方文化。其中《袁裕校家庭档案》、《袁裕校家志》填补了我国社会档案收藏和我国方志史家庭志书的空白，弥补了地方志书收藏微观记载的不足，为拓展和丰富方志文化开了先河，有着珍贵的史料价值和学术价值，是国内独一无二的文化资源与品牌。

馆内建有专门的文物库房，文物保护修复室、整理室并配备有专门的保护设施，按《藏品管理办法》规定对文物进行保护管理，定期对藏品进行清查、保养和维护。全馆设有安防、消防、保卫设施和部门，按照《博物馆安全保卫规定》，落实完善各项安全保卫制度，安保实行24小时值班执勤制，确保馆藏文物安全。

四、博物馆免费开放情况

袁裕校家庭博物馆把家粹变成了国粹，把家宝变成了国宝，把家庭收藏变为社会财富，让岁月沧桑印痕及巨变给老百姓感悟到新希望和发展，让中华民族自强不息、厚德载物的民族精神发扬光大。博物馆以保护地方历史文物，传承民族优秀文化、弘扬三峡移民文化，加强地区间的文化交流和促进精神文明建设为宗旨，始终坚持文化先行，公益为先，把社会效益放在首位。博物馆对离退休、65岁以上的老年人、现役军人、残障人士参观免票，中小学生集体参观，部分实行免票，对学生个人参观实行半票，家长携带未成年人参观的，对未成年人免票。迄今为止，博物馆公益性免票金额达12万元，免费参观人数1.5万人。

远安县博物馆

Yuan'an County Museum

馆　　长　曾翼
通讯地址　远安县鸣凤镇东门路2号
邮政编码　444299
电　　话　0717—3814661
隶属关系　远安县文化体育局
性　　质　国有
建筑性质　现代建筑
建筑面积　1200平方米
展厅面积　1000平方米
馆址环境　坐落于鸣凤镇东门路和解放路交汇处，北紧靠远安县政府，南与县公安局隔路相对。
历史沿革　远安县博物馆机构于2008年3月正式成立，博物馆展厅2008年12月向社会免费开放。
开放时间　8：30—17：00，全年开放时间312天。

一、开放与教育

制定和完善免费开放相关制度和工作人员职责，向社会公示了服务项目、开放时间、参观须知等内容；一年对外免费开放时间312天。一是抓好博物馆安全工作。以构建完备的安防体系和消防体系为重点，对现有设施进行改进，完善关键部位的安防监控，制定安全应急工作预案，为观众参观提供安全保障。二是提升服务，完善博物馆展厅、卫生、休息、寄存、咨询、标识所需的设施设备，形成规范配套的服务系统，为观众参观提供良好的硬件服务环境；三是积极开展宣传活动。通过广播、电视等媒体进行了远安文化遗产的广泛宣传，并在“5·18”国际博物馆日和文化遗产日期间，举办图片展览进行宣传，让更多的人走进博物馆。通过举办了展览，为弘扬民族文化，让人们认识远安文化遗产，提升文物保护意识，有力地推动了远安县社会主义精神文明建设。

二、陈列展览

先后举办了“交通杯”全县书法、摄影、绘画展、远安文化遗产图片展、非物质文化遗产图片展、远安风情—远安民俗实物展，通过这些形式多样的展览，受到社会各界的好评。

三、藏品与保护

远安县博物馆按照《藏品管理办法》的相关规定，对馆藏一、二、三级藏品进行入柜保管，并建立文物藏品建档备案和电子文本；藏品保管制度健全，账物相符、编目详明；今年又启动了一般文物的资料整理和收藏工作。

四、组织建设和人事管理

远安县博物馆隶属远安县文化体育局，属于财政全额拨款的事业单位。内设一室三部，即办公室、安保部、文保部、展览部。

远安县博物馆正式在编人员3人，聘请人员3人，大专以上学历3人，中级职称3

名，专职讲解员1名，专职保安人员2名，行政管理实行馆长负责制。

进一步制定和完善了《远安县博物馆免费开放规章制度》、《文物藏品安全管理制度》、《消防安全管理制度》等8项制度，并将制度全部上墙，严格规范执行。

五、安全保卫

远安县博物馆采用人防技防相结合，确保馆内一切安全。全馆有2名专职保安人员，24小时负责安全保卫工作。在馆舍内外安装防盗监控系统和安装闭路电视监控系统，确保馆藏文物安全。

兴山县民俗博物馆

Xingshan County Folk Custom Museum

馆　　长 刘道霖
通讯地址 兴山县古夫镇香溪大道“古夫民居”内
邮政编码 443700
电　　话 0717—2586991
传　　真 0717—2586901
电子信箱 xsms_bwg@163.com
网　　址 www.xsmsbwg.com
隶属关系 兴山县文体局
性　　质 国有
建筑性质 古建
建筑面积 2000平方米
展厅面积 1200平方米
占地面积 4000平方米
馆址环境 坐落于兴山县城香溪大道南端，面临古夫河，背靠后河移民小区，与县城滨河公园毗邻
历史沿革 2002年11月“古夫民居”由湖北省人民政府公布为第四批省级重点文物保护单位，2008年1月在此成立“兴山县民俗博物馆”，2008年5月18日举行开馆仪式，并实行对外免费开放
开放时间 8：00—16：00（周一闭馆）
服务设施 停车场、接待室、物品寄存处、便利店等
交通状况 城内交通便利，任意交通工具至香溪大道最南端

概　况

兴山县民俗博物馆位于湖北省重点文物保护单位“古夫民居”内，占地4000平方米，建筑2000平方米，陈列面积1200平方米。2008年初，县政府投资200万元，对古夫民居进行环境改造，并征集了一大批精品民俗文物，丰富了古夫民居的陈列，同时成立了兴山县民俗博物馆。该馆建成后免费开放，属于国有非企业单位，上级行政主管部门为兴山县文体局，其业务工作受省、市文物行政部门的监督和指导，是一座以收藏、展示民俗文物、调查民俗事象、研究民俗文化为主要内容的综合类博物馆。该馆利用大量精品民俗文物，充分展示三峡库区兴山县民情风俗的沿革发展。馆藏文物涉及生活起居、农耕生产、手工技艺、作坊加工、商贾贸易、节庆礼俗、民间信仰、民间艺术等8大类2200余件民俗文物，展出文物500余件，其中精品民俗文物110件套，陈列既有浓郁、鲜明的地方色彩，又具有时代特征，向广大观众介绍了兴山县悠久的历史和灿烂的民俗文化，收到了良好的社会效益。

一、展陈、宣教工作

兴山县民俗博物馆自2008年建馆以来，基本陈列以“岁月的记忆”为主题，展出了大量精品民俗文物，同时推出临时展览8次。2008年9月8日至18日，举办了“三峡奇石”展；2009年10月5日至11月5日，为配合第十届昭君文化艺术节，举

办了为期一个月的"昭君文化"主题展览；2010年5月18日至12月底，为了展示兴山县第三次全国文物普查成果，举办了"古韵遗风"三普主题展览；同年6月12日，结合文化遗产日活动，协同县文化馆举办了"文化遗产保护"专题展览。为了配合各类展览，兴山县民俗博物馆印刷制作了各类相关宣传单，并抽调专人参与《昭君文化丛书》的编撰，研究、挖掘、传承并弘扬兴山县民俗文化；5月19日至6月15日举办了三普成果展；5月25日至6月15日，为鼓励广大人民群众关注身边的文化遗产，弘扬优秀民俗文化，举办了"民俗杯"民俗摄影展。

兴山县民俗博物馆自免费开放以来，累计开放800余天，接待游客约4万人，并为游客提供免费专业讲解。为了扩大教育阵地，更好地服务于社会，博物馆与县教育部门联合开展各类宣教活动。2009年3月，结合第三次全国文物普查的宣传活动，在全县中小学开展了"我是三普志愿者"物质文化遗产保护知识竞赛，并印发宣传手册8000册；2010年，先后组织县直各学校师生到博物馆参观，并组织承办了"追寻与守望"大型征文活动，500篇佳作参赛，分"园丁组"和"新苗组"共计50名作者分获不同奖项；2011年5月16日至6月15日，开展了为期一个月的文化遗产保护宣传活动，5月18日举行了盛大的"5·18国际博物馆日"宣传活动启动仪式及兴山县民俗博物馆免费开放仪式；6月11日至12日在文化中心广场开展了"兴山县文化遗产广场宣传活动日"系列活动；10月29日，兴山县青少年德育教育活动基地在兴山民俗博物馆正式挂牌，县委、县政府、县文体局、县教育局等相关领导出席了挂牌仪式。

二、征集、保管工作

兴山县民俗博物馆将文物的征集、保管及安全工作作为工作的重中之重，完善了藏品管理制度，规范了各类业务档案。为了进一步丰富展出内容，自2008年至2010年，县政府从文化旅游发展基金划拨文物征集费累计120万元，从周边鄂西三峡地区征集数批精品文物。2009年结合第三次全国文物普查，针对性地对本地区的可移动文物进行了征集，充实了藏品及陈列内涵。2010、2011年征集大量民俗文物，充实了民俗博物馆馆藏文物。设专人专区，对每个展区展柜的文物卫生、安全等实行责任制，确保每件文物的展出质量及安全。严格文物进出库的管理程序，并实行馆长责任制，对库房的安监、消防、温湿度等进行严格监控。

三、机构设置、管理工作

兴山县民俗博物馆隶属兴山县文体局，与县文物事业管理局合署办公，一套班子两块牌子，实行馆长（局长）领导下的分工责任制，下设陈列保管部、办公室（财务室）、保卫科。

兴山县民俗博物馆属国家全额拨款的事业单位，现有正式在编在职人员5人，聘用人员5人。为了进一步加强在职人员的培训，提高员工素质，2008年9月，派出两名业务骨干赴西安学习文物保护先进经验；2009年4月聘请宜昌博物馆相关专家到兴山指导培训相关业务；2010年12月，派出一名讲解员到武汉观摩全省讲解员大赛；2011年7月、11月先后安排5名业务骨干前往北京、成都等地进行培训。

为了加强管理，兴山县民俗博物馆注重制度化、规范化、人性化，从行政管理、财务管理、文物征集、陈列展览、社教开放、库房管理、安全保卫等方面制定了一系列相关制度，并根据人员实际情况合理分工，定岗定责，权责分明，使所有人员能人尽其用、各尽其责。

四、社会服务活动

兴山县民俗博物馆参与各级各类活动数十次，社会影响力大大提高，接待省市各级领导、各地博物馆、社会团体数千人次，接待各类媒体采访、拍摄数十次。

五、文化产品开发情况

2011年5月开发兴山民俗博物馆炭雕摆件，制作500套免费开放纪念品；2011年12月印制兴山民俗博物馆挂历500幅、贺年卡2000张。

潜江市曹禺纪念馆

Cao Yu Memorial Hall in Qianjiang City

地　　址　潜江市章华北路曹禺公园内
联系电话　0728—6231906
邮政编码　433100
馆舍面积　3066 平方米
展览面积　1400 平方米

2011 年，曹禺纪念馆狠抓行政管理和业务工作，进一步完善配套服务设施，陈列展览、社会教育、学术研究等工作取得良好的成绩。

一、行政管理与规划建设

曹禺纪念馆隶属于潜江市文物事业管理局，现有馆长 1 名，副馆长 1 名。下设办公室、陈列部、财务科、保卫科。从业人员有 10 人，包括在编在岗员工 4 人，人事代理员工 1 人，名誉馆长 1 人，劳务派遣人员 2 人，临时工 2 人。在编在岗员工及人事代理员工中有管理人员 2 名，专业技术人员 2 名，工勤人员 1 名。曹禺纪念馆荣获 2011 年“全省文物安全工作先进集体奖”，被潜江市精神文明建设委员会、潜江市市文明城市建设指挥部授予“文明窗口”的光荣称号，陈列部被潜江市妇联、潜江市妇女“巾帼建功”活动领导小组授予“巾帼文明岗”的光荣称号，开展了湖北省文明风景旅游区创建工作，馆长叶和玉荣获“全省博物馆日和文化遗产日活动先进个人”光荣称号。在日常行政管理工作中，曹禺纪念馆遵循科学、民主、规范、合理的原则，注重提高管理效率和管理质量，确保全馆工作顺利开展。

2010 年 7 月，湖北省发改委批准潜江市文化产业园为全省首批创建现代服务业示范园区，曹禺纪念馆现为曹禺文化产业园成员单位。2011 年，馆内完成了五项小型工程：一是小型维修装饰工程，主要项目包括隔断修建工作人员更衣室、隔断修建工作人员沐浴间、隔断并简装四间办公室、制作多媒体展示厅木地台等；二是网络维护改造工程，新增网络机柜、交换机及网络接口，购置电脑 2 台；三是多媒体展示厅设施建设工程，购置投影仪、功放、音箱、无线话筒、中控台等会议设施及主席台、演讲台、80 座会议桌椅、茶水柜等；四是在馆北大门及多媒体展示厅安装了电子显示屏；五是更新、增加了馆内服务导引指示牌。以上工程的完工，进一步增强了曹禺纪念馆的服务功能和办公功能。

二、藏品管理与保护修复

截至 2011 年底，曹禺纪念馆馆藏曹禺的著作、手稿、图片、字画、书信、实物 1850 余种（件），国内名人及书画大师书画作品 86 幅，由陈列部工作人员登记管理馆内藏品，存有纸质文档和电子文档。馆内安装有安防监控报警设施，文物库房及库房内文件柜、保险柜钥匙由陈列部安排专人保管。文物库房通风状况良好，内存藏品处于自然温度、湿度状态下，展厅内安装有空调，主要以刨花板基座玻璃展柜展示藏品。

三、陈列展览与宣教服务

曹禺纪念馆常设展览的展具及辅助设施主要有展柜、展台、展板、群雕、戏剧舞台模型、灯光、地台式景观、滚动轴、触摸屏、电视机、影碟机等。展柜为刨花板基座普通玻璃展柜，展台为实木展台，“杰出的戏剧家曹禺”（一馆、二馆）两个展厅展板为刨花板背板、刨花板展板，“名人颂曹禺书画展”展厅展板为铝框铝塑板背板；戏剧舞台模型配有灯光，造型逼真；触摸屏内存馆藏整理的图片、音频、视频等资料，方便游客自由检索观看；电视机、影碟机着重播放与展示主题相关的影视资料片。

常设展览4个：序厅、杰出的戏剧家曹禺（一馆、二馆两个展厅）、名人颂曹禺书画展、杂货铺复原陈列（当代曹禺研究作品及相关出版物展），2011年主要对“杰出的戏剧家曹禺”和“杂货铺复原陈列”进行了展陈提升，“杰出的戏剧家曹禺”增加了中国话剧百年等图片展，调整增加了曹禺百年诞辰纪念活动暨第二届中国（潜江）曹禺文化周图片展，“杂货铺复原陈列”增加了《永生雷雨》（第二届中国（潜江）曹禺文化周曹禺国际学术研讨会论文集）、《曹禺研究》（第8辑，潜江市曹禺研究会编辑出版）、《北京人艺》期刊等当代曹禺研究作品及相关出版物、画册。

临时展览10个，其中，在馆内举办2个：非物质文化遗产展、海洋生物科普展。馆外举办8个：“曹禺纪念馆陈列展示”移民新村展、“文物保护法等法律法规”移民新村展、“曹禺百年”移民新村展、“第二届中国（潜江）曹禺文化周成果”移民新村展、“5·18国际博物馆日”南门河游园展、“首个中国旅游日”南门河游园展、“中国文化遗产日”南门河游园展、“杰出的戏剧家曹禺”曹禺中学展。

加强了宣传社教工作，一是配合馆内陈列展览进行推广宣传。馆内大门处设两个小型多层报架，摆放曹禺研究作品、文物保护法等出版物，和曹禺纪念馆彩色宣传折页。二是着重做好国际博物馆日、中国文化遗产日宣传工作。设计制作32块流动展牌用于现场展示，设计制作折页用于现场免费发放。配合潜江市移民工作，把展览办到移民新村，为移民了解潜江文化、早日融入当地生活做出贡献。《潜江日报》及时报道了《曹禺纪念馆走进移民新村》等重要宣传活动。三是切实做好免费开放工作，全年接待游客6万余人次。四是做好社会教育工作。积极组织中小学生、武警官兵到馆开展主题实践活动，2011年挂牌成为“武警荆州支队人文历史教育基地”。

四、人才培养与学术研究

曹禺纪念馆针对馆内缺乏专业人才、讲解员的现状，聘任潜江日报社原社长傅海棠为名誉馆长，主要从事展览规划设计、参与重大活动决策等工作，通过潜江市劳动就业管理局以劳务派遣方式聘用了2名讲解员。

曹禺纪念馆完成了2010年第二届中国（潜江）曹禺文化周曹禺国际学术研讨会学术论文集《永生雷雨》的出版发行工作；与潜江市曹禺研究会紧密配合，编辑出版了《曹禺研究》（第8辑），成功举办了“纪念曹禺处女作《今宵酒醒何处》发表85周年座谈会”；为《潜江文博》（2011年创刊号）撰写了《试析曹禺纪念馆进一步提升展览的时机、内容和手段》、《博物馆讲解员如何提高讲解水平探索》、《市曹禺纪念馆注重两个结合，积极开展“5·18国际博物馆日”宣传活动》、《潜江市曹禺纪念馆简介》等四篇专栏文章。曹禺纪念馆将《永生雷雨》、《曹禺研究》（第8辑）等曹禺研究新成果及时寄送给世界各地曹禺研究专家学者、曹禺亲属及国内20余个省市文联，国内部分曹禺研究专家学者也将自己的曹禺研究成果和论文邮寄给曹禺纪念馆，促进了国内、国际文化交流。

六、安全保卫与后勤保障

曹禺纪念馆认真贯彻执行全省文物安全工作会议精神和《文物保护法》、《博物馆安全管理工作规定》等法律法规，参加了全省博物馆、纪念馆安全检查调研评估工作，进一步完善了《曹禺纪念馆安全管理制度》、《曹禺纪念馆安防应急预案》、《曹禺纪念馆消防应急预案》等安全制度，做到安全工作分工明确，责任到人，安全工作重点强化了五项措施：一是加强人防措施，确保双人双岗安全值班；二是保障公安、消防应急响应措施，将曹禺纪念馆纳入市治安大队重点巡逻区域，建立警民联络室；三是建立联防互动机制，与马昌湖社区民兵连、曹禺公园巡逻队实行联防互动，强化综合治理；四是强化技防措施，对馆安全监控报警系统进行了维护保养，购置了对讲机、电击警棍等安防设施；五是加强日常安全工作，建立馆内及周边每日巡查制度，定期开展安全隐患自查，定期维护用电线路、消火栓、灭火器。

曹禺纪念馆严格执行公共财产登记管理制度，各职能部门所需器材统一由办公室、财务科购置发放，并做好登记管理工作，做好馆内、馆外花卉植物的日常养护，坚持做好日常卫生工作，确保馆内馆外环境优美。

潜江市曹禺祖居博物馆

Qianjiang City Cao Yu's Ancestral Home Museum

地　　址　潜江市殷台路梅苑
联系电话　0728—6231208
邮政编码　433100
占地面积　2.9万平方米
建筑面积　3494平方米

曹禺祖居博物馆位于潜江市章华北路曹禺文化产业园梅苑内，是一座融陈列展览、宣传教育、社会服务、文物收藏与保护、曹禺研究等多种功能于一体的纪念性博物馆。曹禺祖居博物馆是在2010年曹禺先生诞辰100周年之际复建并正式对外开放的，现有馆藏文物1200余件。

在全市打造曹禺文化品牌、建文化名市的大气候大背景下，曹禺祖居博物馆紧紧围绕"外树形象、内抓业务"这一工作中心，注重人才培养和业务工作，改善基础设施，充实人才队伍，提升综合实力。曹禺祖居博物馆建成开馆以来，以宜人的环境和优质的服务，积极实施推进免费开放工作，年接待游客15万人次，在丰富地方精神文化生活、加强地方对外文化交流、促进地方经济社会发展等方面，发挥了积极的作用。

一、行政管理和规划建设

曹禺祖居博物馆隶属于潜江市文化旅游局，现有馆长1名，副馆长1名。在编在岗人员6名，其中管理人员2名，专业技术人员4名，聘用工勤人员3名。设有办公室、财务室、保卫科、陈列部、保管部、讲解服务部等几个部门。曹禺祖居博物馆在决策和管理上尽量做到科学、规范、合理、民主，避免了主观、盲目和随意性，确保了全馆工作的顺利开展。

曹禺祖居博物馆2010年10月26日隆重开馆，全国政协副主席、中国文联主席孙家正，全国政协提案委员会副主任王生铁，中国文联党组成员书记处书记夏潮，省政府副省长张通等领导为曹禺祖居博物馆开馆剪彩。曹禺祖居博物馆展览依曹禺祖居的"厅屋"、"堂屋"、"德馨堂"、"塾馆"及"万德尊卧室"、"花厅"、"台屋"等规划设计布展，展出"曹禺家族谱牒"及曹禺祖上所留家什、农具等，展线长820米，向人们展示一代戏剧大师曹禺先生祖辈耕读世家、书香门第的家族历史及曹禺先生的戏剧人生。

曹禺祖居博物馆开馆时间不长，由于时间紧，准备不够充分，展厅布局与展览内容存在一定局限性，亟等提升。为了更好地满足现代博物馆发展的需要，2011年，曹禺祖居博物馆针对展览中存在的问题积极加以改进，尤其对展馆楹联牌匾进行了重新规划，只等资金到位即可付诸实施。

二、藏品管理和保护修复

为了规范藏品的管理，曹禺祖居博物馆进一步对文物进行了登记入册，分门别类，建立了较为完备的档案。曹禺祖居博物馆馆藏文物现有1200多件，2011年新增55件文物，主要来自社会征集和捐赠。

在藏品保护修复方面，做到专人管理保护，科学、合理的保护藏品。馆藏文物以实物为主，包括家具、农具、器皿、工艺制品、典籍文件，同时还陈列有大量图片。在保护上除专人管理保护外，还采取通风、除湿、杀虫、防腐等措施，保障文物安全与陈列质量。

三、陈列展览与宣教服务

曹禺祖居博物馆设有序厅、美德贞操、博我以文、重振家声、藩威将军、老人房、书房、德馨堂、经纬天下、灶房等10个常设展厅主要展示曹禺的祖辈、父辈以及宗亲的生平并且复原了他们生活的场景。视频厅则真实地再现了万氏家族生存的历史人文环境。还有两个农具、家什展厅，配合庭院雕像、石制农具等，展示反映曹禺祖上耕读人家的另一个侧面。

书画摄影展厅主要陈列国家、省、市领导、名人到祖居参观留下的墨宝。附设地方民俗文化展厅主要陈列潜江市国家和省级非物质文化遗产保护项目，具体包括潜江民歌、皮影戏、花鼓戏和潜江花灯等保护项目。

曹禺祖居博物馆设置展览的展具和辅助设施主要有展柜、展板、灯光、影碟机、投影等。展柜为玻璃展柜，影碟机和投影展示着与祖居相关的历史文化背景。2011年，在全省博物馆、纪念馆优秀陈列展活动评选中，曹禺祖居博物馆荣获全省“最佳制作奖”。

宣教服务工作主要是配合陈列展览进行推广。除了制作宣传册、折页宣传外，还利用报纸、刊物来进行宣传。为了做好免费开放、服务群众的工作，在讲解中，针对不同群众、不同层次的观众，采取了不同形式的讲解。全年接待观众15万人次，讲解1400多批，视频播放1500多场。

利用“国际博物馆日”、“非物质文化遗产日”开展了传统文化教育活动。组织全市大、中、小学生来祖居参观，举办征文活动。

曹禺祖居博物馆先后接待了全国政协、中国文联、中央党史办及省内外各级领导；圆满完成了全省“一县一品”现场会的大型接待任务；友好地接待了澳大利亚联谊总会等一些外国友人。

四、人才培养与学术研究

曹禺祖居博物馆注重引进专业技术人才。通过潜江市人社局面向社会公开招考，择优录用了5名大学生。选派了讲解员荣蓉参加了全省的讲解员大赛，获得了三等奖。

曹禺祖居博物馆主要以曹禺的生平、家世研究和曹禺学术研究为主。曹禺研究会自2004年成立以来，认真履行职责，积极组织学术交流、开展学术活动、指导学术学术研究，祖居博物馆作为会员单位，全面参与相关活动，全年参加曹研会学术活动3次。曹禺研究会每年推出一辑《曹禺研究》，2011年出版了《曹禺研究》第七辑。参与了《潜江文博》杂志的编辑工作，于年底正式出版了创刊号。

五、安全保卫与后勤保障

安全保卫一直是博物馆工作的重中之重，曹禺祖居博物馆始终坚持“预防为主，防消结合”的方针，制订了相应的安全管理制度、隐患整改制度和应急预案。确保文物安全、财产安全和人身安全。

安全保卫在全天24小时实施“三防”措施，除利用监控系统监控各个展馆的情况外，还安排专人日夜巡查，发现安全隐患及时上报排查。夜间，增加了狼狗巡查加强安全保卫力量。人防、物防、技防三结合的措施，做到了全年安全工作零事故。

制定消防安全制度，按照消防安全重点单位的工作要点，定期组织消防管理人员对全馆进行消防安全自查，督促和落实消防隐患整改。曹禺祖居博物馆一共有26间厅室，建筑面积为3494平方米，馆内有消防栓14个，干粉灭火器27个，分布在各个厅室。随时更换过期的消防器材，还配备了消防安全指示标志，确保各主要安全出口、疏散通道畅通。

对电器设备、电线、电路进行检查，发现问题及时整修改造，保障了安全供水供电。

六、文化产业与产品研发

曹禺祖居博物馆建成开馆时间不长，文化产业与产品开发工作尚未起步。市文化旅游局已多次深入祖居博物馆现场调研指导，目前已形成了相关旅游纪念品的开发意向。

大 事 记

2011年大事记

1月，省委副书记、代理省长王国生，省政府秘书长傅德辉等在潜江市委书记朱汉桥、市委副书记、市长张桂华等陪同下到曹禺祖居博物馆调研。

鄂州市博物馆为陕西历史博物馆复制的镇馆之宝——西汉未央宫国宝鎏金银竹节铜熏炉，开创了国内银汞齐制作的先河。经湖北省人民政府同意，省发展改革委员会立项，规划将荆州三国公园和现有荆州博物馆打造成荆州文博园。

1月5日，省政协主席杨松在武汉市常务副市长袁善腊等陪同下参观中共五大会址，调研红色旅游。

1月9日，省委副书记、副省长、代理省长王国生在省文化厅厅长杜建国、省文物局副局长黎朝斌的陪同下视察了省博物馆。

1月14日，副省长张通赴省博物馆专题调研文化产品开发与销售工作。省文化厅厅长杜建国，省文化厅副厅长、省文物局局长沈海宁等陪同调研。同日，为促进馆际交流，恩施州博物馆与荆门市博物馆达成协议，推出《恩施州傩文化展》，展期1个月。

1月15日，荆州市张居正纪念馆实行免费开放。

1月15、16日，武汉博物馆组织50名小志愿者远赴湖南开展“武汉博物馆文博冬令营”活动，沿途参观了湖南省博物馆、刘少奇故居纪念馆等博物馆、纪念馆。

1月20日，毛新宇将军、原湖北省政协主席王生铁、荆门市委书记王玲、张文秋三女儿张少林及丈夫李天策将军一行到京山县文峰公园的张文秋墓地参加了张文秋纪念雕塑揭幕仪式。

1月21日，《毛泽东专职摄影师钱嗣杰摄影展》在武汉革命博物馆农讲所旧址纪念馆开展。同日，宜昌市文物博物馆协会成立大会暨第一届会员代表大会在宜昌市举行。

1月22日，国家文物局局长单霁翔一行到黄石市调研工业遗产保护工作情况。

1月28日晚，4名犯罪分子冲进黄冈市博物馆将监控设施线路剪断，持刀砍伤市博物馆值守人员、并用胶带封口、捆住手脚后，抢走战国青铜器3件和储存监控信息的电脑主机一台。案件发生后，黄冈市公安机关31小时内迅速侦破此案，犯罪分子全部抓获，被抢文物悉数追回。

2月8日，由省博物馆、澳大利亚新南威尔士州艺术博物馆共同举办的《敬天崇祖——楚地礼仪艺术展》在悉尼开幕。

2月16日，省委副书记杨松视察随州市博物馆。

2月18日至6月14日，随州市博物馆协助省考古所发掘叶家山西周早期曾侯墓地，共揭露出墓葬63座和1座马坑，出土陶、铜、瓷、漆木、玉石等各类文物共达739件（套），其中青铜器多达325件（套），67件青铜器铸有铭文，有的铜器上铭“曾侯”

成"曾侯墓"，该墓地被评为2011年中国十大考古新发现。出土文物入藏省博物馆、随州市博物馆。

2月18日至9月8日，为迎接辛亥革命百年庆典，辛亥革命武昌起义纪念馆闭馆维修。在此期间，辛亥革命武昌起义纪念馆完成了主楼、东西配楼及前院环境改造等文物维修工程以及《鄂军都督府旧址复原陈列》和《辛亥革命武昌起义史迹陈列》两个展览的充实修改提升工作。

2月21日，《中国共产党早期领导人》系列邮票第3套在武汉革命博物馆首发。

2月26日，博物馆设计大师、波兰籍犹太人里布斯金携夫人及助手，在万科陪同下现场考察张之洞与汉阳铁厂博物馆，并题写"武汉——是一个富有想象力和创造力的城市，是世界的典范"。

3月1日，由省博物馆与香港康乐及文化事务署联合举办的《辛亥革命百周年展》在香港历史博物馆开幕。

3月至5月，辛亥革命武昌起义纪念馆在台北孙中山纪念馆举办《流年似水——旧上海广告月份牌写真展》。

3月6日，中国博物馆协会副理事长、秘书长安来顺，常务副秘书长、湖北省博物馆协会理事长吴宏堂与湖北省博物馆常务副馆长万全文一行到秭归屈原纪念馆调研陈展工作。

3月24日，中共中央政治局委员、国务院副总理张德江，中共中央政治局委员、中央政法委副书记王乐泉视察荆州博物馆。

3月25日，中央政治局委员、中宣部部长刘云山参观视察辛亥革命武昌起义纪念馆、武汉革命博物馆。

3月26日、27日，潜江市博物馆举办《海洋生物科普展》，两天共接待观众3.5万人次。

3月27日至5月27日，南京市博物馆《金玉满堂》展在武汉博物馆展出，展出宋明金银玉器文物一百余件。

3月28日，全国政协提案委员会副主任王生铁一行参观考察秭归屈原祠。

3月29日，《北京书画家炎帝故里行书法展》在随州市博物馆开展。

4月，由中国文物交流中心、西藏自治区文物局、湖北省文物局主办的《圣地西藏——最接近天空的宝藏》展在湖北省博物馆开幕。

4月1日至5月18日，宜昌博物馆《宜昌大地文物荟萃——文化遗产保护科普图片展》在市滨江小学举行启动仪式，并在西陵、伍家岗两区所辖小学进行巡展。

4月7日，副省长张通到巴东县博物馆调研。

4月12日，由中国文物交流中心、西藏自治区文物局、湖北省文物局主办的《圣地西藏——最接近天空的宝藏》展在省博物馆开幕。

4月21日，国家文物局局长单霁翔在省文化厅副厅长、省文物局局长沈海宁的陪同下，视察荆门市博物馆的文物保护工作。国家文物局副局长董保华视察洪湖湘鄂西革命根据地旧址纪念馆。

4月22日，国家文物局局长单霁翔在省文物局局长沈海宁等领导的陪同下到明藩王博物馆参观考察。同日，张通副省长在省文化厅杜建国厅长陪同下到明藩王博物馆考察。

4月23日至25日"中国武汉2011第二届全国文物艺术品交流会"在武汉举行。同日，三峡步步升布鞋博物馆作为湖北名片参加2011湖北新锐品牌高峰论坛暨世纪十年湖北名片评选颁奖典礼。

4月29日，湖北省原省委书记贾志杰

参观巴东县博物馆。

4月29日至5月20日，仙桃市博物馆、仙桃市收藏协会联合举办仙桃市首届民间收藏展。

5月1日，省文化厅副厅长、省文物局局长沈海宁考察三峡步步升布鞋博物馆。

5月1日至12月30日，鄂州市博物馆承办《光辉的历程伟大的成就——庆祝中国共产党建党90周年》大型图片展。

5月8日，武汉博物馆联合国家教育部语言文字报小志愿者举办“感恩母亲节、相约博物馆”活动。本次活动穿插了原创舞台剧“穿越体验——童子礼仪小课堂”、诗朗诵《献给亲爱的母亲》、博物馆亲子小游戏、“听妈妈讲孩子成长故事”等新颖的互动环节。

5月12日，由省文化厅、省地方志编撰委员会、湖北长江出版集团共同参与的《王葆心文集》整理、出版工作在省博正式启动。

5月15日至22日，武汉国民政府旧址纪念馆参加在台北举行的“第23次孙中山宋庆龄纪念地联席会议”。

5月18日，省文物局组织全省各博物馆、纪念馆开展“5·18国际博物馆日”宣传活动，各馆围绕“博物馆与记忆”的活动主题，开展了一系列丰富多彩的活动。改造后的竹山县博物馆举行新馆揭牌暨展览重新免费对外开放仪式。

5月20日，《湖北省荆州市熊家冢遗址博物馆景观及基础设施设计方案》初审会召开。

5月20日至27日，黄石市博物馆举办《大型宇宙奥秘探索科普展》。

5月22日，广州大元帅府纪念馆《孙中山在广州》展览在武汉博物馆开幕。

6月，十堰市博物馆举办《胡总书记在十堰》特别展。武汉革命博物馆接收蔡以忱物品21件。

6月1日，武汉博物馆与楚天广播电台联合策划开展“同一片蓝天共享快乐六一”活动，来自协和医院儿科血液病房的16位白血病儿童，在博物馆度过了一个欢乐而有意义的儿童节。

6月1日至15日，仙桃市博物馆举办《汪祖典书法作品展》。

6月2日，中共中央委员会总书记、中华人民共和国主席胡锦涛参观视察辛亥革命武昌起义纪念馆，省委书记李鸿忠、省长王国生、省文化厅厅长杜建国、省文化厅副厅长、省文物局局长沈海宁、辛亥革命武昌起义纪念馆馆长梁华平等陪同。

6月3日，空降兵军史馆布展工程专家评审会在孝感举行，由湖北省博物馆常务副馆长万全文、辛亥革命博物馆馆长梁华平、武汉市博物馆副馆长朱莉、中山舰博物馆副馆长刘新阳和大禹文化博物馆馆长万玲组成的专家组，对军史馆的陈列内容、特色工艺等进行了评审。

6月5日，国防科技大学高级干部培训班到空降兵军史馆参观。

6月8日，省博物馆三期扩建工程专家论证会召开。

6月9日，《百名将军书法作品展》在武汉革命博物馆开幕。

6月10日，《保护.传承.武汉非物质文化遗产展》在武汉博物馆开幕。

6月14日，由国家文物局指导，中国文物保护基金会主办的第四届“薪火相传——中国文化遗产保护年度杰出人物评选”活动在无锡揭晓，袁裕校家庭博物馆馆长袁裕校荣获“年度贡献奖”。襄阳市博物馆推荐的秦富荣荣获“薪火相传——第四届中国文化遗产保护年度杰出人物”称号。

6月17日，省博物馆协会理事长吴宏堂，省博物馆馆长包东波等参加中国博物馆协会第五届第二次会员代表大会暨“博物馆与记忆”学术研讨会。

6月21日，张之洞与近代工业博物馆在武汉奠基。

6月22日，建党90周年邮票在武汉革命博物馆首发。

6月28日至9月18日，省博物馆等近20家市（州）级博物馆共同举办了《荆楚英华——全省馆藏文物精品联展》，展出文物精品300余件（套），展出文物上迄旧石器时代，下至明清时代，涵盖了全省馆藏铜器、瓷器、金银器、玉器、漆器等文物精品。同日，由中共中央文献研究室和中共武汉市委联合主办的《情系长江老一辈无产阶级革命家与武汉》6集电视文献片和大型主题展览，在武昌中央农民运动讲习所开播、开展。

7月，省博物馆编钟馆改造工程启动。

7月1日，孝感市博物馆举办《“建党九十周年”大型图片展》。

7月21日，原湖北省委常委、宣传部长、省政协常务副主席王重农同志到宜都市博物馆参观考察。

8月，马耳他国民党副领袖、副总理托尼奥搏奇参观省博物馆。

8月3日，《武汉市文史馆员书画展》在武汉博物馆开幕。

8月15日，省委书记、省人大常委会主任李鸿忠在黄冈市委、浠水县委等领导的陪同下参观了闻一多纪念馆和浠水县博物馆，并作了重要指示。

8月16日，省委常委、省政法委书记吴永文、孝感市委书记黄关春、市委副书记、市人民政府代市长陶宏到孝感市博物馆调研。同日，《张太雷生平事迹展》在武汉革命博物馆开幕。

8月20日，《深圳博物馆馆藏20世纪中国书画精品展》在武汉博物馆开幕。同日，松滋博物馆举办《贺炳炎将军事迹展》，贺炳炎将军之子、武警指挥学院副院长贺陵生将军出席开展仪式。

8月25日，武汉姜小平向空降兵军史馆捐赠革命烈士牺牲证明书等12件历史实物。

8月30日，省政府赵斌副省长一行参观陆羽纪念馆，并观看茶艺表演。

9月5日，省政协主席杨松、武汉市市委书记阮成发一行参观起义门。

9月18日，全国政协副主席、中央统战部部长杜青林参观视察辛亥革命武昌起义纪念馆。

9月24日，国务委员、国防部长梁光烈上将，广东省委副书记、省长黄华华参观省博物馆。

9月24日至26日，国家文物局在鄂州市首开青铜范铸培训班。参加学习的学员们听取了鄂州市博物馆董亚巍主讲的青铜范铸知识讲座，并在鄂州市博物馆文物复原复制研究所现场观摩了古代青铜范铸相关工艺。

9月26日，武汉中山舰博物馆新馆正式对外开放。

9月27日，由意大利文化遗产和活动部文化遗产推介局、那不勒斯历史、艺术与人类学遗产及博物馆局、意大利卡波迪蒙蒂博物馆、湖北省博物馆、中华世纪坛世界艺术馆、广东省博物馆共同主办的“重返巴洛克——那不勒斯的黄金时代绘画展”在湖北省博物馆隆重开幕。

9月28日，原中央政治局委员、全国人大副委员长李铁映参观视察辛亥革命武昌起义纪念馆、武汉革命博物馆。同日，《武汉地区近十年出土文物特展》、《纪念辛亥革命百年民间收藏展》在武汉博物馆开幕。

9月28日至11月20日举办仙桃辛亥革命人物展，先后在图书馆大厅、市政广场、仙桃中学等地巡回展出。

9月29日，袁裕校家庭博物馆正式开馆。

10月1日，省博物馆编钟乐团参加第25届东京国际音乐节开幕式演出。同日，《巫傩文化展》在黄石市博物馆开幕。

10月2日，尼泊乐驻华大使坦卡·普拉萨德·卡乐基大使参观随州市博物馆。

10月6日，海峡两岸关系协会会长陈云林参观视察辛亥革命武昌起义纪念馆、武汉革命博物馆。同日，中央台办、国务院台办主任王毅一行参观起义门；《两岸摄影家荆楚文化行作品展》在武汉博物馆开幕。

10月7日，台湾新党主席郁慕明一行参观起义门。

10月8日，辛亥革命武昌起义纪念馆经过为期半年多的闭馆维修，正式重新开馆。同时，《鄂军都督府旧址复原陈列》、《辛亥革命武昌起义史迹陈列》、《辛亥革命人物画展》举行隆重的开幕仪式。湖北省委常委、省委宣传部部长尹汉宁出席仪式并致辞。省人大常委会副主任周洪宇，省政府副省长张通，省政协副主席涂勇等领导及省内有关院校领导、专家，以及辛亥志士后裔代表，省市文化、文博界代表百余人出席了开幕仪式。仪式由省文化厅厅长杜建国主持。同日，辛亥革命博物馆开馆。

10月10日，中共中央委员、全国政协副主席陈奎元参观调研起义门，省政协主席杨松陪同。

10月13日，中南六省区人大常委会主任团一行到武汉革命博物馆馆参观调研。

10月15日，辛亥革命博物馆正式对公众免费开放。总投资3.34亿元，总建筑面积2.2万平方米。

10月20日、21日，国务委员、公安部部长孟建柱先后参观视察辛亥革命武昌起义纪念馆和武汉革命博物馆。同日，中南民族大学民族学博物馆《中国苗族馆·苗族服饰文化展》正式开展。

10月22日，中南民族大学建校60周年校庆庆典大会举行，以民族学博物馆为主要筹办单位的《中南民族大学校史馆》正式开展。

10月24日，《法治与责任——全国检察机关惩治和预防渎职侵权犯罪展览湖北巡展》在随州市博物馆开展。本次巡展，由最高人民检察院主办，以"共创蓝天"为主题，是解放以来全国检察机关首次举办的以惩治和预防渎职侵权犯罪为主要内容的大型展览。

10月26至30日，襄阳市博物馆承办的"第九届全国文物修复技术研讨会"在襄阳召开，来自全国20个省、市、自治区50余家学会、文保中心、博物馆、大学等单位的101位专家学者参加了本次会议，会议交流论文40余篇。

10月28日，《宋庆龄与新中国》图片展在武汉革命博物馆开幕。

10月30日，参加楚简·楚文化与先秦历史文化国际学术研讨会的国内外百余位史学专家学者参观随州市博物馆。

11月，省博物馆志愿者喻梦华在由中国博物馆协会主办的"牵手历史——第三届中国博物馆十佳志愿者之星"评选活动中荣获"中国博物馆十佳志愿者之星"称号。蒋硕中向武汉革命博物馆捐赠其父亲蒋作宾抗战时期使用过的毛毯一床。

11月1日，文化部部长蔡武参观视察

辛亥革命武昌起义纪念馆，副省长张通、省政府副秘书长张猛、省文化厅厅长杜建国等陪同。

11月7日，武汉博物馆与武警武汉支队举办“武警武汉支队人文历史教育基地”揭牌仪式。

11月8日，第四届中国汉字书写节名家提字十米长卷收藏仪式在孝感市博物馆举行。同时，第四届中国汉字书写节获奖作品展开幕。

11月16日，全国人大常委会副委员长路甬祥参观视察辛亥革命武昌起义纪念馆，省人大副主任罗辉等陪同。

11月17日至12月20日，《牛玉生敦煌壁画临摹展》在武汉博物馆开展。

11月22日，湖北省常务副省长李宪生、广东省文物局局长苏桂芬视察随州市博物馆。

11月24日，荆州博物馆与荆州文物保护中心联合举办的《博慧天工——荆州文物保护科技成果展》在荆州博物馆举行开展仪式。国家文物局副局长顾玉才、湖北省人民政府副省长张通、省文化厅厅长杜建国、荆州市市长李建明分别在开展仪式上致辞，出席全国大遗址保护现场会暨大遗址保护荆州高峰论坛的专家学者和代表参加了开展仪式。

11月25日，熊家冢遗址博物馆举行揭牌仪式，省长王国生、国家文物局局长单霁翔等领导出席，全国“大遗址保护现场会暨大遗址保护荆州高峰论坛”的专家学者和会议代表参加了揭牌仪式，副省长张通主持揭牌仪式，国家文物局局长单霁翔，省委常委、宣传部长尹汉宁，荆州市市长李建明分别在揭牌仪式上致辞。

11月27日，国家文物局副局长顾玉才在随州市副市长李雅君陪同下，视察随州市博物馆。同日，辛亥革命武昌起义纪念馆被中共湖北省委、湖北省人民政府授予湖北省暨武汉市纪念辛亥革命·武昌首义100周年活动先进集体荣誉称号，馆长梁华平同志被授予先进个人荣誉称号。

12月，咸宁市博物馆新馆建设工程竣工，《咸宁文物精粹》大型图册编辑出版。鄂州市博物馆完成全国重点文物保护单位怡亭铭摩崖石刻三期保护工程施工任务。

12月2日，宜昌市基层博物馆发展座谈会在宜昌市南湖宾馆召开，省博物馆协会理事长吴宏堂就宜昌市基层博物馆建设发展现状、免费开放工作和基层博物馆面临的主要问题与建议等情况进行座谈。会后，吴宏堂理事长一行调研了袁裕校家庭博物馆、宜都市正国民俗博物馆和三峡步步升布鞋博物馆。

12月12日，丹江口市博物馆建成并正式向观众免费开放。该馆占地面积15000平方米，建筑面积5300平方米，是一座融陈列展览、宣传教育、社会服务、文物收藏与保护，考古发掘与研究等各种功能于一体的地方性综合类博物馆。

12月13日，省文物局在宜城市召开全省中小城市博物馆建设暨陈列展览提升工作座谈会，各市、州、直管市、神农架林区文化（物）局局长、博物馆馆长，省直博物馆、部分重点县市博物馆负责人近70人与会，沈海宁局长出席会议并讲话。

12月16日至18日，湖北省博物馆协会2011年年会·学术研讨会暨武汉博物馆新馆开馆十周年庆典在武汉举行，来自全省文博界的200余名嘉宾和代表出席会议。会议由省博物馆协会理事长吴宏堂主持，省文化厅厅长杜建国，武汉市政协常务副主席李传德，中国博物馆协会副理事长兼秘书长安来顺，武汉市文化局局长何晓曦等出席会议并作重要讲话。会上,结集并由湖北人民出版社出版了《湖北博物馆年鉴2010》和《湖北省博物馆协会2011年年会论文集》,《论文集》共收录来自省内文物博物馆界、大中院校专家、学者、文博研究人员的论文近90篇。

12月22日,省博物馆三期扩建工程开工仪式隆重举行。省委书记、省人大常委会主任李鸿忠宣布工程开工。省委副书记、省长王国生致辞,省政协主席杨松,省委副书记张昌尔,省委常委、常务副省长王晓东,省委常委、省委宣传部部长尹汉宁,省人大常委会副主任林志慧,省政协副主席涂勇,国家文物局副局长顾玉才等出席奠基仪式。同日,国家文物局副局长顾玉才到武汉革命博物馆调研。

12月24日《楚天书画院成立十周年书画作品展》在武汉博物馆开幕。

12月27日,在全省文物局长会上,对省博物馆、武汉博物馆、荆州博物馆、十堰博物馆等18个博物馆的23个分别获得精品奖、特别奖、最佳内容设计奖、最佳形式设计奖、最佳制作奖、最佳新技术新材料运用奖、最佳创意奖的单位进行了表彰。

12月29日,《国宝走进黄石——随州出土先秦青铜器精品展》在黄石市博物馆正式对外展出。

2011年,全省免费开放博物馆新增8家,共计87家。年度中央补助免费开放总经费达10525万元。

附　录

关于加强高校博物馆建设与发展的通知

国家文物局、教育部关于加强高校博物馆建设与发展的通知

文物博发〔2011〕10号

各省、自治区、直辖市文物局（文化厅）、教育厅（教委），教育部直属各高等学校：

高校博物馆是为了教育、研究、欣赏的目的，由高等学校利用所收藏的文物、标本、资料等文化财产设立并向公众开放，致力于服务高等教育发展和社会文化发展的社会公益性组织。改革开放以来，特别是进入21世纪以来，随着科教兴国和文化大发展大繁荣战略的实施，高校博物馆蓬勃发展，为满足广大人民群众日益增长的精神文化、教育学习需求做出了积极贡献。与此同时，高校博物馆发展中还存在一些问题，博物馆的建设、管理及运营状况与时代要求仍有较大差距，社会服务能力和水平尚待提高，这些问题在一定程度上制约了高校博物馆社会功能的发挥。

为加强高校博物馆建设与发展，充分发挥其在科教兴国、学习型社会和公共文化服务体系建设中的作用，现就加强高校博物馆建设与发展的有关事项通知如下：

一、各地、各有关部门应充分认识高校博物馆的重要意义，切实重视和支持高校博物馆建设与发展。高校博物馆具有鲜明特色，是现代教育体系和博物馆事业的重要组成部分，是探索和实践新型人才培养模式、实现高等教育现代化的重要机构，是开展探究式学习、参与式教学、实践教学的适宜场所，是开展原创科研的重要基地，也是构建公共文化服务体系，建设和谐社会的一支重要力量。高水平高校博物馆是大学深厚学术和文化积淀的重要标志，是优秀大学的重要标志。要将高校博物馆纳入国民经济和社会发展规划，纳入高等教育事业发展规划，纳入博物馆事业发展规划，因地制宜，制定符合各地高校博物馆发展的目标、措施，鼓励和引导具有中国特色的高校博物馆的科学发展。

二、教育部门要进一步明确高校博物馆在现代高等教育体系中的基础性地位，加强扶持和管理。教育部将会同国家文物局等有关部门制定“普通高等院校博物馆规程”，设立高校博物馆发展指导委员会，建立高校博物馆建设与发展联席工作会议，编制和实施高校博物馆发展规划，明确发展目标，确定发展任务，保障发展资源。并定期向社会发布高校博物馆建设与发展状况信息，增进社会对高校博物馆的认知，引领高

校博物馆发展。

三、文物部门要加强履行博物馆业务指导职责，按照《博物馆管理办法》等规定，积极辅导协调高等学校做好高校博物馆的设立注册登记工作，指导高校博物馆业务活动，将高校博物馆纳入行业评估和质量监控体系。积极协调在高校博物馆之间，以及高校博物馆与区域其他博物馆建立长效的交流、协作机制，将高校博物馆纳入博物馆协作网，在藏品保护、陈列展览、社会教育、科学研究、人才培养等业务活动领域开展密切的交流合作，实现优势互补、资源共享。加强博物馆行业协会框架内的高校博物馆专业组织建设，制定行业规范，鼓励高校博物馆加入博物馆行业协会，促进行业自律。

四、要加强对高校博物馆发展的战略研究和统筹规划。高校博物馆建设应以保护、管理和发展文化遗产为基础，以激励和实现知识的创造、分享、传播为中心任务，以服务和支持高等教育发展为主导，以坚持高校博物馆自身特色为动力，以服务高等教育现代化、支持创建优秀大学为主要目标。要从实际出发，着力于凸显大学优势学科特色，完善博物馆功能，把增加博物馆的数量与提高质量结合起来，当前尤其要在提高质量上狠下功夫。要加强博物馆建设工程前期可行性研究、立项、实施等环节的协调指导和评估论证，促进科学决策。要避免不顾实际和可能，盲目追求建设规模的现象。要加强重点博物馆建设，使一批高校博物馆率先跻身国内一流博物馆行列，并向世界先进水平迈进。

五、加强博物馆基础工作，提高专业化水平。大力支持高校博物馆加强系统收藏相关学术领域的实物研究资料和实物性研究成果，提高和优化收藏品质量。建立健全藏品科学保护机制，加强藏品管理及信息化建设，完善保护修复、日常管理等制度体系。强化预防性保护理念，改善馆藏文物保存条件，遏制因环境不利和管理不善致使文物受损的现象。充分发挥藏品资源以及高校专业力量优势，搭建开放的高水平研究平台，大力推进博物馆的学术研究，以科技创新推动博物馆的管理创新和工作创新。

六、增强社会服务能力，提升社会服务效益。高校博物馆不仅要积极支持并辅助高校教学和学科建设，参与和融入大学校园文化建设，也要切实履行公共文化设施职能，充分实现社会教育功能。高校博物馆要积极创造条件，最大限度地向社会和公众开放，开放时间应符合《博物馆管理办法》规定。要努力提升高校博物馆在展览展示和宣传教育方面的工作水平，大力传播有益于社会进步的思想道德、科学技术和文化知识，不断丰富社会各界群众的精神文化生活。鼓励高校博物馆以各种形式参与公共文化服务体系建设，鼓励将高校博物馆纳入中小学教育内容，鼓励高校博物馆开展各种进社区活动，并积极探索博物馆数字化，通过现代信息技术增强博物馆文化传播、辐射影响力。鼓励高校博物馆积极参与对外文化交流。

七、加强高校博物馆队伍建设，实施人才强馆。支持高校博物馆科学设置岗位，完善职位管理，健全评价激励机制，注重学术梯队和优秀中青年队伍建设，稳定高水平专业技术队伍。同时不断壮大以广大学生为主体的博物馆志愿工作队伍，使志愿服务与素质培养、专业志向和公益精神有机结合。

特此通知。

国家文物局

二〇一一年五月二十二日

文物消防安全检查规程（试行）

第一章　总则

第一条　为预防和减少文物、博物馆单位火灾危害，规范文物消防安全检查工作，提高消防安全管理水平，依据《中华人民共和国文物保护法》、《中华人民共和国消防法》等相关法律、法规，制定本规程。

第二条　文物消防安全检查工作贯彻“预防为主、防消结合”的方针，坚持“从严管理、防患未然”的原则。

第三条　上级文物行政部门对下级文物行政部门实施消防安全督察、文物行政部门实施消防安全检查和文物、博物馆单位实施消防安全自查，适用本规程。

第四条　文物消防安全检查的范围包括：

（一）具有火灾危险性的文物保护单位和经县级人民政府文物行政部门登记并公布的其他不可移动文物；

（二）博物馆、纪念馆、陈列馆等文物收藏单位；

（三）文物库房、文物修复室、文物科技保护室等文物保管和科技保护场所；

（四）文物保护工程施工工地；

（五）其他文物、博物馆单位。

第五条实施文物消防安全检查，要落实文物保护和消防安全管理的法律、法规、规章和行业标准，切实增强检查与消除火灾隐患能力、组织扑救初起火灾能力、组织人员疏散逃生能力、消防宣传教育培训能力、文物抢救能力。

第六条　各文物、博物馆单位的消防安全责任人和消防安全管理人负责组织和实施消防安全检查，督促和落实火灾隐患整改工作。

第七条　各级文物行政部门和文物、博物馆单位要配合当地公安机关消防机构确定本地区文物消防安全重点单位或者文物、博物馆单位的消防安全重点部位，按当地公安机关消防机构的要求做好文物消防安全工作。

第二章　检查内容

第八条　文物消防安全检查的基本内容包括：

（一）消防安全责任制和组织机构建设

1. 消防安全责任人和消防安全管理人履行消防安全职责情况；

2. 距离当地公安消防队较远的列为全国重点文物保护单位的大型古建筑群消防队伍建设情况，其他文博单位的兼职消防队伍建设情况；

3. 文物、博物馆单位消防安全责任制建立情况，消防安全责任书签订及安全责任落实情况。

（二）消防安全管理制度

1. 消防安全制度和保障消防安全的操作规程制订情况；

2. 确保消防安全管理制度和操作规程落实的保障措施情况；

3. 消防安全管理制度在具体工作中的实际执行情况。

（三）人员管理

1. 消防安全责任人、消防安全管理人、专兼职消防工作人员、消防控制室操作人员接受消防安全专门培训情况；

2. 工作人员对消防安全法规、消防安全知识、消防安全管理制度的掌握情况；

3. 工作人员对消防设施、设备、器材的操作技能情况；

4. 消防控制室操作人员持证上岗情况；

5. 消防安全工作人员值班情况。

（四）消防设施设备和消防车通道

1. 消防水源和消防给水设施建设情况；

2. 火灾报警、灭火等设施设备建设情况；

3. 灭火器材配置及有效情况；

4. 消防安全标志的设置情况；

5. 消防设施设备检测和日常维护保养情况；

6. 消防车通道设置情况。

（五）用火、用电、用油、用气管理

1. 是否存在违反规定用火、用电、用油、用气情况；

2. 用于文物保护必要的电器设备和电气线路是否规范安装敷设，是否采取有效阻燃措施；

3. 对电器设备和电气线路是否进行定期安全检查；

4. 是否存在易燃易爆物品及其管理情况。

（六）火灾隐患整改

1. 消防安全检查发现火灾隐患的记录；

2. 火灾隐患整改结果；

3.《文物火灾隐患整改情况记录表》内容和归档情况。

（七）周边防火环境

1. 文物、博物馆单位周边的企事业单位和人民群众生产生活可能引发文物火灾危害情况；

2. 对周边可能引发火灾危害的预防和应对措施情况；

3. 对周边企事业单位和人民群众文物防火宣传工作情况。

（八）防雷措施

1. 避雷设施安装和验收情况；

2. 避雷设施日常维护和检测情况。

（九）与公安机关消防机构联动

1. 文物、博物馆单位与当地公安机关消防机构就文物防火工作的联系、沟通情况；

2. 文物、博物馆单位与当地公安机关消防机构建立火灾扑救联动机制情况。

（十）灭火和应急疏散预案

1. 灭火和应急疏散预案制订情况；

2. 内容和程序是否科学、有效，具有可操作性；

3. 日常演练情况；

4. 现场演练是否符合程序并具有防火、灭火效能。

（十一）消防安全档案

1. 档案内容是否规范、完整；

2. 档案的更新情况；

3. 档案的保管情况。

（十二）文物、博物馆单位消防安全工作的其他情况

第九条　对古建筑（包括具有火灾危

险性的近现代文物建筑)除按本规程第八条规定内容检查外,重点检查以下内容:

(一)古建筑殿屋内是否存在用于生产生活的用火、用电问题,在古建筑厢房、走廊、庭院等处确需用火、用电的,是否采取有效的防火安全措施;

(二)是否存在古建筑之间及毗连古建筑私搭乱建棚、房问题;

(三)是否存在古建筑本体上直接安装电源开关、电线,或者在古建筑内使用电气设备等问题;

(四)在古建筑附属设施上或者保护范围内架设电线、安装电气设备,是否对古建筑消防安全构成危害;

(五)非宗教活动场所的古建筑内是否存在燃灯、烧纸、焚香问题,指定为宗教活动场所的古建筑是否在指定地点内燃灯、烧纸、焚香,是否采取有效防火措施;

(六)保护范围内是否堆放柴草、木料等可燃易燃物品;

(七)古建筑与毗连的其他建筑之间防火分隔墙建设或者消防通道设置情况,坐落在森林区域或者位于郊野的古建筑周边是否有防火隔离带;

(八)古寺庙、道观、庙堂内悬挂的帐幔、伞盖等易燃物品防火处理情况;

(九)可能引发古建筑火灾的其他情况。

第十条　对博物馆(包括纪念馆、陈列馆)除按本规程第八条规定内容检查外,重点检查以下内容:

(一)新建博物馆在投入使用前其消防设施、设备经公安机关消防机构验收情况;

(二)内装与布展工程现场防火措施情况;

(三)展柜、展台、展墙等展具和装饰材料防火性能情况;

(四)展厅照明灯具、音响、闭路电视、电动模型、放映机等电器设备的使用与管理情况;

(五)用于陈列展览的电动图表、模型、沙盘、布景箱和装在壁板上的灯光箱、显示图表箱等设计、安装是否符合防火要求;

(六)可能引发博物馆火灾的其他情况。

第十一条　对文物保护工程施工工地除按本规程第八条规定内容检查外,重点检查以下内容:

(一)承建工程项目合同是否约定防火安全内容;

(二)施工方法和施工技术是否符合消防要求;

(三)施工现场用火作业、易燃可燃材料堆场、仓库、易燃废品集中站和生活区等区域划分是否符合防火要求;

(四)施工作业期间搭设的临时性建筑的防火措施;

(五)施工所需焊、割作业点、氧气瓶、乙炔瓶、易燃易爆物品的安全隔离措施;

(六)施工使用的焊灯、喷灯等明火作业安全管理情况;

(七)施工现场废料、垃圾等可燃物品清理情况;

(八)可能引发文物保护工程施工工地火灾的其他情况。

第十二条　对文物库房除按本规程第八条规定内容检查外,重点检查以下内容:

(一)存放文物的柜、箱、架、囊、匣等是否用非易燃材料制作或者作阻燃处理;

(二)是否存在易燃材料包装物同文物一起进入库房问题;

(三)除湿、照明、通讯等电器设备安全管理情况;

（四）可能引发文物库房火灾的其他情况。

第十三条　对文物修复室、文物科技保护室除按本规程第八条规定内容检查外，重点检查以下内容：

（一）文物修复和科技保护设施、设备的防火性能情况；

（二）用于文物修复或者科技保护的易燃易爆物品储存、保管是否符合安全要求；

（三）可能引发文物修复室、文物科技保护室火灾的其他情况。

第十四条　对已向社会开放的文物、博物馆单位，除分别检查本规程第九条、第十条规定内容外，还需重点检查以下内容：

（一）安全出口、疏散通道是否畅通；

（二）安全疏散指示标志是否醒目，应急照明灯是否完好；

（三）参观游览人员携带火种的检查和监管措施情况；

（四）保证参观人员和文物安全的其他消防安全措施情况。

第十五条　文物、博物馆单位自行组织扑灭的初起火灾，要认真检查火场，彻底扑灭和清除不易完全熄灭的物品，设专人在火灾现场值守，防止死灰复燃。

第三章　检查形式和方式

第十六条　文物、博物馆单位按本规程规定组织实施以下形式的消防安全自查：

（一）防火巡查：由消防安全工作人员对本单位消防安全重点部位防火工作进行每日巡查；

（二）定期检查：由消防安全管理人组织对本单位消防安全工作情况实施定期检查，至少每月检查一次；

（三）随机抽查：由消防安全管理人组织对本单位所属各部门和安全重点岗位实施随机抽查，检验各项防火制度和措施的落实情况；

（四）重要节日或重大活动前检查：国家法定节假日前，文物、博物馆单位举办重大活动前，气候干旱的火灾易发期、多发期，由消防安全管理人提前组织开展消防安全重点检查。

第十七条　文物行政部门按本规程规定组织实施以下形式的消防安全检查：

（一）定期检查：对本辖区的文物、博物馆单位组织定期检查，市、县级文物行政部门至少每季度检查一次，省级文物行政部门至少每半年检查一次；

（二）重点抽查：对本辖区内文物、博物馆单位实施不定期抽查；

（三）专项督察：对辖区内文物消防安全管理存在严重问题或者文物火灾隐患突出的地区，集中实施消防安全专项督察。

第十八条　文物消防安全检查采取以下方式：

（一）现场排查：对文物、博物馆单位及其周边环境进行全面排查，查找可能引发文物火灾的安全隐患；

（二）查阅档案记录：查看文物、博物馆单位消防安全档案和各项消防安全工作记录，了解消防安全制度建设和安全管理情况；

（三）座谈、问询、问卷：举办座谈会，随机问询工作人员，发放调查问卷，了解消防安全组织机构和人员队伍建设情况；

（四）现场设置火情：检验文物、博物馆单位对初起火灾事故应急处置能力；

（五）观摩消防演练：检验消防安全预案的科学性和防范与扑救火灾效能；

（六）启动设施设备：检验消防设施、

设备的性能；

（七）查看检测标识：检查消防设备、器材检测情况；

（八）其他方式。

第四章　检查程序

第十九条　文物、博物馆单位开展消防安全巡查，要将巡查情况记入《防火巡查记录表》，发现火灾隐患要及时处理，并向本单位消防安全责任人和消防安全管理人报告。

第二十条　文物、博物馆单位开展消防安全自查按以下程序进行：

（一）组织检查组：由具有消防安全管理经验和消防安全专业知识、技能的人员组成检查组；

（二）确定检查范围：消防安全检查范围既要全面，又要根据本单位防火工作实际突出检查的重点部位；

（三）现场检查：对文物、博物馆单位及周边环境进行全面检查，将检查情况填入《文物消防安全检查记录》，并由检查组人员签字；

（四）总结报告：检查结束后，对检查情况进行全面认真总结，分析查找存在的问题和隐患，提出改进工作的意见和建议，报本单位消防安全责任人和消防安全管理人；

（五）记入档案：将《文物消防安全检查记录》、消防安全检查总结以及火灾隐患整改情况记入消防安全检查档案。

第二十一条　各级文物行政部门对文物、博物馆单位开展消防安全检查按以下程序进行：

（一）人员组织：由具有消防安全管理经验和消防安全专业知识、技能的人员组成消防安全检查组；

（二）制订检查实施方案：确定本辖区内被检查的文物、博物馆单位范围、重点单位、检查工作步骤和具体要求等；

（三）实地检查：对下级文物行政部门文物消防安全工作和辖区内文物、博物馆单位开展检查；

（四）当场反馈意见：检查组要现场向被检查的文物、博物馆单位反馈检查情况，提出具体的整改意见和要求；

（五）汇总检查结果：检查结束后，检查组要对检查结果进行归纳总结，形成书面检查报告，报组织消防安全检查的文物行政部门；

（六）反馈书面意见：组织消防安全检查的文物行政部门根据检查组的书面检查报告，向被检查地区文物行政部门下发书面意见。

第二十二条　各级文物行政部门和各文物、博物馆单位要建立消防安全检查档案，将消防安全检查情况登记入档。

第五章　火灾隐患整改

第二十三条　文物、博物馆单位要对消防安全自查中发现的安全隐患进行逐项登记，逐项整改。能当场整改的要立即整改；不能当场立即整改的，在火灾隐患未消除前，应当落实防范措施，确保隐患整改期间的消防安全。对本单位自身不能解决的重大火灾隐患，要提出解决方案并向其上级文物行政主管部门或者当地人民政府报告。

火灾隐患整改完毕，文物、博物馆单位应当填写《文物火灾隐患整改情况记录表》，由消防安全责任人和消防安全管理人签名后存档备查。

第二十四条　各级文物行政部门在检查中发现文物、博物馆单位存在火灾隐患的，要向被检查单位发《火灾隐患整改通知书》，提出具体的整改意见和要求；发现严重危害文物安全的重大火灾隐患的，要向当地人民政府通报；发现文物、博物馆单位对发生的火灾事故未按要求上报或者未依法处理的，要及时提出处理意见，并将处理情况向当地人民政府通报。

第二十五条　各级文物行政部门要对文物、博物馆单位存在的重大火灾隐患整改实施挂牌督办，发《重大文物火灾隐患整改挂牌督办单》。督办单包括火灾隐患内容、督办要求与期限、整改责任单位等内容。

文物行政部门挂牌督办的重大火灾隐患，要由专人负责跟踪督促整改。重大火灾隐患整改完毕经督办单位检验合格后，挂牌督办程序结束。火灾隐患挂牌督办整改情况存档备查。

第六章　责任追究

第二十六条　各级文物行政部门和文物、博物馆单位要建立文物消防安全责任制，明确消防安全管理职责和工作职责，实施责任追究。

第二十七条　文物、博物馆单位不按本规程规定认真实施消防安全自查的，或者对存在的火灾隐患不按要求整改的，由文物行政部门责令改正，并予以通报。

文物行政部门不按本规程要求开展文物消防安全检查的，或者对文物、博物馆单位火灾隐患整改督办不力的，由上级文物行政部门责令改正，并予以通报。

由于不认真实施文物消防安全检查，不按要求整改火灾隐患，对文物消防安全工作放任自流、玩忽职守，以致发生火灾事故造成文物损失的，依法追究法律责任。

第七章　附则

第二十八条　本规程附表由各地文物行政部门和文物、博物馆单位在消防安全检查及管理工作中应用。

第二十九条　本规程自印发之日起试行。

国家文物局

二〇一一年九月二十日

文物复制拓印管理办法

第一条　为加强文物复制、拓印管理，根据《中华人民共和国文物保护法》、《中华人民共和国文物保护法实施条例》和国务院有关行政审批的决定，制定本办法。

第二条　馆藏文物的复制、拓印，适用本办法；馆藏文物的仿制，不适用本办法。

第三条　文物复制是指依照文物的体量、形制、质地、纹饰、文字、图案等历史信息，基本采用原技艺方法和工作流程，制作与原文物相同制品的活动；文物拓印是指在文物本体覆盖一定的材料，通过摹印文物上的纹饰、文字、图案等，制作拓片的活动。

第四条　文物本体及其内容涉及国家秘密的，复制、拓印活动应当按照国家保密法律法规的规定执行。

前款规定的文物及其内容的密级，按照国家保密法律法规的规定确定。

第五条　复制、拓印文物，不得对文物造成损害。

未依法区分等级的文物不得复制、拓印。因文物保存状况和文物本体特点不适宜复制、拓印的，不得复制、拓印。

为科学研究、陈列展览需要拓印文物的，元代及元代以前的，应当翻刻副版拓印；元代以后的，可以使用文物原件拓印。在文物原件上拓印的，禁止使用尖硬器具捶打。

批量制作文物复制品、拓片，不得使用文物原件。

第六条　利用文物原件进行复制、拓印应坚持少而精的原则，严格控制复制品、拓片数量。文物复制品应有表明复制的标识和数量编号，文物拓片应当标明拓印单位、时间和数量编号。

第七条　从事文物复制、拓印的单位，应当依法取得相应等级的资质证书。

第八条　复制、拓印文物，应当依法履行审批手续。

第九条　文物复制、拓印报批材料应当包括文物的收藏单位或管理机构名称，文物名称、等级、时代、质地，文物来源或所处地点，文物照片，复制品、拓片用途及数量，复制、拓印方案，文物复制、拓印单位资质等级以及合同草案等内容。

第十条　文物收藏单位或管理机构与从事文物复制、拓印的单位签订的文物复制、拓印合同草案，应当包括合作各方的名称和地址，复制品或拓片的种类、数量、质量，复制或拓印的时间、地点及方法，文物安全责任，文物资料的交接和使用方式，有关知识产权的归属，复制品或拓片的交付，违约责任，争议解决办法等内容。

第十一条　为陈列展览、科学研究等用途制作的文物复制品、拓片，应当予以登记并妥善保管，不得挪作它用。

第十二条　为销售等目的制作的文物复制品、拓片，应附有制作说明书。说明书内容应当包括文物名称、时代，文物收藏单位或管理机构名称，复制品、拓片的名称，复制或拓印单位名称，监制单位名称，制作时间，复制品或拓片数量编号。

第十三条　未经文物行政主管部门同意，国有文物收藏单位或管理机构及其工作人员不得向任何单位或个人提供文物复制、拓印模具和技术资料。

第十四条　违反本办法规定，造成文物或国家权益损害的，依法追究有关责任单位和个人的法律责任。

第十五条　不可移动文物的单体文物的复制、拓印，参照本办法执行。不可移动文物的单体文物的仿制、仿建、复建，按照国家有关规定执行。

第十六条　本办法自发布之日起施行。国家文物局 1979 年 9 月 4 日发布的《拓印古代石刻的暂行规定》，1998 年 8 月 20 日发布的《文物复制暂行管理办法》同时废止。

国家文物局

二〇一一年一月二十七日

国有文物保护单位经营性活动管理规定（试行）

第一条　为规范国有文物保护单位的经营性活动，根据《中华人民共和国文物保护法》制定本规定。

第二条　本规定所称国有文物保护单位的经营性活动，是指在建立博物馆、保管所或者辟为参观游览场所的国有文物保护单位开展的经营性活动。

第三条　国有文物保护单位的经营性活动，旨在提高社会服务能力和水平，更好地满足公众的基本需求。

鼓励国有文物保护单位管理机构开展与自身性质、任务相适应，面向公众的服务类经营性活动，保护发展文化遗产。

第四条　国有文物保护单位的经营性活动，必须遵守有关法律法规，严格履行审批程序；经营性活动的收入应当用于文物事业发展，任何机构或者个人不得侵占、挪用。

国有文物保护单位开展经营性活动，不得增加文物保护单位及其环境的安全风险；经营性活动的内容和规模，应当与文物保护单位的文化属性和承载力相适应。

安全防范设施设备未达标的国有文物保护单位，不得开展经营性活动。

第五条　国有文物保护单位的经营性活动，不得采取以下方式：

（一）背离公共文化属性，以各种名目对公众设置准入门槛的；

（二）将文物保护单位作为企业资产经营的；

（三）租赁、承包、转让、抵押文物保护单位，以营利为目的进行商业开发的；

（四）妨碍公共安全，对文物保护单位造成安全隐患的；

（五）其他违背法律法规情形的。

第六条　国有文物保护单位的经营性活动，由文物保护单位管理机构为主体开展。未设置管理机构的国有文物保护单位，不得开展经营性活动。

第七条　文物保护单位管理机构与其他机构合作开展经营性活动，应当签署合作协议。合作协议签署前，应当由文物保护单位管理机构报与文物保护单位级别相应的文物行政部门批准；世界文化遗产、全国重点文物保护单位报所在地省、自治区、直辖市文物行政部门批准。合作协议有效期不得超过5年。

第八条　国有文物保护单位经营性活动的方案，由文物保护单位管理机构报与文物保护单位级别相应的文物行政部门备案；

世界文化遗产、全国重点文物保护单位报所在地省、自治区、直辖市文物行政部门备案。未经备案同意的,不得实施。

第九条　各级文物行政部门应当依法加强对国有文物保护单位经营性活动的监督管理。

第十条　违反本规定开展经营性活动,依法追究相关机构和个人的责任。

第十一条　其他文物博物馆单位经营性活动的管理,参照本规定执行。

第十二条　本规定自发布之日起施行。

国家文物局

二〇一一年八月二十五日

省文物局转发国家文物局关于促进生态（社区）博物馆发展的通知

鄂文物综 [2011]177 号

各市、州、直管市及神农架林区文化（物）局，省直文博单位：

现将国家文物局《关于促进生态（社区）博物馆发展的通知》（文物博发 [2011]15 号）转发给你们。请认真组织学习，按照文件精神，提高对生态（社区）博物馆这一新的博物馆类型的认识，拓展视野，积极探索、创新本辖区内生态（社区）博物馆发展途径。

特此通知。

附件：国家文物局《关于促进生态（社区）博物馆发展的通知》（文物博发 [2011]15 号）

（联系人：孙立　联系电话：027—68891906）

湖北省文物局

二〇一一年九月二日

主题词：博物馆　生态　转发　通知

湖北省文物局综合处 2011 年 9 月 2 日印发

印数 25 份

附件.

关于促进生态（社区）博物馆发展的通知

文物博发〔2011〕15号

各省、自治区、直辖市文物局（文化厅）：

生态（社区）博物馆是一种通过村落、街区建筑格局、整体风貌、生产生活等传统文化和生态环境的综合保护和展示，整体再现人类文明的发展轨迹的新型博物馆。当前，随着城市化进程加速，大规模城乡建设持续展开，文化遗产及其生存环境受到严重威胁。促进生态（社区）博物馆发展，对于调动全社会保护文化遗产的积极性，推动文化遗产的有效保护和传承发展，建设中华民族共有精神家园，增强民族自信心和凝聚力，延续中华文脉，促进文化与经济社会全面协调和可持续发展，具有十分重要的现实意义。现就促进生态（社区）博物馆发展有关问题通知如下：

一、提高认识，加强统筹规划。要按照科学发展观的要求，充分认识发展生态（社区）博物馆的重要性，立足保护地域文化遗产、维护文化多样性，完善公共文化服务体系，将生态（社区）博物馆纳入各地文博事业发展规划和经济社会发展规划。要以生态（社区）博物馆丰富新农村和城市现代化建设的内涵和成效，加强村落文化景观、历史文化街区等新型文化遗产的抢救、保护和利用、管理，使城乡建设规划的制定和实施与文化遗产保护和博物馆事业发展规划相协调，实现生态（社区）博物馆与当地经济社会发展的良性互动。

二、突出重点，发展具有中国特色的生态（社区）博物馆。要加强生态（社区）博物馆相关文化遗产和环境资源调查，紧紧围绕突出地域文化特色，科学制定生态（社区）博物馆发展规划。生态（社区）博物馆发展必须经过科学的条件评估与决策论证，要避免对生态（社区）博物馆理念的“误用”甚至“滥用”，不切实际一哄而上。要重点依托历史文化名村（镇）、街区等保存文化遗产特别丰富的村庄、街道，发展具有丰富文化内涵和鲜明个性特点的生态（社区）博物馆。

三、拓展视野，强化生态（社区）博物馆整体保护文化遗产的功能。生态（社区）博物馆要保护、展现历史文化村落、街区富有地方特色和集体记忆的文化空间，要将古民居及各类文物的保护、利用与相关的民俗活动、传统手工艺技能的保护、传承相结合，实现文化遗产的整体性和真实性保护。要做好原有村落、社区的文化氛围和活态多元风貌的保护，村落、社区文化传承人及原住居民的保留，村落、社区文化活动的挖掘与丰富等工作，并注重遗产所在地的自然环境保护，做到文化遗产与人们生活、自然环境和谐相处。

四、积极探索，创新生态（社区）博物馆

发展途径。生态（社区）博物馆是一项理论创新性和实践创造性很强的工作，要遵循生态（社区）博物馆的基本规律，结合实际情况不断丰富和完善发展模式。鼓励经济发展水平较高的东中部地区试行灵活有效的政策措施，依托历史文化村（镇）、街区发展具有特色的生态（社区）博物馆，率先建立科学有效的民族民间文化遗产保护机制。要努力推进西部和民族地区发展民族文化类生态（社区）博物馆，切实维护地区文化的多样性和特殊价值。为加强引导，国家文物局将开展生态（社区）博物馆示范点建设，并组织编制相关发展规划，科学构建全国的生态（社区）博物馆体系。

五、以人为本，加强生态（社区）博物馆教育服务工作。生态（社区）博物馆作为一种社区性的文化遗产与生态环境的传承与教育中心，要重点做好传统民居及其原住居民生活习俗、历史古迹、传统手工技艺等文化遗产密集点及相关人文环境、生态环境的维护，并通过文物保护资料中心配套的高水平陈列展览及相关文化活动，普及科学的生存与发展理念，确立和增强当地居民对自身文化的自觉和文化认同感、文化自豪感，引导和规范当地居民在和谐和经过适当改善的条件下从事传统生产生活与文化传承，投身和参与文化遗产保护和生态（社区）博物馆发展逐步成为自觉行为。

六、坚持文物工作方针，将文化遗产保护与改善经济社会发展状况有机统一起来。坚持“保护为主、抢救第一、合理利用、加强管理”的方针，要通过生态（社区）博物馆的发展，充分挖掘相关文化遗产资源的内涵，依托旅游观光、文化休闲产业，科学、合理地发挥生态（社区）博物馆推动经济社会发展的特有作用，促进资源优势转化为经济优势，推动各地区特别是农村、民族地区的产业调整。生态（社区）博物馆在旅游发展中要坚持科学发展观，因地制宜，统筹规划，整合资源，务求实效，必须有助于文化遗产和生态环境的保护，必须有助于维护和改善为旅游者提供当地特色产品和服务的传统生活和生产环境，必须符合《中华人民共和国文物保护法》等有关法律法规的规定。

七、加强协作，建立生态（社区）博物馆发展的长效机制。推广和完善“政府支持，专家指导，居民主导”的生态（社区）博物馆发展模式。各地文物行政部门要在党委、政府的支持下，加强与发展和改革、财政、建设、旅游、环保、民族、文化、农业、水利、交通等相关部门的联动，并鼓励社会力量支援，加大投入，多方共同推进生态（社区）博物馆发展。社区居民的支持和参与是生态（社区）博物馆发展的关键因素。要加强宣传，积极探索按照责、权、利相一致的原则，多种方式调动社区居民特别是年轻人保护文化遗产、发展生态（社区）博物馆的积极性，形成“遗产保护人人有责，保护成果人人共享”的和谐局面。

八、深入研究，增强理论对实践的指导作用。充分调动和利用有关高等院校和科研单位的力量，组织有关专业机构深入研究生态（社区）博物馆工作规律，借鉴国际先进理论、理念和实践经验，形成符合中国国情、具有较强针对性和适用性的生态（社区）博物馆理论体系，提高对生态（社区）博物馆的认识水平。在此基础上抓紧制定和完善生态（社区）博物馆建设和发展的评估标准，建立相应的咨询、指导、协调、督察和管理考核机制，确保生态（社区）博物馆有效实现其运营目标，最大限度地追求自然与文化、遗产与现实以及相关方面的利益与和谐。

国家文物局

二〇一一年八月十七日

蔡武：立足新起点谋求新发展 努力开创文物事业新局面

——在2011年全国文物局长会议上的讲话

2011年12月29日

同志们：

在全党全国深入学习贯彻党的十七届六中全会精神、谋划文化强国建设宏图之际，我们在这里召开全国文物局长会议。首先，我代表文化部党组对会议的召开表示热烈的祝贺！向长期以来关心支持文物事业发展的国家各有关部委和社会各界表示衷心的感谢！向辛勤工作在文物战线上的广大文物工作者致以崇高的敬意和诚挚的问候！

今年是我国文化发展史上极为重要的一年。最近召开的党的十七届六中全会是在中国共产党成立90周年之际，在我国进入全面建设小康社会的关键时期和深化改革开放、加快转变经济发展方式的攻坚时期召开的一次极为重要的会议。全会专题研究文化改革发展问题，审议通过了《中共中央关于深化文化体制改革推动社会主义文化大发展大繁荣若干重大问题的决定》。这在我们党的历史上还是第一次。《决定》强调，我们要坚持中国特色社会主义文化发展道路，努力建设社会主义文化强国，这是新世纪新阶段我们党不断推进理论创新和实践创新的又一重要成果，充分表明了我们党在文化建设理论和实践上更加成熟、更加自信。党的十七届六中全会是我国文化发展史上又一具有里程碑意义的大事。《决定》指出，优秀传统文化凝聚着中华民族自强不息的精神追求和历久弥新的精神财富，是发展社会主义先进文化的深厚基础，是建设中华民族共有精神家园的重要支撑。全国文物系统要认真学习、深刻领会六中全会精神，切实认识文物工作的重要地位和作用，切实把握文物事业发展的形势，切实认清肩负的历史责任，勇于担当保护发展文化遗产的光荣使命。下面，我讲几点意见。

一、充分认识文物工作的重要地位和作用

文化是民族的血脉，是人民的精神家园。而文物事业是中国特色社会主义文化事业的重要组成部分，承担着维护民族文化基本元素，保护利用、普及弘扬祖国传统文化的重任，在党和国家大局中占有十分重要的地位。随着世界多极化、经济全球化深入发展，科学技术日新月异，各种思想文化交流交融交锋更加频繁，文化在综合国力竞争中的地位和作用更加凸显，维护国家文化安

全任务更加艰巨,增强国家文化软实力和中华文化国际影响力要求更加紧迫,文物工作日益发挥出独特的价值和功能。我们必须深刻认识到:

——文物工作与推动科学发展、促进社会和谐密不可分。全面建设小康社会,既要让人民过上殷实富足的物质生活,又要让人民享有健康丰富的文化生活。当前,文化建设不仅对经济增长的直接贡献越来越大,而且对提升经济发展质量的作用日益突出。文物工作既是推动经济社会发展的重要手段,也是社会文明进步的内在要求,是建设和谐社会的重要内容。特别是在大规模经济建设中,我们既要竭尽全力加强文物保护,又要充分挖掘和展示城乡文物的文化内涵,努力创造与经济蓬勃发展相得益彰的文化生态环境。这既是经济社会全面协调可持续发展的客观需要,也是全面建设社会主义和谐社会的必然要求。

——文物工作与增强国家实力、提高国民素质密不可分。一个国家的强盛,不仅要有强大的经济实力,还要有文化的繁荣发展。人民越富足,对文化生活的追求就越高;国家越强盛,对国民素质的提升要求就越高。我国是文化遗产大国,拥有丰富的文化遗产资源,要通过有效保护和合理利用,提高文物工作的影响力和感召力,增强我国的文化软实力。《决定》强调要加强对优秀传统文化思想价值的挖掘和阐发,我们要将文化遗产所蕴含的深刻内涵,融入社会主义核心价值体系建设,传承中华优秀传统文化,建设中华民族共有精神家园,使文物事业成为全体人民树立共同理想、弘扬民族精神和时代精神的文化力量。

——文物工作与维护民族团结、实现祖国统一密不可分。我国是一个统一的多民族国家,中华文化是各民族共同创造的多元一体的灿烂文化。在几千年的历史长河中,中华民族形成了追求国家统一、维护民族团结的价值观。近代以降,在这种价值观的感召下,各族人民携手抵御外侮,共同维护中华民族的利益和尊严。存在于祖国各地的大量历史文化遗存,是全国各民族团结发展、共同进步的历史见证,也是海峡两岸人民同祖同根、血肉相连的情感纽带。保护好、传承好这份珍贵的文物资源,对加强中华民族的民族认同感、一个中国的国家认同感,维护中华民族团结、实现祖国统一,具有不可替代的作用。

——文物工作与维护国家主权、捍卫领土完整密不可分。我们祖先遗留下来的大量珍贵文化遗产,是中华民族世世代代辛勤耕耘、上下求索的结晶,是华夏儿女在流淌着中华血脉的土地上生活繁衍的忠实记录,也是历朝历代中央政权实行有效管辖、昭示国家主权的铮铮铁证。加强对历史文物的有效保护、合理利用和科学研究工作,以无可辩驳的史料和文物史迹揭示我国历史上的版图、疆域、海域等事实,为维护国家主权、捍卫领土完整作不懈的斗争,这不仅是一份文化责任,更是一份重大的政治责任。

二、正确把握文物工作面临的形势

党和国家历来高度重视文物工作。党的十六大以来,以胡锦涛同志为总书记的党中央从弘扬中华文化、发展社会主义先进文化的高度,将文物工作放到更加重要的位置。2005 年 12 月,国务院确定每年 6 月的第二个星期六为我国的“文化遗产日”。党的十七大从中国特色社会主义事业“四位一体”总体布局的高度,提出“两大一新”的战略任务。党的十七届六中全会进一步为文物工作指明了方向。中央领导同志多次对文物工作作出重要批示，多次亲临文物、博物馆单位指导工作。2010 年 6 月，中央政治局常委李长春同志在《人民日报》发表《保护发展文化遗产　建设共有精神家园》重要文章，站在党和国家事业发展全局的战略高度，对文化遗产保护工作进行了全面论述，系统总结了历史经验，深刻分析了文化遗产保护面临的形势和情况，深刻阐述了在科学发展观指引下形成的新的文化遗产保护理念，明确阐述了新时期我国文化遗产保护工作的指导思想、战略任务、工作方针、政策措施，对今后一个时期文化遗产保护工作进行了总体部署，提出明确要求，是我们很长一段时期里文物保护的纲领性文件。国家制定出台了一系列关于文物保护的重大政策措施。修正《中华人民共和国文物保护法》、公布施行《长城保护条例》和《历史文化名城名镇名村保护条例》、印发《关于加强文化遗产保护的通知》等一系列法律法规和重要文件。国家逐年加大文物保护经费投入，“十一五”期间，仅中央文物保护专项经费就达 140.2 亿元，是“十五”期间近 10 倍；2011 年，中央文物保护专项经费达 96 亿元，为文物事业发展提供了强有力的支撑。

近年来，全国文物系统牢固树立机遇意识、改革意识、发展意识，坚决贯彻党中央、国务院的决策部署，自觉、主动服从服务于党和国家工作大局，履职尽责、敢于担当，扎实工作、奋发有为，文物事业发展取得了可喜的成就。第三次全国文物普查圆满完成，调查登记不可移动文物近 77 万处；全国免费开放博物馆达 1804 家，4 年接待观众达 17 亿人次；都江堰古建筑群等震后文物抢救保护工程顺利完工，一大批藏羌文化遗产得到有效保护；西藏三大重点文物保护工程圆满完成；对口援疆文物保护工程持续开展；馆藏文物保护水平稳步提升，初步分级构建了全国馆藏文物修复网络；积极做好文物安全工作，努力建立文物安全工作长效机制。文物保护基础工作卓有成效，重大文物保护项目进展顺利，考古和大遗址保护工作稳步开展，世界遗产事业扎实推进，博物馆建设成效显著，社会文物管理力度加大，文物科技工作实现跨越式发展，文物外事工作持续开展，文物宣传工作日趋活跃，全社会积极参与文物保护势头方兴未艾。文物系统积极向各级党委政府、相关部门和社会公众介绍文物事业发展情况和面临的形势，制定切实可行的项目规划，在争取国家和各方面对文物工作政策和经费支持等方面卓有成效。在近年来的国务院机构调整中，国家文物局作为加强部门，先后增设了政策法规司、督察司。

今天文物保护事业越来越成为中国特色社会主义文化建设的重要组成部分，越来越成为继承和弘扬中华民族传统文化，提高国家文化软实力，建设中华民族共有精神家园的重要方面；越来越成为教育人民、引领社会、推动发展的重要因素；越来越成为满足人民群众多样化、多方面精神文化需求的重要资源；越来越成为全社会高度关注、关切、关心的热门领域。

这些年来，在单霁翔同志和文物局党组的直接领导下，文物局和全国文物系统的工作，无论是事业发展、机构建设、服务水平，还是队伍建设都取得了显著的成就；在深化改革、创新体制机制方面取得显著进展；在坚持解放思想、与时俱进、转变观念、转变作风方面取得显著成果，形成了科学求实、锐意进取、严谨细致、开拓创新、团结奋进的好作风。

实践证明，广大文物工作者对祖国文化遗产有真情挚爱，对文物工作有担当奉献，对文物事业有坚守追求，是一支可亲可敬、大有作为的队伍，是一支党和人民完全可以信赖的队伍。

同志们，越是形势好的时候，越要保持清醒头脑。在看到成绩的同时，我们也要清醒认识到，当前文物工作是在世界多极化加速演进、经济全球化深入发展、科技进步日新月异、人才竞争日趋激烈的形势下进行的，是在我国全面建设小康社会的背景下进行的，是在我国加速工业化、城镇化、信息化、国际化的进程中进行的，是在深化文化体制改革、推动社会主义文化大发展大繁荣的过程中进行的。伴随着世情、国情的发展变化，文物事业发展既具备诸多有利条件，也面临一系列新情况新问题，甚至面临一些深层次的矛盾，文物工作依然任重道远。与经济社会全面发展的要求相比，与推动科学发展、促进社会和谐的要求相比，与急剧变化的国际形势提出的要求相比，与人民群众对文物工作的期待相比，文物工作依然存在着不小的差距。可以说，我国文物事业既进入了加速发展的"黄金机遇期"，也进入了压力不断累积、形势依然严峻的"矛盾凸显期"。我们必须树立忧患意识，切实增强责任感和紧迫感，抓住机遇，积极谋划，在改革创新中破解难题，在科学发展中提升水平，努力开创文物事业新局面。

三、切实用党的十七届六中全会精神指导文物工作

坚持中国特色社会主义文化发展道路，努力建设社会主义文化强国，是《决定》贯彻始终的鲜明主题，也是全会的一个重大贡献和突出亮点。《决定》强调要以科学发展为主题，以建设社会主义核心价值体系为根本任务，以满足人民精神文化需求为出发点和落脚点，以改革创新为动力，推动文化大发展大繁荣，科学回答了我国文化建设中一系列带有方向性、根本性和战略性的重大问题，也指明了文物工作的方向和路径，明确了文物事业发展的历史任务。我们要始终把文物事业放到党和国家工作全局中来认识来推动，在实践中坚持文物保护与经济社会建设相结合、依法保护与科学保护相结合、保护抢救与利用管理相结合、政府主导与社会参与相结合，推动文物事业科学发展，探索中国特色文物事业发展道路，促进文化强国建设。

——要坚持以科学发展为主题，不断提高文物事业对促进经济社会发展的贡献。经济社会发展是保护文化遗产的基础和前提，保护文化遗产是经济社会发展的重要内容和有力支撑。要坚定不移地贯彻执行《文物保护法》和"保护为主、抢救第一、合理利用、加强管理"的文物工作方针，依法保护文化遗产，正确处理文物保护与经济建设的关系，推动重大文物保护工程实施，关注对文物依存的生态环境的保护，挖掘文物所蕴涵的优秀文化思想价值内涵，展示独特的历史文化、地域文化、民族文化，为人民群众创造良好的文化环境，使优秀传统文化成为鼓舞人民前进的精神力量。要切实贯彻六中全会决定中关于"建设优秀传统文化传承体系"的要求，用系统的思维、系统的方法来开展工作。要合理利用珍贵的文物资源，加快文物保护利用与文化产业和旅游业的结合，提高衍生产品和配套服务质量，使文物保护成为促进经济社会发展的新亮点。要抓住和用好我国发展的重要战略机遇期，围绕经济建设这一中心，自觉把推动文物事业科学发展作为深入贯彻落实科学发展观的重要举措，构建优秀传统文化传承体系，为建设文化强国而努力奋斗。

——要坚持把社会主义核心价值体系

建设作为根本任务，充分发挥文物事业在社会主义核心价值体系建设中的不可替代作用。社会主义核心价值体系根植于中华民族五千年文明的沃土之中。博大精深的文化遗产见证了中华文明源远流长、一脉相承、连绵不断，展示了中国共产党领导全国各族人民进行革命、建设和改革开放，实现中华民族伟大复兴的艰辛历程和辉煌成就，是爱国主义精神、民族精神、时代精神的重要载体，为社会主义核心价值体系建设提供了丰富的物质资源和精神营养，是在全党全社会形成统一指导思想、共同理想信念、强大精神力量、基本道德规范的生动教材。我们要坚决贯彻六中全会决定中强调的“坚持保护利用、普及、弘扬并重，加强对优秀传统文化思想价值的挖掘和阐发”，把文物保护融入社会主义核心价值体系建设，与传播先进文化相结合，深入挖掘、展示、宣传文物中所凝聚的丰富内涵，使人民感受教育启迪、陶冶思想情操、充实精神世界，为巩固全党全国各族人民团结奋斗的共同思想道德基础作出贡献。

——要坚持以人为本、惠及民生，让人民充分享受文物保护成果。中华文化是人民创造的，人民群众是文物工作的主人，文物保护必须紧紧依靠人民，文物保护成果必须惠及人民。这既是实现文物价值、赢得社会尊重的现实需求，也是建设文化强国的出发点和落脚点。要充分发挥人民在文物保护中的主体地位，拓展社会参与支持文物保护的渠道；强化广大民众与文物之间的情感和关联，无论在文物保护修缮、考古发掘、博物馆建设，还是在历史文化名城名镇名村名街的保护中，积极取得广大民众的理解、参与和支持，努力使文物保护工程与改善人民物质文化生活紧密结合，成为民意工程、民生工程、民心工程。加强博物馆建设，健全博物馆体系，进一步推动免费开放工作，提升陈列、管理和服务水平，向全社会提供更多优质便捷的公共文化鉴赏服务，保障人民基本文化权益。要在全社会大力宣传和普及文物鉴赏知识，提高人们的审美素养。

——要坚持深化改革、开拓创新，构建有利于文物事业科学发展的体制机制。进入新世纪以来，文物保护领域不断拓宽，文物保护理论和实践不断创新。要继续坚持深化改革，推进体制创新，转变政府职能，总结文物保护实践中形成的“强化政府主导、动员社会参与、民众共建共享”的经验，努力建立适应社会主义市场经济体制要求、遵循文物工作自身规律、国家保护为主并动员全社会参与的文物保护体制。要推进理论创新，认真总结文物保护实践中积累的新经验，加强文物保护与博物馆法规制度建设，研究探索适应我国国情、顺应时代要求、符合文物工作规律的中国特色文物事业发展道路，规划文化强国建设中的文物事业发展战略目标和举措。要大力推进科技创新，积极构建文物界与科技界协同创新的新体制，整合社会优质科研资源，吸收借鉴国际先进经验，着力突破文物保护领域的重点、难点、瓶颈问题，加大科技成果的推广力度。要扩大对外开放，积极举办对外文物展览，加强国际间文物保护领域的交流与合作，增强中华文化在世界的感召力和影响力。

——要坚持加强文物工作队伍建设，树立良好的行业作风。推进文物事业科学发展，实现由文物大国向文物强国转变，队伍是基础，人才是关键。要加大人才培训力度，着力做好基层文物行政部门负责人培训、文博专业技术人员培训、行政执法人员培训、重大项目专项培训、西部和少数民族地区文博干部培训，提高队伍的整体素质。要充分发挥人才队伍建设的基础性、战略性作用，创造优秀人才脱颖而出的环境，培养造就一批高层次的领军人物和高素质的专门型人才、科技型人才、复合型人才、国际化人才，提高推进文物事业科学发展的能力。要加强职业道德建设和行业作风建设，教育引导干部职工自觉践行社会主义核心价值体系，严格遵守《中国文物博物馆工作者职业道德准则》，增强社会责任感；坚定理想信念、严格依法行政，弘扬科学精神、恪守职业道德，坚持艰苦奋斗、厉行廉洁自律，共同营造风清气正、和谐奋进的良好氛围。

四、努力开创文物工作新局面

当前我国文物事业已站在新的起点上，明年党的十八大将隆重召开，也是纪念《文物保护法》颁布30周年、修订10周年。我们要把深入学习全面贯彻六中全会精神，与落实党中央、国务院关于加强文物工作的一系列重要指示结合起来，与"十二五"规划确立的目标和任务结合起来，与文物事业科学发展结合起来，自觉用全会精神武装头脑、指导实践、推动发展，迈出建设文化强国的坚实步伐。

——要立足新起点，进一步把基础工作放在战略位置。基础工作是文化遗产事业的基本依托，是实现文化遗产事业全面协调可持续发展的重要前提。自2002年以来，全国文物系统把基础工作作为一项战略任务来抓，取得了令人瞩目的成绩，推动了文物事业的繁荣发展。要着眼基础工作的长期性、艰巨性、复杂性，继续把基础工作作为一项战略任务常抓不懈。要牢固树立海洋意识，大力加强水下考古、海洋考古和文物保护事业。要加强文物保护法律体系建设，进一步做好文物资源调查，推动国有可移动文物普查。要加强文物执法督察和安全监管，健全各级文物行政执法机构，推行文物安全与执法巡查制度，完善全国文物安全工作部际联席会议制度，实施文物平安工程，严厉打击文物违法犯罪行为。要加强文博人才队伍建设，创新人才培养模式，加大人才培养力度。

——要顺应新期待，大力促进公共文化服务体系建设。博物馆是保障人民群众基本文化权益的重要阵地。要加大博物馆建设力度，大力推进生态博物馆、社区博物馆、数字博物馆等新形态博物馆建设，引导、规范和扶持民办博物馆发展，着力构建以中央地方共建国家级博物馆为龙头，国家一二三级博物馆和重点行业博物馆为骨干，国有博物馆为主体，民办博物馆为补充的博物馆体系。要进一步深化博物馆免费开放工作，始终坚持公益属性，创新博物馆文化传播的内容、形式和手段，完善博物馆免费开放机制，创新管理运行模式，强化内部激励机制，建立绩效评估制度，努力解决运行机制滞后、内部管理不顺、绩效考评和激励意识不强、展示和服务水平不高等问题。

——要谋求新发展，努力创新文化遗产保护传承体系。近年来，文物系统在融入经济社会、促进自身发展、传承中华文明等方面，进行了一系列理论创新和实践探索。通过与国家相关部门和地方政府签署战略合作框架和共建协议，调动了各部门各地区文物保护的积极性和创造性。启动国家考古遗址公园建设，通过政府主导、部门协作、社会参与、市场运作的方式，较好地解决了国家考古遗址公园可持续发展问题。要按照"本体保护好、环境整治好、社会发展好、生活改善好"的标准，探索建立文物保护与经济社会协调发展、和谐共融、互利多赢的长效机制。重大项目、重点工程是文物保护、成果惠民、文化传承的重要载体，是带动文物事业发展、发挥文物价值和作用的重要举措。要紧紧围绕“十二五”时期确立的任务和目标，启动和实施一批具有示范效应和引领作用的重大文物保护工程，为传承文明、服务社会、促进发展作出重要贡献。

——要凝聚新共识，努力营造文物工作的良好氛围。文物保护关乎文化传承、惠及人民群众、利在子孙后代，需要全社会的共同努力，离不开社会各方面的理解和支持。要加强宣传普及工作，广泛介绍文物保护知识，增强公民依法保护意识，积极培养文物保护志愿者。要组织好文化遗产日、国际博物馆日、国际古迹遗址日系列宣传活动，实施文化遗产知识宣传普及工程，营造保护文物人人有责、文物保护成果人人共享的社会环境，形成有利于文物保护的舆论氛围。要按照属地管理原则，落实文物保护和管理责任，依法实施文物保护和管理，切实加强文物安全防范设施建设、文物执法机构和队伍建设，确保文物安全和文物事业有序发展。要完善和落实社会力量捐赠公益性事业的政策措施，研究制定社会资金进入文物保护领域的相关规定，鼓励引导更多社会资金投入文物事业，努力形成文物工作的强大合力和长效机制。

——要寻求新突破，切实抓好近期的重点工作。文物工作千头万绪，要善于抓住主要矛盾和关键环节，重点突破，带动全局。2012年，全国人大常委会将组织开展文物执法检查，这是全国人大常委会首次在全国范围内开展《文物保护法》执法检查。要以这次执法检查为契机，积极配合全国人大做好相关工作，督促地方各级政府和文物部门依法落实文物保护责任，推动有关部门适时启动《文物保护法》修订工作。要加快《博物馆条例》、《文物认定评估管理条例》立法进程。要抓好第三次全国文物普查的收尾工作，做好普查资源的利用和共享。要抓好全国文物工作会议的筹备工作，以召开这次会议为契机，深化调研工作，争取报请国务院出台关于加强新时期文物工作的政策性文件，着力解决当前文物保护管理工作中存在的突出问题。

同志们，中国特色社会主义文化欣欣向荣、前景广阔，广大文物工作者使命光荣、大有作为。让我们紧密团结在以胡锦涛同志为总书记的党中央周围，以邓小平理论和“三个代表”重要思想为指导，深入贯彻落实科学发展观，开拓创新、锐意进取、奋发有为，为迎接党的十八大胜利召开，为推动社会主义文化大发展大繁荣、建设社会主义文化强国作出新的更大贡献！

（蔡武　文化部党组书记、部长）

单霁翔：深入学习贯彻十七届六中全会精神 不断开拓文化遗产事业繁荣发展新局面

2011年12月28日

同志们：

在全国上下深入学习贯彻党的十七届六中全会精神，开启社会主义文化强国建设伟大进程的新形势下，我们召开全国文物局长会议。这次会议的主题是：认真学习十七届六中全会精神，深入贯彻落实科学发展观，总结工作，凝心聚力，共同开创文化遗产事业繁荣发展新局面。

一、深入学习贯彻党的十七届六中全会精神

党的十七届六中全会是在全面建设小康社会关键时期和文化改革发展重要阶段召开的一次十分重要的会议。全会审议通过的《中共中央关于深化文化体制改革推动社会主义文化大发展大繁荣若干重大问题的决定》，全面总结了我们党领导文化建设的成就和经验，深刻分析了文化改革发展面临的形势和任务，提出了新形势下文化改革发展的指导思想、目标任务和政策措施，描绘了建设社会主义文化强国的宏伟蓝图，是新时期推进我国文化改革发展的行动纲领，为文化遗产事业改革发展指明了方向。

学习好、宣传好、贯彻好六中全会精神，是当前全党政治生活中的一件大事，也是全国文物系统的首要政治任务。各级文物部门要通过学习，深刻领会《决定》的精神实质，切实把思想和行动统一到全会的决策部署上来，统一到《决定》的贯彻落实上来，不断推进文物工作的理论创新和实践探索。

党的十六大以来，以胡锦涛同志为总书记的党中央高度重视文化遗产事业改革发展。中央领导同志多次亲临文物博物馆单位考察、调研，并对文物保护政策法规、重大工程、灾后重建，以及博物馆建设、对外交流等作出重要指示、批示。党和国家出台了一系列有关文化遗产保护的决策部署和重大措施。2002年，《文物保护法》修订颁布，确立了“保护为主、抢救第一、合理利用、加强管理”的文物工作方针。2005年，国务院印发《关于加强文化遗产保护的通知》，明确提出我国文化遗产保护的指导思想、基本方针和总体目标。2010年，中共中央政治局常委李长春同志发表《保护发展文化遗产建设共有精神家园》的重要文章，提出加快推进文化遗产强国建设的目标任务。党的十七届六中全会《决定》中进一步明确提出建设优秀传统文化传承体系，强调要全面认识祖国传统文化，坚持保护利用、普及弘扬并重，加强对优秀传统文化思想价值的挖掘和阐发，加强国家重大文化和自然遗产地、重点文物保护单位、历史文化名城名镇名村保护建设，使优秀传统文化成为新时代鼓舞人民前进的精神力量。

围绕党中央、国务院一系列重大决策部署，全国文物系统牢固树立责任意识、机遇意识、改革意识和发展意识，以邓小平理论和“三个代表”重要思想为指导，深入贯彻落实科学发展观。在文化遗产事业的地位和作用上，我们明确提出文化遗产事业与维护国家主权、捍卫领土完整密不可分，与维护民族团结、实现祖国统一密不可分，与推动科学发展、促进社会和谐密不可分，与增强综合国力、提高国民素质密不可分。文化遗产必须拥有尊严，文化遗产事业必须融入经济社会发展，必须努力成为促进国民经济又好又快发展的积极力量，成为推动社会主义文化大发展大繁荣的积极力量，成为保障人民共享发展成果的积极力量，成为建设创新型国家的积极力量，成为增强中华文化国际影响力的积极力量。

在文化遗产保护理念上，我们深入贯彻落实国务院《关于加强文化遗产保护的通知》，借鉴国际文化遗产领域丰富理论成果，不断拓展文物保护的空间尺度和时间尺维度，积极推动文化遗产范畴、类型和保护理念的探索与创新。围绕文化遗产保护依靠谁、为了谁等根本性问题，明确提出文化遗产保护必须依靠最广大人民群众，文化遗产保护成果必须惠及民生。所有文化遗产保护工程，都必须与城乡建设和发展、新农村建设相结合，必须按照遵循“文物本体保护好、周边环境整治好、经济社会发展好、人民生活改善好”的基本标准目标要求，努力使其成为民生工程、民心工程。积极落实中央关于博物馆向全社会免费开放的决策部署，始终把满足人民群众基本文化需求、保障人民群众基本文化权益作为博物馆一切工作的出发点和落脚点，不断提升博物馆公共文化服务水平。

在工作实践中，我们坚定不移地贯彻落实党中央关于推动社会主义文化大发展大繁荣的一系列决策部署，扎实推进文物法制建设、文物安全、文物资源调查、科技支撑与文物法制建设、人才队伍建设、文物安全等各项基础工作。围绕大遗址保护和国家考古遗址公园建设、水下文化遗产保护，文化援藏、援疆，灾后文化遗产抢救性保护和馆藏文物修复与保护，大力推动文化遗产保护体制机制创新、文化遗产保护科技创新，大力推动文化遗产保护人才队伍建设和对外交流合作。我们不断加强管理，坚持依法行政，切实履行职责，持续加大项目储备和项目管理，强化跟踪问效和执法督察，大力推进“阳光工程”和制度建设，大力推进政务公开和信息公开。

在各级党委、政府的高度重视和大力支持下，在全社会的广泛关注和踊跃参与下，经过全国文物系统的不懈努力和积极探索，我们逐步走出了一条中国特色文化遗产事业发展道路。一是基本形成了政府主导作用与人民群众主体地位相结合的文化遗产保护体制，各级人民政府保护发展文化遗产的责任意识、主动意识显著增强，全社会参与文化遗产保护、传承的积极性不断高涨。二是对外文物展览和面向世界的文化遗产交流与合作日益活跃，我国在国际文化遗产领域的地位和作用显著提升，有力彰显了中华文化的国际影响力和感召力。三是各级财政用于文物保护的资金投入大幅增长，文物保护基础设施得到显著改善，各类文物濒危、损毁的被动局面大大扭转；博物馆数量大幅增加，设施、设备和展示、服务水平日益提高，通过向全社会免费开放，为广大公众提供了前所未有的文化享受。文物工作为传承优秀传统文化、建设共有精神家园、增强国家软实力、促进经济社会发展做作出了重要贡献。

回顾历程，我们无比自豪；面向未来，我们充满信心。推动文化遗产事业繁荣发展，实现建设文化遗产强国梦想目标，我们必须坚持党的领导，坚定不移地贯彻落实党的十七届六中全会精神，用全会精神统领我们的思想，指导我们的行动，不断增强责任感和紧迫感，不断提高自觉性和创造性。

一要以科学发展为主题，始终把文化遗产事业放到党和国家工作大局中来认识，放到社会主义文化强国建设的伟大进程中来推动。坚持文化遗产保护与经济社会建设相结合，依法保护与科学保护相结合，有效保护与合理利用相结合，政府主导与社会参与相结合，走出一条中国特色文化遗产事业发展道路。

二要保护利用、普及弘扬并重，充分发挥文化遗产的独特价值作用。大力推进公共文化服务体系和优秀传统文化传承体系建设，保障人民群众基本文化权益，保障人民充分享受文化遗产保护成果。大力弘扬民族精神和时代精神，努力发挥文化遗产事业在文化建设、经济建设、政治建设、社会建设和生态文明建设中的积极作用。

三要改革创新，紧密联系工作实际，以不断强化文化遗产事业的促进公益事业发展属性、激发各类文博单位的生机与活力为目的标，充分发挥政府主导、社会力量参与的作用，加快构建有利于文化遗产事业科学发展的体制机制，加快发展文化遗产保护科学技术术，加快培养造就一支德才兼备、锐意创新、结构合理、规模宏大的人才队伍。

二、关于2011年的工作

2011年是“十二五”规划的开局之年，是党和国家对文化建设做出深入研究和重大部署的重要一年。在党中央、国务院的坚强领导下，我们严格执行《文物保护法》，正确把握文物工作的新情况新特点，紧紧围绕文化遗产事业科学科学发展主题和文物事业科学发展主题，精心谋划、扎实工作，以令人欣喜的业绩和丰富多彩的活动隆重庆祝实际行动喜迎中国共产党建党90周年，隆重纪念、纪念辛亥革命100周年，实现了“十二五”良好开局，喜迎中国共产党建党90周年，各项工作在新的起点上又取得了新的成绩再创新成绩、实现新的发展佳绩。

（一）第三次全国文物普查圆满完成

在国务院的重视和领导下，在普查领导小组的精心组织和安排下，经过全国近5万名普查人员历时五年的艰辛工作，第三次全国文物普查各项任务圆满完成。五年里来，普查人员战严寒、斗酷暑，共调查登记各类不可移动文物近77万处不可移动文物。一大批具有重要历史、艺术、科学价值的工业遗产、乡土建筑、20世纪遗产、文化线路、文化景观等新型文化遗产在普查中得到充分重视。水下文化遗产第一次被列入普查范围，信息技术、遥感技术第一次被应用于普查之中当。第三次全国文物普查不仅使国家准确掌握进一步廓清了全国不可移动文物的资源状况，摸清了国情国力，而且培养和造就了一支高素质的人才队伍，极大地广泛地宣传普及了文化遗产保护政策和文物保护知识。第三次全国文物普查是全国文物系统干部职工的大发动、大协作，是文化遗产保护的大宣传、大实践，其重大的价值和意义将随着时间的推移不断显现。

在第三次全国文物普查圆满完成的同时，第七批全国重点文物保护单位遴选、长城资源调查、国有可移动文物普查试点工作扎实推进，均也取得了明显显著的阶段性成果。

（二）文物保护基础工作成效显著

——谋篇布局，规划先行。《国家文物博物馆事业发展“十二五”规划》及专项规划、地方规划编制完成并发布实施，进一步明确了主题主线，凝练了目标任务、重大工程、政策措施，规划必将对促进文化遗产事业繁荣发展将产生重要指导作用。

——政策法规建设深入推进。围绕文物法制建设和围绕文物法制建设和文物工作存在中的突出问题，我们积极会同国务院相关部门，深入20多个省市和200多个文物博物馆单位开展调研，形成了大遗址保护和国家考古遗址公园建设、免费开放条件下全面提升博物馆整体水平、《文物保护法》实施情况等专题报告，提出了有关政策性意见和建议，得到了中央领导同志的高度重视和明确批示。我们积极配合国务院法制办加快《博物馆条例》立法进程，积极研究起草《大运河遗产保护条例》、《文物认定评估管理条例》，不断推动建立健全文物法制体系建立健全。

——文物安全防范不断加强。我们加强依法行政，加大执法力度，对全国重点文物保护单位和遗址类博物馆内开展经营性活动情况进行拉网式检查，及时出台了《关于国有文物保护单位经营性活动管理的规定（试行）》。联合公安部开展了“2011打击文物犯罪专项行动”，依托陕西省公安厅建立了“全国文物犯罪信息中心”，打击文物犯罪不断向纵深发展。联合国家海洋局部署了我国管辖海域内文化遗产联合执法工作。联合公安、海洋、气象等部门，开展了“全国博物馆安全专项检查”、“全国重点文物保护单位防雷安全专项检查”、“打击海域水下文化遗产盗掘专项调研”。文物安全监管与行政执法制度建设、标准体系建设和防范设施建设进一步加强。全年轮训全国文物执法与安全监管人员近2000人次，督办各类案件60起，挂牌督办重大文物犯罪案件21起，依法严厉惩处了一批违法犯罪分子，严肃查处了一批文物安全责任事故。

——人才队伍建设稳步推进。结合重点工作，我们首次启动了全国县级文物行政部门负责人培训项目，组织来自全国408个县的文物行政部门负责同志集中学习文物保护法律和业务管理知识。与ICCROM合作举办了世界文化遗产监测管理国际研修班，与国家海洋局联合举办了水下文化遗产保护研修班。与公安及其他部门合作举办了世界文化遗产安全管理、军队营区文物保护管理、文物保护与修复、文物鉴定培训班等。我们首次对全国民办博物馆馆长进行了培训，将民办博物馆人才培养纳入队伍建设范畴。干部通过培训不仅为提高了广大文博干部的政策理论水平和专业能力提供了可能，而且为加快文化遗产干部队伍专业化、年轻化、知识化开辟了广阔渠道。

（三）不可移动文物保护扎实推进

——文物保护重大工程成效明显。西藏重点文物、山西南部早期建筑、涉台文物等重点文物保护工程，四川、青海、云南等灾后文物抢救保护工程扎实推进。都江堰古建筑群、藏羌碉楼等237项汶川灾后文物抢救保护工程顺利竣工完成。首钢工业遗产、蜀道文化线路等新型文化遗产保护调研，国家历史文化名城名镇名村检查评估工作成效明显。宜兴、嘉兴、中山、蓬莱、太原、会理等城市被国务院公布为国家历史文化名城。

——考古与水下文化遗产保护积极推进。基本建设中的考古协调管理机制不断创新，与国家海洋局、中国石油天然气集团公司等部门间的合作日益加强。南水北调、三峡工程等国家大型基本建设中的考古和文物保护工作有序开展。中俄合作开展了旅顺俄罗斯沉船调查。国家水下文化遗产保护武汉基地、福建基地挂牌成立，“南海Ⅰ号”沉船考古发掘与文物保护引人注目。水下考古调查全面启动，水下考古工作船获准立项。郑州商城、隋唐洛阳城、汉长安城、楚纪南城、长沙铜官窑等大遗址保护和考古遗址公园建设持续开展。局、省共建汉长安城国家大遗址保护特区工作会议、大遗址保护荆州高峰论坛如期成功召开，在“科学保护大遗址，全民共建惠民生”的口号下，文化遗产与人、与城市、与自然的和谐日益成为各级政府的共识和目标。

——世界文化遗产工作成果丰硕。承德避暑山庄及周围寺庙保护工程全面展开，嘉峪关文物保护工程正式启动，大足石刻千手观音像抢救性保护修复、高句丽壁画墓保护等重点工程取得突破性进展。杭州西湖文化景观成功列入《世界遗产名录》，成为我国第41处世界遗产，第29处世界文化遗产。元上都遗址、哈尼梯田、大运河、丝绸之路申遗工作，和中国世界文化遗产监测巡视、监测预警体系建设稳步推进。

（四）博物馆与公共文化服务体系建设再掀高潮

——博物馆事业日益繁荣，免费开放持续推进。止目前目前，全国博物馆总数达到3415座，2011年年增博物馆395座。免费开放博物馆总数达到1804座，年接待观众5.2亿人次，新核定公布免费开放博物馆361座。博物馆展览数量、展览质量不断提高，博物馆观众稳步增长，大中小学生、及农民工等、城镇低收入群体参观博物馆人数明显上升。中国国家博物馆改扩建完成并免费向公众开放。安徽省博物馆等一批综合性博物馆，中国消防博物馆等一批行业性博物馆建成开放。高校博物馆、民办博物馆蓬勃发展。安吉生态博物馆、福州三坊七巷社区博物馆等新形态博物馆建设方兴未艾。博物馆展陈内容更加丰富，服务质量全面提升，涌现出一批深得公众喜爱的精品佳作。

——文化遗产保护科技水平不断提升。我们积极争取“十二五”国家科技计划和基金支持，11个项目50余项课题被列入国家科技计划备选项目库，5个项目20项课题获准立项，项目来源实现了由单一向全面的重要转变。积极推动与中国科学院的全方位战略合作，不断优化科技创新联盟建设机制。多渠道入手，加大科技成果推广，推动“指南针计划”实施。瞄准国家战略需求，加快实现物联网技术与文化遗产领域的对接，加快推进国际标准化组织成立文化遗产保护技术标准化委员会。分级构建全国性修复网络，从技术、装备、团队三个方面着力提升馆藏文物保护能力。

——社会文物管理进一步加强。严格文物拍卖标的审核制度，召开文物拍卖工作座谈会，引导支持中国拍卖行业协会制定并发布《中国文物艺术品拍卖企业自律公约》。强化文物进出境审核管理，修改完善文物进出境审核信息系统，筹备“文物进出境管理六十周年成果展”。积极推进流失海外中国文物调查及追索，成功促成美国返还走私中国文物14件。完成了芮伯壶等一批珍贵文物的征集。针对拍卖市场上出现的文物“拍假”、“假拍”现象以及收藏品鉴定问题，我们主动会同商务部、国家工商总局、海关总署等部门对古玩旧货市场开展调研，提出规范整顿和促进发展方案。

（五）文物对外交流与宣传工作成绩斐然

——政府间交流与合作不断加强。中蒙签署《关于防止盗窃、盗掘和非法进出境文化财产的协定》，中墨、中柬达成签署意向。中罗签署《关于开展文化遗产领域交流合作的共同声明》。成功与秘鲁共和国文化部、苏格兰政府签署了关于在文化遗产保护及项目合作方面谅解备忘录或联合声明。文物追索、文物保护援外工程稳步推进。文物对外展览密切配合国家外交工作，成为中外"文化年"、"交流年"等双边活动亮点。与台、港、澳文化交流成效显著，第三届海峡两岸文化遗产保护论坛在台湾成功举办，《山水合璧——黄公望与富春山居图特展》引起岛内民众热烈反响，观众人数逾70万人次。与香港、澳门交流合作机制进一步深化，签署关于深化文化遗产领域交流与合作协议书或谅解备忘录。

——宣传工作不断拓展。山东济宁文化遗产日主场城市活动、辽宁沈阳国际博物馆日主场城市活动引人注目。西藏和平解放60周年文化遗产保护成就主题宣传，大遗址保护和国家考古遗址公园建设、博物馆免费开放、水下文化遗产保护"十一五"成就专题宣传，汶川震后文物抢救保护、打击文物犯罪专项行动成果宣传等异彩纷呈。文物法制宣传和文化遗产知识普及工作稳步推进，大型历史文化纪录片"南海Ⅰ号"受到观众好评。召开全国文物宣传工作座谈会，推进文物宣传工作制度化建设，逐步形成协同联动、信息共享的宣传工作机制。

——创先争优活动有力推进。按照中央部署，文物系统各级党组织深入开展创先争优活动，不断加强党的思想建设、组织建设、作风建设、制度建设和反腐倡廉建设。认真组织党员干部学习胡锦涛同志"七一"重要讲话，学习中国共产党历史，学习党的理论创新成果，大力推动学习型党组织建设。组织党员干部积极开展向杨善洲同志学习活动，重温入党誓词，重温党的历史，增强党性修养和作风养成，用实际行动和扎实的工作成效体现创先争优活动成果。大力推进党务公开、政务公开，不断加强部门和行业作风建设，努力营造风清气正、团结和谐、奋发向上的良好工作氛围。

同志们，这些成绩的取得，离不开党中央、国务院关于文化遗产工作的一系列重大决策部署，离不开文化部党组的正确领导，离不开各相关部门的大力支持、真诚帮助，离不开各级文物部门的锐意进取、共同奋斗，离不开全国广大文物工作者的积极探索、扎实工作，离不开文物系统老领导老专家的热情指导、倾心奉献，在此我们表示衷心的感谢！

在总结成绩的同时，我们也清醒地看到，当前文物工作中还存在着不少突出的矛盾和问题。譬如：文物保护基础工作依然薄弱，安全形势仍然严峻；法律法规尚不完善，法律意识淡薄，责任意识不强；文物管理机构不健全，人员编制严重短缺；体制机制僵化，人员素质参差不齐等，难以适应文化遗产事业发展的新要求。

同时我们还要看到，我国正处于全面建设小康社会的关键时期和深化改革开放、加快转变经济发展方式的攻坚时期，文化遗产事业发展过程中显现的一些矛盾和问题，既有存在于发展过程中的阶段性问题，也有相伴而生的长期性问题。改革越是深化，越容易触及矛盾；事业越是发展，越容易暴露问题，这是事物发展的必然规律。我们必须始终坚持正确的指导思想，防止偏离方向；始终坚持文物工作方针，防止急功近利；始终坚定不移地履行文物部门职责，防止推诿扯皮；始终保持清醒的认识，防止头脑过热。坚持不懈地把发展作为第一要务，把改革作为强大动力，大胆破解工作中的问题，化解前进中的矛盾。

三、关于2012年的主要任务

2012年是《文物保护法》颁布30周年、修订10周年，《保护世界文化和自然遗产公约》诞生40周年，是实施“十二五”规划承上启下的重要一年，全国人民将喜迎党的十八大召开的重要一年。纵观形势，世界经济增长放缓，各类风险明显增多，我国经济发展中不平衡、不协调、不可持续的矛盾和问题仍很突出，文化领域正在发生广泛而深刻的变革，文化遗产事业发展既具备许多有利条件，也面临一些新情况新问题。

面对复杂多变的国际国内情况，我们必须按照党的十七届六中全会部署，贯彻中央经济工作会议精神，把握好“稳中求进”的总基调，紧紧抓住科学发展这一主题，牢牢把握保障和改善民生这一根本，切实用好我国加快文化改革发展、建设社会主义文化强国的重要战略机遇期，找准推进文化遗产事业发展的重点、难点和突破点，以全力夯实基础工作，全国结合本地区、本部门的工作实际，提高工作质量，加强能力建设为着力点，坚定信心，统筹谋划，不断开创文化遗产事业繁荣发展新局面。

（一）深入学习贯彻十七届六中全会精神，全面落实《决定》对文物工作提出的任务要求。按照《决定》的部署和要求，紧密联系“十二五”规划的实施，加紧制定推动本部门、本地区文化遗产事业发展的具体方案和政策措施。紧密联系工作实际，着力研究和解决新形势下文化遗产事业遇到的新情况新问题。认真落实深化文化体制改革、分类推进事业单位改革的要求，积极争取有利于文化遗产事业发展的改革措施、体制机制。深入调查研究，积极筹备召开全国文物工作会议，努力把学习贯彻党的十七届六中全会精神的成果转化为推动改革发展的指导思想、具体举措和实际行动。

（二）大力推进文物法制建设，不断提高文物安全水平。全力配合全国人大常委会做好《文物保护法》执法检查工作，着力提高现行法规的适用效力。重点推进《博物馆条例》、《文物认定评估管理条例》立法进程，修订完善《水下文物保护管理条例》，起草世界文化遗产保护管理专项法规，积极推动建立博物馆从业人员准入和人员资质资格制度、文物评估资质资格制度。加强与公安、建设等部门联合，充分发挥“全国文物安全工作部际联席会议”作用，全面实施文物安全与执法督察公示公告制度。加强行政执法队伍建设和制度建设，开展“文物安全综合管理实验区”试点，实施博物馆风险等级达标、田野文物和水下文物安防设施建设工程，不断提高文物博物馆单位安全防范能力。加强部门协同，建立健全打击文物犯罪长效机制，开展我国管辖海域内联合执法专项行动，依法查处和严厉打击各种文物违法犯罪行为。

（三）大力加强重点文物保护工程管理，积极开展世界遗产监测。巩固第三次全国文物普查成果，及时向全社会公布各地普查登记的不可移动文物信息，加强各级文物保护单位的核定、保护与管理。进一步规范文物保护工程管理，确保各项重点工程按规划要求及时、有序开展。报请国务院核定公布第七批全国重点文物保护单位。继续做好西藏重点文物保护、山西南部早期建筑保护、涉台文物保护等重点工程。做好承德避暑山庄及周围寺庙、嘉峪关、大足石刻等世界文化遗产保护工程。加强部门协作，进一步做好历史文化名城名镇名村保护和红色旅游工作。加强世界文化遗产管理，完成长城量测和数据公布，完成中国世界文化遗产预备名单更新工作。重点推动元上都、哈尼梯田、大运河、丝绸之路等项目申报世界文化遗产。召开世界文化遗产工作会议，颁布实施世界文化遗产监测预警体系建设总体规划，开展相关监测试点和信息系统开发。

（四）做好考古和大遗址保护工作，大力推动国家考古遗址公园建设。加强考古管理，组织开展考古发掘资质资格评审。继续做好重大基本建设工程中的各项考古工作。做好南海基地、西沙工作站建设，水下考古工作船建造，“南海Ⅰ号”、“南澳Ⅰ号”水下考古和出水文物保护工作。开展海南、广东、福建、浙江、山东、辽宁等重点海域专项调查，宁波小白礁沉船遗址水下考古发掘。大力推进西安、洛阳、荆州、成都、郑州、曲阜大遗址保护片区和汉长安城、扬州城、老司城等国家考古遗址公园建设。

（五）进一步深化博物馆免费开放，不断提升博物馆整体水平。开展博物馆免费开放工作调研，制订博物馆免费开放绩效考评办法和博物馆开放服务工作指南。制订中央地方共建国家级博物馆运行评估办法，开展中央地方共建国家级博物馆年度运行评估，国家一级博物馆评估认定和运行评估，提升博物馆质量。加强行业博物馆和民办博物馆发展指导，推进生态（社区）博物馆示范点建设。强化博物馆藏品保护、展示，完成国有可移动文物普查试点，做好普查全面启动前期准备。

（六）大力加强文化遗产保护科技创新，不断提高文物保护科技水平。以体制创新、成果转化为重点，积极促进文化遗产保护科技领域协同创新，进一步整合社会优质科技资源，推动与中科院战略合作项目落地。继续推动国家科技计划项目立项与组织实施。稳步推进“中华文明探源工程”和“指南针计划”专项。完善行业标准体系，加快行业信息化进程。

（七）强化市场监管，进一步规范社会文物管理。加强文物市场管理和制度建设，开展文物拍卖标的网上申报审核试点。研究和推进古玩旧货市场的规范管理，探索国有文物商店改革举措。加强文物进出境管理，推广完善文物进出境审核信息系统，举办“文物进出境管理六十周年成果展”，做好流失海外中国文物调查和追索工作。

（八）大力加强人才队伍建设，不断拓展文物宣传领域。实施人才培训计划，大力提升文物保护管理能力。加强专业人才培训，着力造就一批文物工作领军人才和复合型人才。深入开展基层文物博物馆单位管理干部、专业人员及行政执法人员培训，不断提高基层文物保护管理整体水平。大力推动省、市和文物保护重点区县文物行政管理机构建设，建立健全文物保护机构和保护队伍。完善文物博物馆行业定期新闻发布制度和重要事件新闻发布制度，围绕贯彻党的十七届六中全会精神和党的十八大精神，充分利用文化遗产日、国际博物馆日、国际古迹遗址日等节庆，深入开展文物保护法规、文化遗产保护成就宣传，推动实施文化遗产知识宣传普及工程。建立文物博物馆舆情监测机制，壮大文物宣传队伍，提高宣传水平，引导社会力量参与文化遗产保护。

（九）加强对外交流合作，不断提升国际影响力。加强政府间的交流与合作，加大与中国文物非法流向目的国商签防止盗窃、盗掘和非法进出境文物协定的力度，力争与英、法等发达国家商签打击文物走私协定,与墨西哥、柬埔寨等发展中国家签署双边协定。推进援助柬埔寨二期茶胶寺等援外文物保护工程。实施中华文明展示工程,创新文化走出去模式,策划和推出一批主题鲜明、具有代表性的文物展览。积极参与文化遗产领域的国际事务,与有关国际组织和民间机构开展合作。鼓励各地文博机构与台港澳地区开展文化遗产领域的交流与合作,充分利用文化遗产资源优势赴台港澳举办文物展览,增强台港澳同胞对中华文化同根同源的理解和认同,不断提高民族凝聚力、向心力。

同志们,党的十七届六中全会吹响了建设社会主义文化强国的时代号角,指明了文化遗产事业的前进方向。让我们紧密团结在以胡锦涛同志为总书记的党中央周围,深入贯彻落实科学发展观,同心协力,扎实工作,不断推动文化遗产事业繁荣发展,以优异成绩迎接党的十八大胜利召开。

(单霁翔　国家文物局局长)

董保华：在全国文物宣传工作座谈会上的总结讲话

2011年10月20日

在与会同志的共同努力下，全国文物宣传工作座谈会在完成各项议程后就要结束了。今天上午，单霁翔局长作了《团结奋进务实创新努力开创文物宣传工作新局面》的重要讲话，首先回顾了2002年文物保护法修订实施以来文物工作经历的三个阶段。单局长明确指出，文化遗产事业无论是理论创新还是实践探索，无论是理念拓展还是观念转变，无论是工作加强还是事业发展，都发生了巨大变化，取得了显著成就。单局长着重对四项基础工作的长期性、重要性、迫切性的认识；对文物发展到文化遗产广泛性、开拓性、前瞻性的理念；对文物保护、利用、管理到融入社会、惠及民生、永续传承等方面做了深刻分析和全面阐述。从宣传内容形式创新、文化遗产宣传平台建设、基层文物工作者和广大人民群众先进事迹采访报道、重大节庆宣传推介等方面，全面总结了近年来文物宣传工作取得的瞩目成就，从宣传工作事关党和政府形象与广大公众利益的高度，分析了文化遗产事业迅速发展时期和新媒体时代文物宣传工作面临的亟需开拓创新、与时俱进、贴近群众的新形势，对下一步文物宣传工作提出了明确要求。

《人民日报》、《新华社》、《光明日报》、中央电视台等中央主要媒体的同志作了关于文博单位如何适应新时期媒体发展趋势的专题发言。今天下午，山西、北京、江苏、陕西等省市文物部门和故宫博物院、中国国家博物馆、济宁市文物局和中国文物报社的代表作了典型发言。大家普遍认为，这次会议主题鲜明，既统一了思想，又开阔了思路。从会议发言和交流材料来看，近年来，各地文物宣传工作在机制建设、宣传普及、开展重大节庆活动、媒体互动报道、“三普”宣传等方面取得了明显成效，亮点频现。

党的十七届六中全会即将召开，专题研究深化文化体制改革、推动社会主义文化大发展大繁荣等重大问题，并将形成重要纲领性文件，这必将极大鼓舞全国文物工作者，有力促进文化遗产事业科学发展。各地文物部门要结合工作实际，认真学习领会十七届六中全会精神，把统一思想、贯彻落实和引导舆论、营造氛围的任务承担好、落实好。

下面，我就落实单霁翔局长重要讲话精神和这次会议精神讲几点建议供同志们参考：

一、强化宣传意识

要牢固树立文化遗产事业是文化事业

的重要组成部分，是中国特色社会主义现代化建设的重要组成部分的宣传理念，以国家有关法律法规和方针政策为指导，创新宣传工作的内容、形式和手段，为推进文博事业发展凝心聚力、营造氛围。要不断增强责任意识、公众意识和服务意识，切实扭转宣传工作只是一个部门、一些岗位和一部分同志份内之事的错误认识，真正把宣传工作贯穿于文化遗产事业发展的全过程，贯穿于重点工程、重点项目和重点工作的始终，形成单位重视、人人关注、全员参与文物宣传工作的良好局面。要把信息公开与公众关注取向、真实感受结合起来，加强与媒体、公众的互动，促进文物宣传工作取得实效。

二、加大正面宣传力度

各级文物部门要抓住十七届六中全会召开的重要契机，围绕文物系统重点工作和社会关注的热点问题，积极主动与宣传部门、新闻媒体沟通，加强对文化遗产事业服务社会、惠及民生的宣传，加强对人民群众关心、参与、支持文化遗产事业感人事例的宣传，加强对文物战线先进事迹、模范人物、创新经验、工作成果的宣传，加强对文化遗产事业面临的机遇和挑战实际情况的宣传。总之，我们要通过及时、客观、准确的宣传，使广大人民群众更多地了解文物工作，更好地享受保护成果，更广泛地参与文物事业，同时，也有利于文物部门更自觉地接受社会公众的监督，更及时地改进工作、提高水平，为文化遗产事业全面、协调、健康发展营造良好舆论氛围。

三、做好舆情引导

要高度重视文化遗产领域公共突发事件和热点问题的应急处理，做好舆论引导。善用主流媒体和专业媒体的权威性，善用官方网站和微博等新媒体的优势，抓好有关网络舆情平台建设，适时掌握舆情动态，以及时、准确、客观的信息回应社会的关注和质疑，掌握舆论导向的主动权。

四、抓好宣传普及

要将文化遗产宣传普及工程列入重点工作，结合各地实际，充分利用文物资源优势，在人才、资金、设施、设备等方面创造条件，加大投入力度，开展好进校园、进社区、进农村、进厂矿、进军营等活动，推出优秀文化遗产科普读物，在文物博物馆基本知识、文物保护常识、文物博物馆法律法规宣传等方面，通过这些具体活动的组织实施，使文化遗产保护成果最大限度地转化为广大公众的精神食粮。

特别要强调的是，各级文物部门要运用好中国文化遗产日、国际博物馆日、国际古迹遗址日三大节庆活动。深入挖掘文物资源并加以优化整合，完善文化遗产日主场城市活动机制，创新活动形式，丰富活动内容，不断扩大文化遗产日的影响，持续增强文化遗产的魅力，掀起集中宣传热潮。

五、保障有序开展

组织是保障，机制是根本。面对当前文物宣传工作新形势，各级文物部门要把机制建设摆在重要位置，做到责任明确、任务落实，推动文物宣传工作制度化和规范化。一是进一步强化和落实领导责任制，建立健全统一领导、分工负责、运转协调的宣传工作体制和机制。二是充分发挥主流媒体和专业媒体影响力，构建并巩固与主流媒体合作的长效机制。三是建立完善应急机制，制定应对突发事件的宣传预案，形成响应迅速、渠道畅通、发布主动、信息权威、引导正确的应急宣传机制。四是建立健全新闻发布机制，特别是涉及公众利益的重要信息和突发公共事件，要在第一时间发布准确、客观、公正的信息。五是建立健全舆情收集、分析、研判、报告及应对工作机制，做到重大舆情早发现、早报告、早处置。

会议以后，希望大家结合各地开展的学习贯彻十七届六中全会精神活动，迅速行动起来，认真制定宣传工作方案，进一步落实责任，把单霁翔局长重要讲话精神贯彻到我们的实际工作中去。

（董保华　国家文物局副局长）

董保华：在2011年全国文物局长会议上的总结讲话

2011年12月28日

同志们：

在与会同志的共同努力下，2011年全国文物局长会议圆满完成了各项议程，即将落下帷幕。单霁翔局长作了工作报告，回顾了党的十六大及2002年《文物保护法》修订实施以来文物工作的历程和基本经验，在总结2011年工作的基础上，对2012年的主要任务作了部署。蔡武部长亲临会议并发表重要讲话，充分肯定了文物工作的创新实践和显著成果，全面阐述了文物工作的地位、作用和形势、任务，对全国文物系统贯彻落实党的十七届六中全会精神、努力开创文物工作新局面提出了明确要求。与会代表结合学习领会十七届六中全会精神，分组讨论了蔡武部长的重要讲话和单霁翔局长的工作报告。刚才，各小组召集人分别向大会汇报了分组讨论情况。同志们一致认为，这次会议安排紧凑、会风务实，内容丰富、富有成效。大家集思广益，畅所欲言，就贯彻落实本次会议精神、做好今后的工作提出了很多很好的建议。

下面，我对会议作一小结。

一、认清形势，统一思想

大家普遍认为，这次会议是在全国上下深入学习贯彻党的十七届六中全会精神，开启社会主义文化强国建设伟大进程的新形势下召开的一次重要会议，时机关键，意义重大，影响深远。当前文物工作是在世界多极化加速演进、经济全球化深入发展、科技进步日新月异、人才竞争日趋激烈的形势下进行的，是在我国全面建设小康社会的背景下进行的，是在我国加速工业化、城镇化、信息化、国际化的进程中进行的，是在深化文化体制改革、推动社会主义文化大发展大繁荣的过程中进行的。代表们在讨论中表示，党的十七届六中全会吹响了建设社会主义文化强国的时代号角，指明了文化遗产事业的前进方向。通过学习六中全会精神和领导同志讲话，大家进一步增强了做好文物工作的责任感和紧迫感，纷纷表示一定要同心协力、扎实工作，以优异成绩迎接党的十八大胜利召开。

二、理清思路，明确目标

蔡武部长在讲话中明确要求全国文物系统认真学习、深刻领会十七届六中全会精神，切实认识文物工作的重要地位和作用，切实把握文物事业发展的大好形势，切实认清肩负的历史责任，勇于担当保护发展文化遗产的光荣使命。

蔡武部长科学分析了文物工作与推

动科学发展、促进社会和谐，与增强国家实力、提高国民素质，与维护民族团结、实现祖国统一，与维护国家主权、捍卫领土完整密不可分的关系；高度评价了文物工作为引领风尚、教育人民、服务社会、推动发展作出的重要贡献，充分肯定了广大文物工作者对祖国文化遗产有真情挚爱、对文物工作有担当奉献、对文物事业有坚守追求的良好精神风貌，是一支可钦可敬、大有作为的队伍，是一支党和人民完全可以信赖的队伍。同时要求我们，在看到成绩的同时，还要清醒认识到，当前文物工作既具备诸多有利条件，也面临一系列新情况新问题，依然存在着不少差距，必须树立忧患意识，切实增强历史责任和时代担当，在改革创新中破解难题，在科学发展中提升水平。

蔡武部长强调了“五个坚持”，要始终把文物事业放到党和国家工作全局中来认识来推动，不断提高文物事业对促进经济社会发展的贡献，充分发挥文物事业在社会主义核心价值体系建设中不可替代的作用，以人为本，惠及民生，让人民群众充分享受文物保护成果；要立足新起点，进一步把基础工作放在战略位置；要顺应新期待，大力促进公共文化服务体系建设；要谋求新发展，努力创新文化遗产保护传承体系；要凝聚新共识，努力营造文物工作的良好氛围；要寻求新突破，切实抓好各项重点工作。

单霁翔局长在报告中回顾了党的十六大及2002年《文物保护法》修订实施以来文物工作走过的历程：我们围绕党中央、国务院一系列重大决策部署，牢固树立责任意识、机遇意识、改革意识和发展意识，以邓小平理论和“三个代表”重要思想为指导，深入贯彻落实科学发展观，扎实工作，勇于创新，逐步探索和走出了一条中国特色文化遗产事业发展道路。

单霁翔局长系统总结了2011年文物工作取得的成绩：第三次全国文物普查圆满完成，文物保护基础工作成效显著，不可移动文物保护扎实推进，博物馆与公共文化服务体系建设再掀高潮，文物对外交流与宣传工作成绩斐然。从九个方面对2012年工作作出了部署，要深入学习贯彻六中全会精神，全面落实《决定》对文物工作提出的任务要求；大力推进文物法制建设，不断提高文物安全水平；大力加强重点文物保护工程管理，积极开展世界遗产监测；做好考古和大遗址保护工作，大力推动国家考古遗址公园建设；进一步深化博物馆免费开放，不断提升博物馆整体水平；大力加强科技创新，不断提高文物保护科技水平；强化市场监管，进一步规范社会文物管理；大力加强人才队伍建设，不断拓展文物宣传领域；加强对外交流合作，不断提升国际影响力。

我们一定要把思想切实统一到十七届六中全会精神上来，统一到蔡武部长的讲话要求上来，认真谋划好文化强国建设中的文物事业发展目标和举措，按照单霁翔局长对2012年工作的部署和要求，切实抓好任务落实，不断推动文化遗产事业繁荣发展。

三、坚持方向，恪尽职守

单霁翔局长在回顾过去9年多来文物工作的不平凡历程和取得的宝贵经验时，既如数家珍，又饱含深情；既激动人心，又催人奋进，特别强调了2002年以来紧抓四项基础工作的坚定意识，特别强调了2005年以来不断创新文化遗产保护理念和实践的开拓精神，特别强调了2008年以来文化遗产保护利用惠及民生、推动发展的使命担当，引发了与会代表的深入思考与热烈讨论，得到了同志们的积极反响和高度认同。大家在讨论中一致认为，越是改革开放，越是繁荣发展，越要强调文物事业的公益属性，越要坚持文物工作方针，越要重申基础工作的长期性和艰巨性，越要坚定职业操守。

一是要坚持文物事业的公益属性不动摇。文化遗产及文物博物馆单位作为公共文化资源，是公共文化服务体系建设的重要组成部分，具有鲜明的公益属性，其根本特征是“为民”、“惠民”。因此，要旗帜鲜明地强调，文化遗产事业和文物博物馆工作要切实保障人民基本文化权益，始终坚持公益属性，始终坚持以人为本、惠及民生，让人民充分享受文物保护成果，在注重两个效益的同时始终坚持把社会效益摆在首位，坚决避免片面追求经济效益。

二是要坚持文物工作方针不动摇。“保护为主、抢救第一、合理利用、加强管理”的文物工作方针凝聚着文物工作的实践经验，闪烁着广大文物工作者的智慧，是指导社会主义初级阶段文物工作的法律准则，在任何时候、任何情况下都要始终坚持。在实践中，要坚持保护抢救与利用管理相结合，正确处理文物保护与经济建设的关系，推动重大文物保护工程实施。同时，要保护利用、普及弘扬并重，合理利用珍贵的文物资源，使文物工作在促进经济社会发展中发挥更大的作用。

三是要坚持基础工作的长期性和艰巨性不动摇。基础工作是文化遗产事业的基本依托，是实现文化遗产事业全面协调可持续发展的重要前提。我国文化遗产事业具有鲜明的国情特色：历史悠久——数量多；初级阶段——欠账多；抢救保护——任务重；社会共识——道路长。无论在任何情况下，我们都必须清醒地看到，基础工作依然薄弱是文物工作当前和今后相当长历史时期内都将存在的突出问题，如文物安全形势不乐观，法律法规不完善，文物资源普查登记不全面，科技、人才和能力建设不健全。在新的历史条件下，我们要对基础工作的长期性、艰巨性保持清醒的认识，始终把各项基础工作作为重要而紧迫的战略任务常抓不懈。要以更加坚定的态度、更加清晰的思路、更加持久的耐心、更加有效的手段，进一步夯实基础，建立健全促进文化遗产事业可持续发展的长效机制。

四是坚持职业操守不动摇。文物保护关乎文化传承、惠及人民群众、利在子孙后代，广大文物工作者肩上责任重大，使命光荣。长期以来，面对宝贵的文化遗产，面对所从事的工作，我们常怀敬畏之心、呵护之情、自豪之意、奋进之志，积淀了吃苦耐劳、无私奉献，尊重知识、求真务实的优良作风，凝成了一笔十分宝贵的精神财富。但是，近年来文博工作人员也出现了和存在着法律意识淡薄、社会责任感不强、职业操守不牢固等现象，随波逐流、见利忘义者有之，玩忽职守、监守自盗者有之，造成了不良的社会影响。因此，各级文物部门必须进一步加强职业道德建设和行业作风建设，教育引导干部职工切实践行社会主义核心价值观，严格遵守《中国文物博物馆工作者职业道德准则》，把发扬优良传统、恪守职业道德转化为自觉行动，共同营造风清气正、和谐向上的良好氛围。

四、认真贯彻，重在落实

2012年的任务已经明确，关键是聚精会神抓好落实。

一方面要做好传达贯彻宣传。大家回去以后，要及时向各地党委、政府汇报蔡武部长的重要讲话和单霁翔局长的工作报告精神，使当地党政领导同志及时了解文物工作的总体形势和目标任务，积极争取各级党委、政府对文物工作的重视和支持。同时，要将会议精神尽快传达到基层文物部门和文博单位，认真组织学习贯彻，结合实际提出落实措施。

另一方面要狠抓责任落实。各级文物部门主要负责同志要狠抓落实，明确责任要求和工作进度。各地文博单位要全身心投入年度目标任务的组织实施，把各项工作抓实抓细，务求实效。对于基层文博干部和广大公众对文物博物馆事业发展及国家文物局工作的意见和建议，请及时收集和反馈我们。

同志们，让我们再接再厉，锐意创新，以崭新的精神风貌、扎实的工作作风，不断创造文物工作新业绩，为建设社会主义文化强国贡献智慧和力量！

最后祝大家返程顺利，新年快乐，身体健康！

（董保华　国家文物局副局长）

湖北博物馆情况图表

湖北省省直、一级博物馆专业技术人员

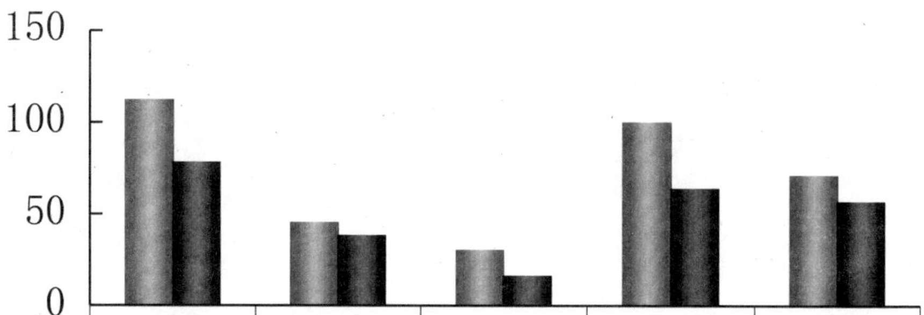

	省博	辛亥	明藩王	武汉	荆州
从业人员	112	45	30	100	71
专业人员	78	38	16	64	57

湖北其他市州博物馆专业技术人员

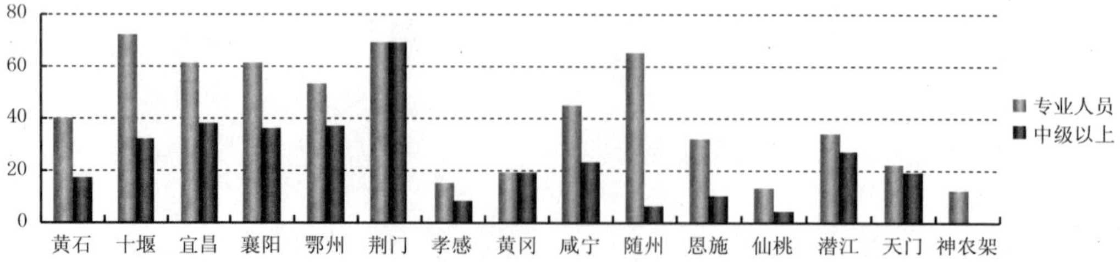

湖北省博物馆馆藏文物数量分布

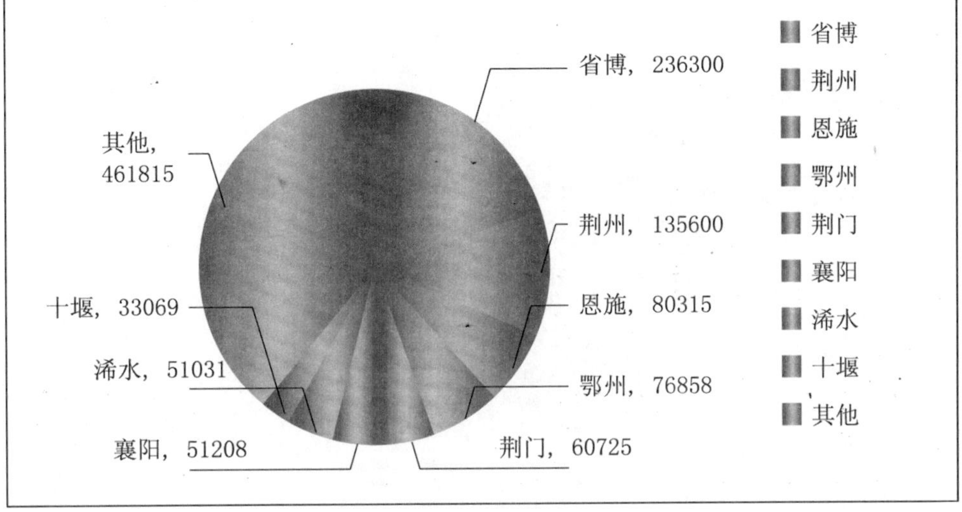

湖北省直及各地市州、直管市馆藏文物分布

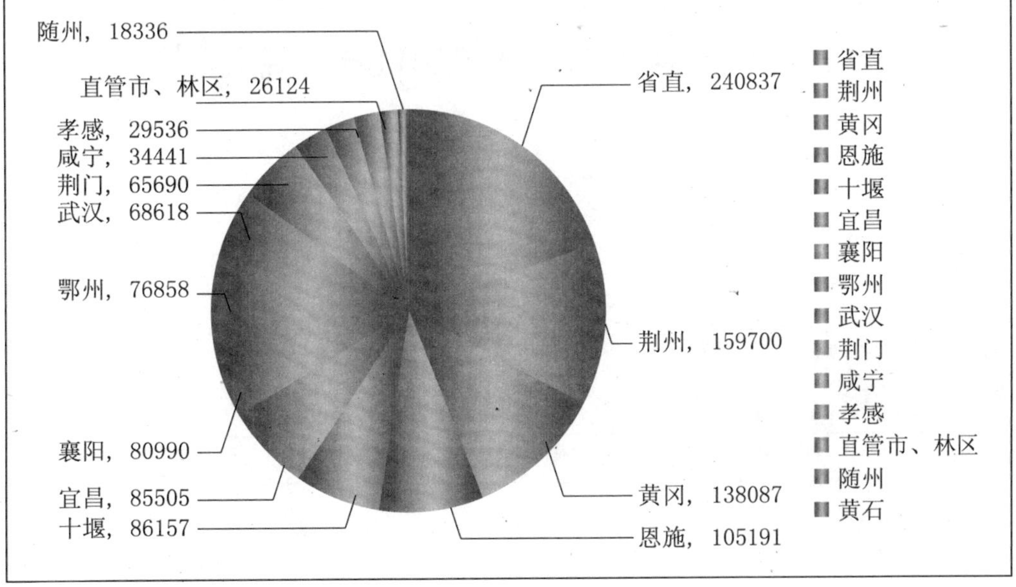

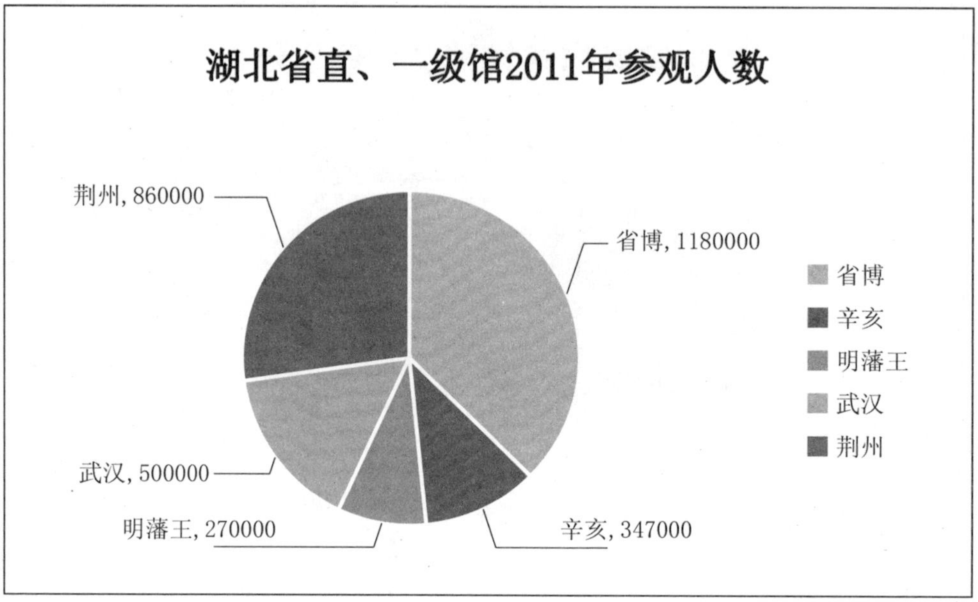
湖北省直、一级馆2011年参观人数
荆州, 860000
省博, 1180000
武汉, 500000
明藩王, 270000
辛亥, 347000
省博
辛亥
明藩王
武汉
荆州

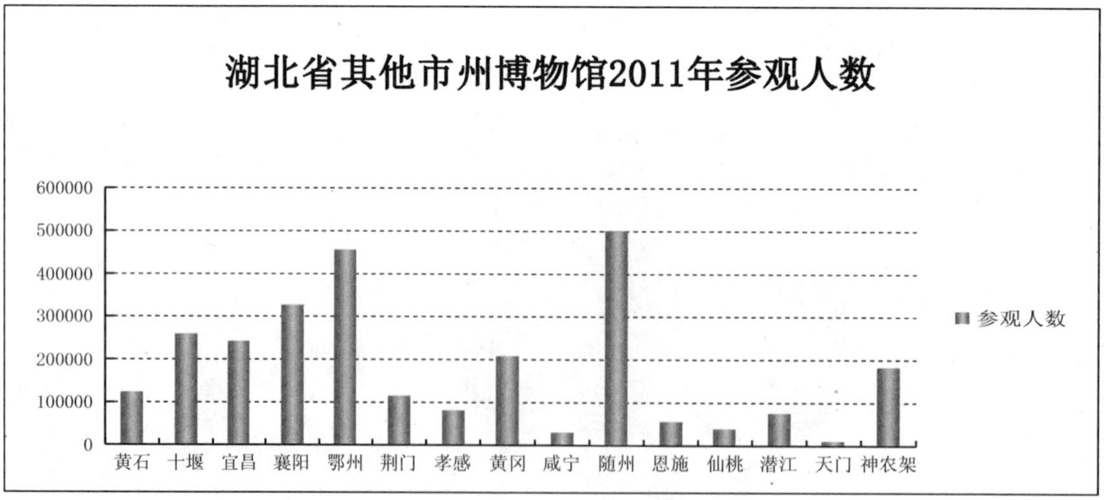
湖北省其他市州博物馆2011年参观人数
600000
500000
400000
300000
200000
100000
0
参观人数
黄石
十堰
宜昌
襄阳
鄂州
荆门
孝感
黄冈
咸宁
随州
恩施
仙桃
潜江
天门
神农架

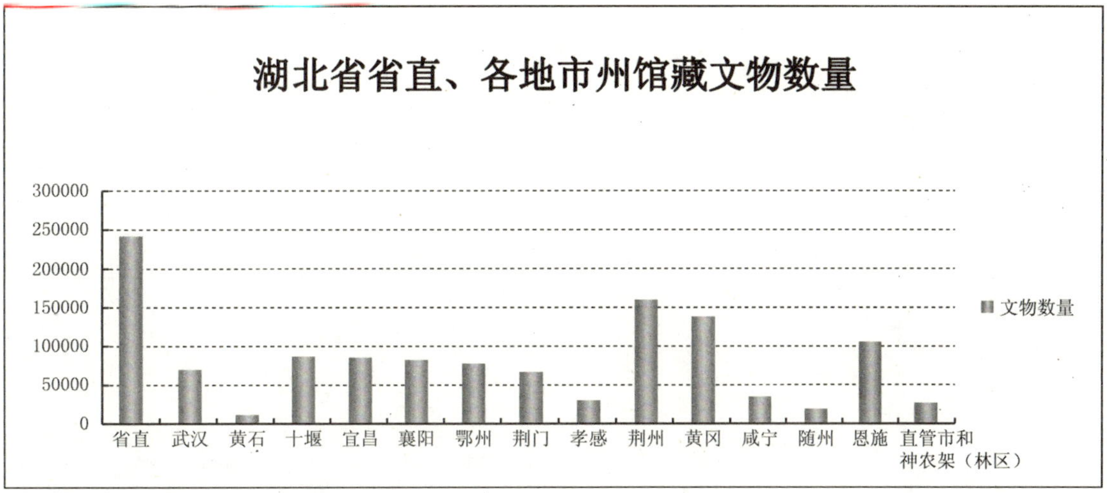
湖北省省直、各地市州馆藏文物数量
300000
250000
200000
150000
100000
50000
0
省直
武汉
黄石
十堰
宜昌
襄阳
鄂州
荆门
孝感
荆州
黄冈
咸宁
随州
恩施
直管市和神农架（林区）
文物数量

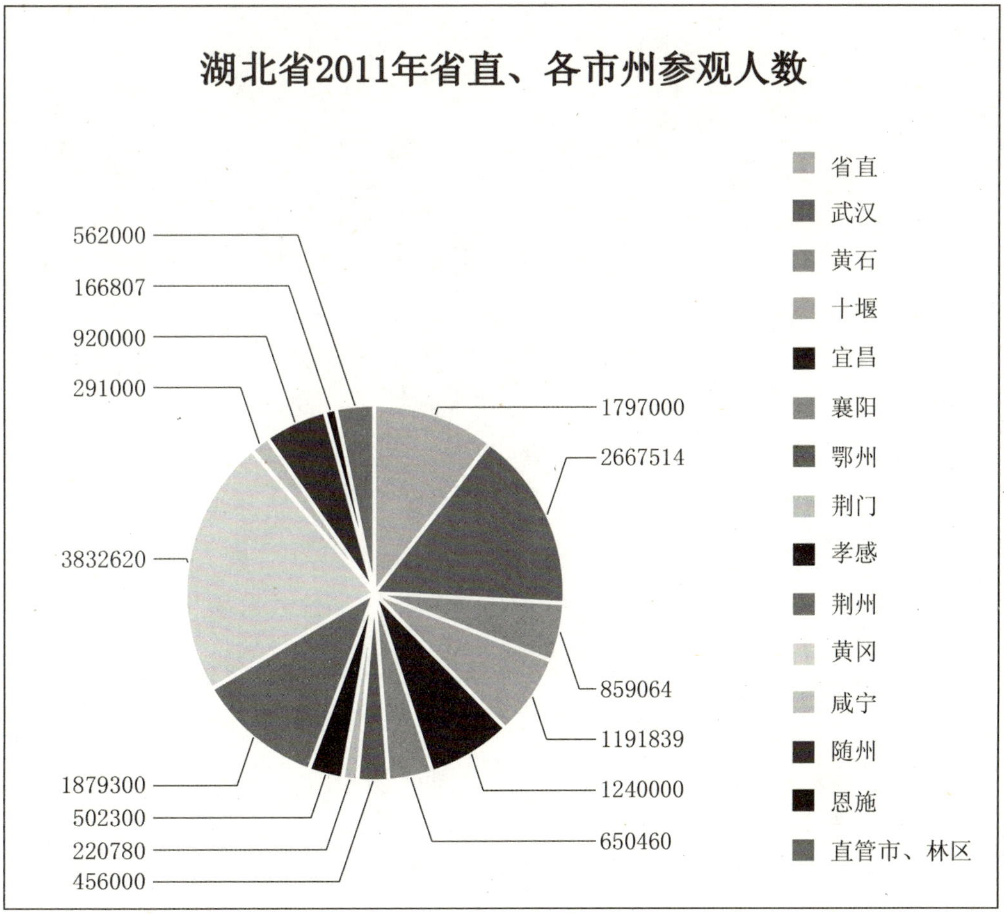
湖北省2011年省直、各市州参观人数
562000
166807
920000
291000
3832620
1879300
502300
220780
456000
1797000
2667514
859064
1191839
1240000
650460
省直
武汉
黄石
十堰
宜昌
襄阳
鄂州
荆门
孝感
荆州
黄冈
咸宁
随州
恩施
直管市、林区